広告の夜明け

大阪・萬年社コレクション研究

竹内幸絵
難波功士 編

思文閣出版

目次――広告の夜明け――大阪・萬年社コレクション研究

はじめに

竹内幸絵

『広告の夜明け』と大阪

日本の広告はどのようにして「夜明け」を迎えたのだろうか。

この問いに対する答えさがし、つまり近代広告の黎明期へのアプローチは近年少しずつ増えつつある。しかしそれらに対して、私たちはある疑問を持ってきた。それは単に疑問というよりも不満、あるいは異議申し立てとでもいうべきものかもしれない。この疑問が本書編纂の動機ともなっているのだが、しかしながら、広告に興味があり『広告の夜明け』という題名に魅かれて本書を手にしてくださった読者に、私たちのその疑問はなかなか理解してもらえそうにない。最初に少し字数を頂いて解説しておきたい。

題名に魅かれて本書を手にされた読者は、続くタイトルにある「大阪」を見て、地方《ローカル》から広告史にアプローチするのだな、と理解されたかもしれない。あるいはなぜ「大阪」なの？　と、違和感を覚えた方もおられることだろう。現在の広告業界に精通しておられればなおのことである。なぜ「東京」＝中央の話、ではないの？　と。

現在の日本の広告業界を見渡すと、広告制作会社からテレビ局や新聞社やインターネットといったメディア、そして印刷会社やシステム会社などの技術集団まで、つまり制作の始まりから拡散に到る終りまで、すべてが「東京」に集中している。それが今の広告業界の〝あたりまえ〟である。もちろん九州や名古屋、そして大阪に広告業者が存在しないわけではないが、そのボリュームの差は圧倒的。テレビで、インターネットで、新聞で。私たちが日々眼にする広告の殆どすべてが今や「東京発」で占められている。

そして広告をめぐる研究の多くが、今日の広告の影響力分析に力を注ぐ。広告は実利を求める存在だからそれが社会に求められるのは当然のことであろう。さすれば広告研究が行う社会的・文化的影響力の分析、それはそのまま「東京発」のパワーの分析である。これが今日の広告研究の〝あたりまえ〟なのである。

ではこれらの〝あたりまえ〟に沿わず、「大阪」を「広告」に組み合わせた本書の眼目はどこにあるのだろうか。

『広告の夜明け』＝近代広告黎明期の研究においてもこれまで、主眼は東京の事象の掘り起こしにあったといえるだろう。私自身も博士論文では、明治・大正・昭和戦前期に東京で出版された本や雑誌に注目して広告の近代史に取り組んだ。それは必要な仕事だった。しかしその調査の過程で見出した記事や広告現物や書籍は、今の〝あたりまえ〟とは大きく異なる常識を示していた。広告黎明期の東京と大阪には、今では考えられないほど均衡した関係があった。大阪が先行して広告事業を拡大し、新たな広告表現手法を編み出すなど東京をリードする局面も多くあったのである。両者は広告という新しい分野開拓への挑戦を繰り返し、切磋琢磨して互いを刺激し合う存在だった。

一方、広告周辺の事情については様々な分野の研究が、当時の大阪の活力をあきらかにしてきている。今日の日本にある一般的な新聞メディアの姿は、この時代に大阪の有力二紙によって形成されたものだ。その新聞に広告を発注する消費財企業や百貨店も、東西それぞれに実力者が存在した。印刷分野では細密な色刷りを求めれば大阪に白羽の矢がたつという状況にあった。このような広告にとってのいわばインフラストラクチャーが東西に拮抗して存在していた。のみならず、近代的な広告表現を求めるクリエイティブの動きも、東西双方に重要な柱があった。東には広告研究の専門雑誌として『広告界』があったが、西には『プレスアルト』誌があった。広告表現に影響を与える芸術運動も東西に屹立し影響し合っていた。都市の出現と呼応する大正期新興美術運動でも東の「マヴォ」と、西の運動の交わりによって新たに「三科造形美術協会」が結成されたし、新聞広告とも深くかかわる新興写真運動においても、大阪に一九〇四年という極めて早い時期に「浪華写真倶楽部」が創立している。ここに属した写真家たちは近代都市を切り取る重要な作品群を生み出した。彼らは戦時期には報道写真家となった。それは同時期の東京で写真史に画期を刻んだ雑誌『光画』とも肩を並べる重要な近代前衛写真運動として評価されているのである。

広告は社会的であり芸術的でもある複合的な存在である。多面性を持つ広告の周辺にあったこのような「状況証拠」からみても、大阪が『広告の夜明け』を開いていったメインストリームのひとつとして、確かに存在していたことが予見できるだろう。

メディア史研究の先達《レジェンド》たち（「おわりに」参照）は、一九七〇年代以降この東西の均衡をいち早く指摘し大著を著してきた。ところがそれらの成果から少しの時を経るうちに、過剰なまでに進んだ広告の東京一極集中が、先達らの提言を見えにくくしてしまった。現前する東京主導の力が強靭で、強固な〝あたりまえ〟を形づくっており、史的研究においてもその枠から出ること自体が難しくなってしまっているのだ。

しかしこれでは『広告の夜明け』の事実が埋もれてしまう。大阪が『広告の夜明け』の対角を担っていた時代につくられた機能や枠組みや組織、思考や精神そして表現、いずれもが、今日の広告の原型を形成したのである。今日の広告の文化的・社会的影響力を問うためにも、『広告の夜明け』の時代に起きた諸事を等閑視することはできない。現在の大きな不均衡をきちんと差し引いたうえでの『広告の夜明け』の再認識。これが私たちの本書の出版意図であり、異議申し立てである。

本書の特徴と構成

『広告の夜明け』では、執筆者それぞれが「細部」にこだわって論じている。「細部」を掘り起こす作業でしか現在の強力な東京の引力を引きはがすことができないと考えたからだ。

そしてこれらの論考の背景には、大阪で発祥した広告代理店、萬年社の資料「萬年社コレクション」を置いている。同社は今日誰もがその名を知る日本の巨大広告代理店よりも古い歴史を持ち、長らくそれと肩を並べる存在だった。同社の創業期間一一〇年の間に膨大な「萬年社コレクション」が形成されたが、これに興味を持ち、前述の疑問に賛同して『広告の夜明け』の発掘に共鳴した研究者が集うことで本書は形づくられた。メンバーは、歴史学、社会学、芸術学、デザイン史など様々な研究領域を足場とする、広告という多角的存在にふさわしいバラエティに富んだ面々である。そしてここには前出のメディア史研究の先達二人の力も加わっている。

第一部の四つの章は、これまで注目されることの無かった萬年社の詳細な活動を軸として、黎明期の広告の諸相に光をあてている。早くから海外進出を実現していた萬年社の動向を、残された新聞資料から検証し（土屋礼子）、複数の企業の広告がひとつの紙面を形づくる「連合広告」の成り立ちを分析する（熊倉一紗）。萬年社が外資トップ企業と専属契約を結んでいた事実を掘り起こし（難波功士）、屋外広告を実現しようとした萬年社と大阪の活動を探索する（竹内幸絵）。繰り返しになるが、これらは単に大阪という地方《ローカル》の一現象を回顧するものではなく、黎明期の広告業界をけん引した先駆事例である。

第二部では「萬年社コレクション」から発掘した資料に基づき、視野を戦前の広告業界全体に広げて『広告の夜明け』を検証している。最初期の博覧会と広告代理店との密接な関係（村瀬敬子）、広告業者らの合従連衡とその意味の検証（木原勝也）。萬年社が発行した先駆的な年鑑『広告年鑑』から雑誌広告を読み解く（石田あゆう）。それぞれ萬年社コレクション新出資料に基づく、戦時期に国家宣伝に協力した民間団体の活動（中嶋晋平）。それぞれが、広告の興隆を目指して邁進した人びとの行動や記録を掘り起こし、黎明期の広告にあった多角的な側面を見ようとしている。

そしてこれらに先立つ本書のプロローグは、メディア史研究の先達である山本武利、そして津金澤聰廣の二者によるものである。山本稿は、萬年社の固有性を経営成績をも織り込みながら俯瞰するとともに、創業者高木貞衛の手腕や思想をも広い視野から示している。津金澤稿はその高木の個人像をたおやかに描き、日本の広告をけん引した明治の実力者を彷彿させる魅力的な一文である。

「萬年社コレクション」について

最後に「萬年社コレクション」のあらましを説明しておこう。

先に示した通り長い歴史を誇った萬年社だが、一九九九年に残念ながら自己破産した。この際に残された様々な資料を譲り受けた大阪市立近代美術館準備室（現・大阪新美術館建設準備室）の菅谷富夫の協力を得て、二〇〇九年よりおよそ五年をかけて土屋をリーダーに、菅谷と竹内、中嶋、大阪市立大学の石田佐恵子をメンバーとして膨大な未整理資料の目録を完成した。[1][2]

目録では全体を紙・印刷資料とビデオテープ類に大別し、紙・印刷資料をさらに、戦前資料と戦後資料（注：営業資料・博覧会資料など）とに分類した。本書はおよそ一万点ある戦前資料を主に参照しているが、本文随所で示[3]

萬年社コレクション概要

大分類	中分類	小分類	
1）図書類	（大阪新美術館建設準備室が管理）		
2）引札類			
3）紙・印刷資料	戦前資料	大型古資料 社史資料	9954点 610点
	戦後資料（実務資料）	企業別ファイル イベント資料 広告作品 営業活動	204冊 312点 57点 376点
	ポスター類	古ポスター 1990年代ポスター	169点 266種
4）ビデオテープ類			8636点

※　3）、4）の目録はウェブサイトにて公開。
※　「企業別ファイル」は冊子内に多数の資料が保存されている。
※　「古ポスター」は19世紀末〜20世紀初頭のもの。

す通り、これらは同社が自身の業務のためにスクラップなどして保存していた広告や新聞資料、あるいは創業期の大福帳など経営資料や書簡、会合記録など極めて多様で雑多な内容を含んでいる。分類ではこの戦前資料をさらに「大型古資料」と「社史資料」とに区分した。執筆者はそれぞれの興味に引き込んでこれらを参照し、各章を書き上げた。難波、竹内、木原、中嶋の各章は、主に「社史資料」を、土屋、熊倉、村瀬、石田の各章は、「大型古資料」を主要な資料としている。

広告、大阪、萬年社。

本書の表題のキーワードを二〇歳前後の大学生に見せたなら、彼らは萬年という言葉の持つ響きからくる古めかしさに思いを馳せるかもしれない。そのような古めかしい名前を持つ歴史の長い広告会社の活動を軸に、『広告の夜明け』をひもとく。それは大阪の広告のみならず日本の近代広告の力の源泉を探ることでもある。決して地方《ローカル》ではなく、まぎれもなく「中央」であった大阪を手がかりに日本の近代広告史を開く。本書はそういう本を目指している。

（1）二〇〇九年時点で整理済みのコレクションに図書類・引札類があった。
（2）完成した資料目録は、「おわりに」に示したウェブサイトで検索可能（二〇一七年一一月現在）。大阪新美術館が開館する二〇二一年度（予定）以降は、同館のアーカイブ資料の柱の一つとして、この目録に注（1）に示した図書類・引札類の目録を加えてまとめて検索できる仕組みを実現する予定。
（3）ビデオテープ類を含むコレクション全体の所蔵点数等については、以下の石田論文が詳説している。石田佐恵子「エフェメラメディアを凝視する――萬年社アーカイブ・CMデータベースの事例から」（水島久光・原田健一編『デジタル映像アーカイブ研究の現在（仮題）』学文社、二〇一八年一月刊行予定）。

〈付記〉萬年社コレクション整理プロジェクト（紙・印刷資料）は以下の助成金によって実現しました。

・吉田秀雄記念事業財団（二〇〇九―二〇一〇年度）
・（株）毎日エス・ピー・シーからの研究寄付金（二〇一〇―二〇一一年度）
・大阪市立大学重点研究、新産業創生研究（二〇〇九―二〇一四年度）ほか
・日本学術振興会科学研究費「旧萬年社所蔵資料による大阪の広告史研究」基盤研究（C）、課題番号24530638（二〇一二―二〇一五年度）

【凡　例】

本書で用いた萬年社についてのおもな基本資料は、以下の通りである。本文注記にあたっては、一部の書誌情報は省略した。

- 『新聞広告十七講』出口郁郎編　萬年社　一九二八年
- 『萬年社創業録』上・中・下巻、目録　萬年社　一九三〇年
- 高木貞衛『広告界の今昔』萬年社　一九三〇年
- 『萬年社四十年史要』萬年社　一九三〇年
- 『高木貞衛翁伝』萬年社　一九五〇年
- 『萬年社広告100年史』萬年社100年史編纂委員会編　萬年社　一九九〇年
- 『広告論叢』（戦前）第一〜三〇輯　萬年社編・刊　一九二三年四月〜一九四〇年
- 『広告年鑑』大正四年〜昭和四四年版　萬年社編・刊　一九二五年〜六九年
- 『旧萬年社・社史資料集』二〇一一・一二・一五年度版　萬年社コレクション調査研究プロジェクト編集・発行
- 「大阪広告史データベース　萬年社会コレクション」データベース　http://ucrc.lit.osaka-cu.ac.jp/mannensha/（萬年社コレクション調査研究プロジェクト事務局運営）

プロローグ

本論に先んじるプロローグは、メディア史研究の先達である山本武利そして津金澤聰廣による、萬年社初代社長高木貞衛をひもとく二稿である。

日本の広告の近代史研究に一九七〇年代から取り組んできた開拓者である両者は、今回の『広告の夜明け』研究においても会を先導し、若い研究者の視野を拡げてきた。明治の広告を開いた人物をつまびらかにする二稿によって、大阪を軸とした近代広告史の扉を開いていく。

創業者高木貞衛の広告理念と行動

山本武利

1 企業倫理の確立と業界イメージの改善

(1) "広告代理業"という新語の誕生

"広告会社"という言葉の普及で、使用頻度の下がった広告代理業なる言葉は明治四三年(一九一〇)に使われ出した。この言葉をつくり、使い出した人物が高木貞衛(一八五七~一九四〇)であった 萬年社は、戦前の広告業界では、後述のように取扱高で終始トップクラスを占めていた。それだけでなく、業界リーダーとして業界団体の結成、業界イメージの改善、広告知識の啓蒙などの活動を行っていた。この萬年社を担い、発展させた人物が、高木なのであった。

彼は日露戦後の明治四二年に"広告代理業は行詰るか"(自伝『広告界の今昔』第一七節の見出し)との悲観的な見通しをいだいて洋行したが、欧米の業界隆盛を見て、先行き自信を取り戻した。出発前、彼は日本の新聞や商工業の将来への展望の暗さと業界間での無秩序な競争、さらには代理業者を排除した新聞社と広告主との直取引の増加などによって、企業経営の意欲を失いつつあった。

高木貞衛〔図1〕が萬年社を創業したのは明治二三年のことである。当時、大阪にはこれといった業者は見当たらなかった。以前、東京にはいくつか誕生していたものの、ほとんど夭折していた。「商売往来に無い商売」

図１　明治末期の高木貞衛と家族

（前掲書）を軌道に乗せ、企業として発展させた最初の業者が、高木の萬年社といってよかった。高木は創業の翌年に自ら広告取次所といっていたのを、広告取扱所に改めている。改称の理由はよくわからないが、いずれにせよ広告原稿を広告主と新聞社の間に取り次ぐのが萬年社の仕事の中心であった。同業他社も取次所といったり、取扱所といったりしながら、同じような仕事を行っていた。

萬年社は創業当初〝毎日さん〟といわれたように、『大阪毎日新聞』の専属業者の形で出発した。しかし、『大阪朝日新聞』と取引を始めるばかりでなく、いままで東京の業者がまったく手をつけていなかった地方紙とも取引を開始した。また、大阪ばかりか、東京の広告主とも年々取引量を拡大している。ところが、創業時代の高木の懸命な努力で成長していた同社も、日露戦後、『大阪朝日』でさえも経営危機に陥るほどの新聞企業の伸び悩みにより、先行き見通しが暗くなった。実施に移されなかったが、関西系の金水堂、勉強社、日浩社、開進社を萬年社が吸収合併する決議がなされたのもこの頃である。

ところが、洋行で彼の企業家精神が回復高揚した。欧米では企業の広告費支出が多く、広告業界が活況を呈していた。そればかりでない。面会した多数の業界関係者には、人格的に尊敬できる人物が多かったことも、彼の広告人としての自信を取り戻させた。帰国早々、萬年社の標語として「前進」をかかげるとともに、広告代理業を称しだした。

(2) 欧米に目を向け、学ぶ

洋行前、広告業は「要するに仲介である以上は、それ自身単独の発達は期し難い」と前途を悲観していた彼が、「広告主のために広告要務を処理することを明らかにする」(『広告界の今昔』)ことに活路を見出すようになった。従来の新聞中心から広告主中心へと転換することによって、つまり、広告主の広告業務全般を代理することによって、広告代理業はサービス範囲を広げ、取扱高を増やすことができるとの見通しを得たのである。広告主の繁栄に依存して活躍している欧米の広告人を目の当たりにして、広告主のために広告業務を代行することを、自分の仕事として明確に位置づけた。そして再出発の宣言が〝広告代理業〟への改称であったといえる。

欧米では、広告主のための広告業務といっても、日本のような原稿取次だけではなく、さまざまのものがあることがわかってきた。日本でもいずれその方向へ行くとの将来展望に確信を得た。やや年月はかかったが、昭和二年(一九二七)、萬年社は、GM(ゼネラルモータース)のシボレーの取引で、日本で初めてAE制(広告代理業者が広告主の側から広告活動の計画、実施などの業務全般を代行する方式で、Account Executive の略)を採用している。二〇世紀末になって日本に定着してきたAE制を、早くも昭和初期に萬年社が導入した点が注目される。これは萬年社と関係が深かった加藤直士(加藤については本書所収の難波論考を参照)の口ききによるものといわれるが、AE制がすでに浸透していたアメリカの業界への高木や同社幹部の知識と判断もあずかっていた。他社に先がけたAE制採用は洋行を機に彼が悲願としていた広告主のためのサービス活動の拡大の一環だった。

彼は洋行以来、視野を常に欧米に開いていた。欧米を業界の先進国、模範国と見なし、幹部社員や幹部候補生をたびたび洋行させ、業界の実態を報告させている。しかも、欧米の広告関連図書、雑誌を丸善大阪支店を通じて継続的に購入し、図書室を広告主や広告媒体に開放している。たとえば『大阪朝日』一九一六年七月一〇日付には、海外文献入手の広告を出している。彼はそれらの図書のなかから重要と思われるものを英語のできる社員の手でわざわざ自分のために翻訳させ、読んでいたことからわかるように、海外の業界の動向に強い関心をもち、そこから貪欲に情報を摂取しようとしていた。これが萬年社の代理業者としての営業活動の拡大に寄与し、業界に常に革新の風を吹き込む源泉であった。

しかし、ＡＥ制採用に象徴される代理業者としてのパイオニア的意気込みも、業界全体や萬年社自身の業務を質的に変えるには長い時間を要した。ＡＥ制にしたところで、萬年社一社、しかも一広告主に一時的に採用されたにすぎなかった。日本の広告主への導入は時期尚早であった。第一、広告代理業という言葉そのものが業界内でさえなかなか定着しなかった。大正五年に高木の主導で結成された大阪有力業者団体の水曜会の覚書には、代理業という言葉が散見される（『広告の社会史』第Ⅳ章第一節参照）。だが大正中期の新聞紙上に出た業者自身の広告では、代理業といっているのは萬年社だけで、京華社など水曜会加盟社でも広告取扱業ないし取次業と称している。雑誌『日本及日本人』の一九二五年六月一五日号にはこう記している。

「広告代理業」とは新しい語であるが、従来は之れを「取次屋」又は「広告屋」（新聞記者を単に新聞屋といふが如し）と称へられ、一種の侮蔑をうけて居たもので、勧誘員は唯叩頭の一点張りで御用聞きに廻ったものであった。然るに近来に至って一般商社が、新聞広告の必要を認め、「広告用があるから来て呉れ」との照会さへある様になって来た丈け、進歩して来たのである。

大正末期にいたって、一般の人たちに広告代理業が新語としてやっと認知され出したことがわかる。業界一般で使われ出したのは昭和初期からであろう。高木は一度決めた規則や方針はなかなか変えなかったが、広告代理業という言葉でも同様であった。自社の文書はもちろんのこと、自社がかかわった業界の文書には先の水曜会の例のように、広告代理業を繰り返し使っている。

（3）〝広告屋〟では救われない

ともかく〝広告代理業〟が大正末期から昭和初期にかけて使用され出したのは、業界をリードする萬年社の経営実績と執拗なほどの萬年社自身の使用にあった。それとともに無視できないのは、先の雑誌記事にあったように、〝広告屋〟イメージが業界活動の拡大の過程で消え始めたことである。

高木貞衛が広告代理業を自称し始め、それを繰り返し使用したのは、取扱業や取次業という言葉に含まれた〝広告屋〟といった業界蔑視のイメージを追放したいとの悲願もあった。彼は社員向けに創業時を回想した際、よく次のエピソードを語っている。明治三〇年代、彼が京華社後川文蔵社長〔図2〕と旅行した時、宿帳に後川が「会社員」と記した。広告屋とは書きかねたからである。しかるに旅館の主人がどこの会社かとたずねてきたので、やむなく後川は本業を書いたという。これをしばしば回想するのは、業界関係者が〝広告屋〟として社会的地位がきわめて低く、高木がなんとかしてこの低い地位を向上させることを一生の悲願としていたことを示している。

図2　京華社の後川文蔵

彼はプロテスタントとして、自分の従事している仕事は広告主へのサービスを主眼とする固有の職能をもつ天職（Beruf）だとの自負ないし念願を持っていたようだ。取扱所や取次所という言葉では受動的な活動領域しかもたぬ産業界の従属変数であり、虚業を象徴するにしかすぎないと考えていた。ましてや〝広告屋〟では救われない。そこで〝広告屋〟イメージ払拭に全力を注ぎ始める。

図３　1902（明治35）年６月の東西広告業者の名古屋大会
後列右から湯沢精司（広告社）、高木貞衛、前列左が後川文蔵（京華社）

彼の息のかかった業界団体の規約類に目立つのは、「商業上の徳義」とか「名誉」を守るという言葉である。

〈広告取扱業同盟規約〉（一八九九年）

第一条同盟者中ニ於テ若シ特約新聞社及一般取引先ニ対シ商業上ノ徳義ヲ破リ、同盟者中ノ名誉ヲ毀損シ、又ハ本同盟規約ニ背キタル事実アルトキハ、其事情ニ依リ勧告ヲ為シ、又ハ除名スル事アルベシ

（傍点—引用者）

〈水曜会覚書〉

一　代理業者相互ニ広告料金ノ乱割引ヲ以テ広告主ノ争奪ヲ為サザルコト

規約類のトップに業界の秩序や倫理の確立が叫ばれている。業者間の競争による乱割引は業界の利益を低下させるとともに、広告主や広告媒体側からの業界軽視を助長させるものであった。それとともに、高木はほかの業者に呼びかけて業界団体や会合〔図3〕などをしばしば催したが、それらは有力業界の利益向上を図るとともに、業界の広告倫理の向上を目的としていた。

まず足もとからと、萬年社内部でも、倫理の向上に自ら努めていた。もっとも重視したのは、社員、特に外務員の処遇と職業倫理の向上である。広告主と直接接触する彼らの教養の向上をねらった講演会を、明治四一年（一九〇八）から、キリスト教会牧師など外部講師を招いて晩年まで定期的に開いている。また自分自身でも、し

ばしば外務員への訓示や訓話をたてている。次はその一つ、大正四年（一九一五）一月の新年会上での訓話だ。

外務員の諸君としては如何にも尤も希望であると思ふ。私は衷心諸君の希望に対して同情を持つものである。我々はお互いに決して普通広告屋を以て任じては居らぬ。確かに他の広告業者と異ったる抱負を持って居る。だが残念千万にも、世間では矢張我々を通り一遍の広告屋とし、時に軽侮の念を抱きて、我々を冷遇することもないではない。さりながら、それは彼等が知らざるの故である。即ちわれわれの人格を本当に知らないからの事である。我々はきっと、我々の人格が広告屋てふ侮蔑の念を以て迎へらるるところの代名詞を超越して、逆に凛然として光輝する時節が到来することを信じて疑はないのである。諸君、此の人格こそは諸君の身にとっては「ユニホーム」に勝る生きた表章なのである。自分は得意先の某氏から、「萬年社の電話の呼び出しは、冒頭に萬年社で御座いますと断るのは誠に気持がよい」と云ふて呉れるのを聞いた。期くの如きも誠に小さなことではあるが、偶々萬年社の有する特色の一つの表はれたものと見て差支へない。我々萬年社員の生きた表章とは斯くの如きものを指すのである。斯様な表章さへあったならば、我々の人格が早晩得意先に了解されることは請合いなのである。

（萬年社コレクション）

世間から自らに投げつけられる〝広告屋〟という侮蔑の言葉を社員とともに必死に排除せんとしている姿勢がうかがえる。広告代理業者として尊敬されるには、まず電話の応対からと、「電話応対規則」まで設けて、その励行を社員に促している。さらに人格的に広告主その他から尊敬され、信頼されるために、社員の教養の向上はむろんのこと、待遇改善に心がけた。彼は社員に『大阪毎日』『大阪朝日』と対等であるから、卑下するなと激励するとともに、代理業界ではハイレベルの給与を支払った。特に身分、生活が不安定なために不正な取引を行ったり、業界秩序を乱しがちな外務員の身分の安定に心がけ、大正三年に歩合給を廃止した。それでも、昭和初期に歩合のなごりと思われる特別奨励なる外務手当が支給されていたらしい。

広告主に〝つかます、飲ます、抱かす〟といったサービスは、とりわけ道修町の広告主との取引成立には常識とされていたという。ところが、高木はこのような取引を禁じていた。接待の伝票請求はいっさい認めなかったらしい。彼には、業務面ことに媒体情報の提供、意匠部・考案部によるサービスは他社の追随を許さぬとの自信があったらしい。そのため成績を上げげんとする外務員は、社長や幹部には秘かに特別奨励金の一部で、つまり自腹で接待せざるをえなかった。

倫理面からの規則はこれにとどまらない。誇大広告の排除にも努めた。性病の誇大広告で有名だった有田ドラッグは扱わなかった。法律にひっかかる広告や社会に害ある広告の排除指示は、社長訓示や文書でなされていた。たとえば、明治四四年の新年会では、「広告するにしても、虚偽誇大の広告を掲げて世人を瞞着する様な手段では、到底成功を期することは六ケ敷《むつかし》いのであります。飽く迄も真面目で誠実で、加え公明正大でなければなりません」と語っている。

東京の代理業者に多かった通信業兼営形態は、広告料と通信料の相殺という経営的メリットがあった。ところが萬年社は通信部門をもたなかった。通信業兼営を大阪の新聞社からすすめられた時、高木は大資本でないとの理由で断っている。彼は広告部門だけでも天職として十分との自覚をもっていた。また他の大阪の業者も専業であるように、商業都市大阪では政治情報中心の通信業は育ちにくいとの認識があったと推測される。

それとともに彼が兼営を回避した理由として、兼営業者に対する悪い風評を耳にしていたのではないかと思う。通信業なるもの、往々にして恐喝の手段に利用せらるることあり。厚顔なる彼は機に触れ、折に応じて、曰く我社に依頼せられざれば、止むを得ず貴店に不利益なる通信を発せざるを得ざるに至らんと。憐れなる広告依頼者等は、通信公表権の悉く新聞社の手に依りて左右せらるるを知らず、信じて以て全く其恐喝に属するの例頗る多し。

（無名氏『新聞記者』、一九〇二年）

これは明治三五年に出た本の指摘である。同じ頃に出た別の本も、通信社を論じた際、それが「倒れないのは、例の慣用手段を行るからである」（正岡芸陽『新聞社之裏面』）といっている。つまり、通信業としての経営基盤確保の手段に広告業を兼営する業者の多い東京では、取材した広告主の弱味の情報をネタに、広告主を脅迫し、広告を集めるユスリ的な人物が横行していたことも、高木の通信業経営回避の理由に挙げられるかもしれない。

（4）萬年社の出版活動

彼は戦前の広告業界における啓蒙型の実業家であった。彼自身は理論家や研究者ではなかったが、周辺の人物に研究させ、彼が指示した方向で広告啓蒙活動をやらせている。中心人物は考案部長中川静だった。中川は、大正一一年（一九二二）に神戸高等商業学校の教授を定年退職して、ただちに萬年社に入社した。彼の入社は業界や萬年社の社会的イメージの向上につながった。そればかりでない。彼は考案部長として調査やクリエイティブの業務に当たるとともに、自らも執筆した広告研究誌『広告論叢』や研究書『新聞広告十七講』などを、萬年社を版元に、大正末期から刊行し始めた。『広告年鑑』もこの頃に創刊された。これらの刊行物は日本における広告研究の本格的な展開のきっかけとなった点で意義がある。『大阪毎日』の社員は『大阪朝日』の社員よりも多数の新聞研究書を出している。また『大阪毎日』自身も小野秀雄『日本新聞発達史』（一九二二年）などを刊行している。この盛んな出版・著作活動は社長・本山彦一の『大阪朝日』に追いつき、追いこせとの目標実現のための理論志向、合理主義志向のあらわれだった。『大阪毎日』と関係が深く、また本山社長と親しい萬年社と高木社長が、「犠牲を払ふことを予期」（『広告界の今昔』）しながら赤字の出版活動を開始したのは、業界イメージの改善と合理主義的経営をめざしたものであった。また『大阪毎日』の研究書刊行は日本を代表する新聞になったとの自負を示すものであったが、萬年社の出版活動開始も同社の経営基盤の確立と業界リーダとしての自負、使命感から出たものであった。

このように明治末期の広告代理業宣言とその言葉の大正末期での浸透開始の過程を振り返る時、高木の悲願としていた業界イメージの改善が徐々にではあるが達成されつつあることがわかる。それはまた戦前における萬年社の企業としての成長を示すものであったこともわかる。

2　萬年社の冷徹な利潤追求

（1）大阪二紙との特約

このようなイメージ改善への高木貞衛の努力が徐々にながら奏功していった原因は、高木の業界リーダーとしての資質がすぐれていたことにもあったが、彼の経営する萬年社が業界トップクラスの地位を戦前の広告業界で占めていたこともあった。経営の規模も小さく、基盤も弱い企業の経営者では、草創期の業界を改革したり、方向づけることがむずかしかったはずである。

電波メディアの存在しない戦前の広告業界では、活字メディア、特に新聞メディアの比重がきわめて高かった。新聞広告の取扱高の多少が広告業者の業界内でのランキングを決定していた。とりわけ大衆雑誌が誕生していない明治・大正期では、新聞広告取扱高、即広告取扱高といって過言ではなかった。**グラフ1**は日清戦後から昭和初期までの萬年社の新聞広告取扱高を五年ごとに示したものであるが、萬年社の明治後期での着実な、そして大正期での急激な成長ぶりがわかる。また特約紙も取扱高の増加に比例して増加していることもわかる。このような順調な成長は業界リーダーとしての同社や高木の地位の確保、啓蒙的な出版活動の開始、さらには宏荘な社屋建築〔図4〕を大正末期には可能とした。

萬年社の強みは『大阪毎日』『大阪朝日』という大阪二大紙と特約し、両紙の全国紙への成長とともに、両紙ならびに両紙の系列紙『東京日日』『東京朝日』の扱い高を増加させていることである。特に『大阪毎日』との

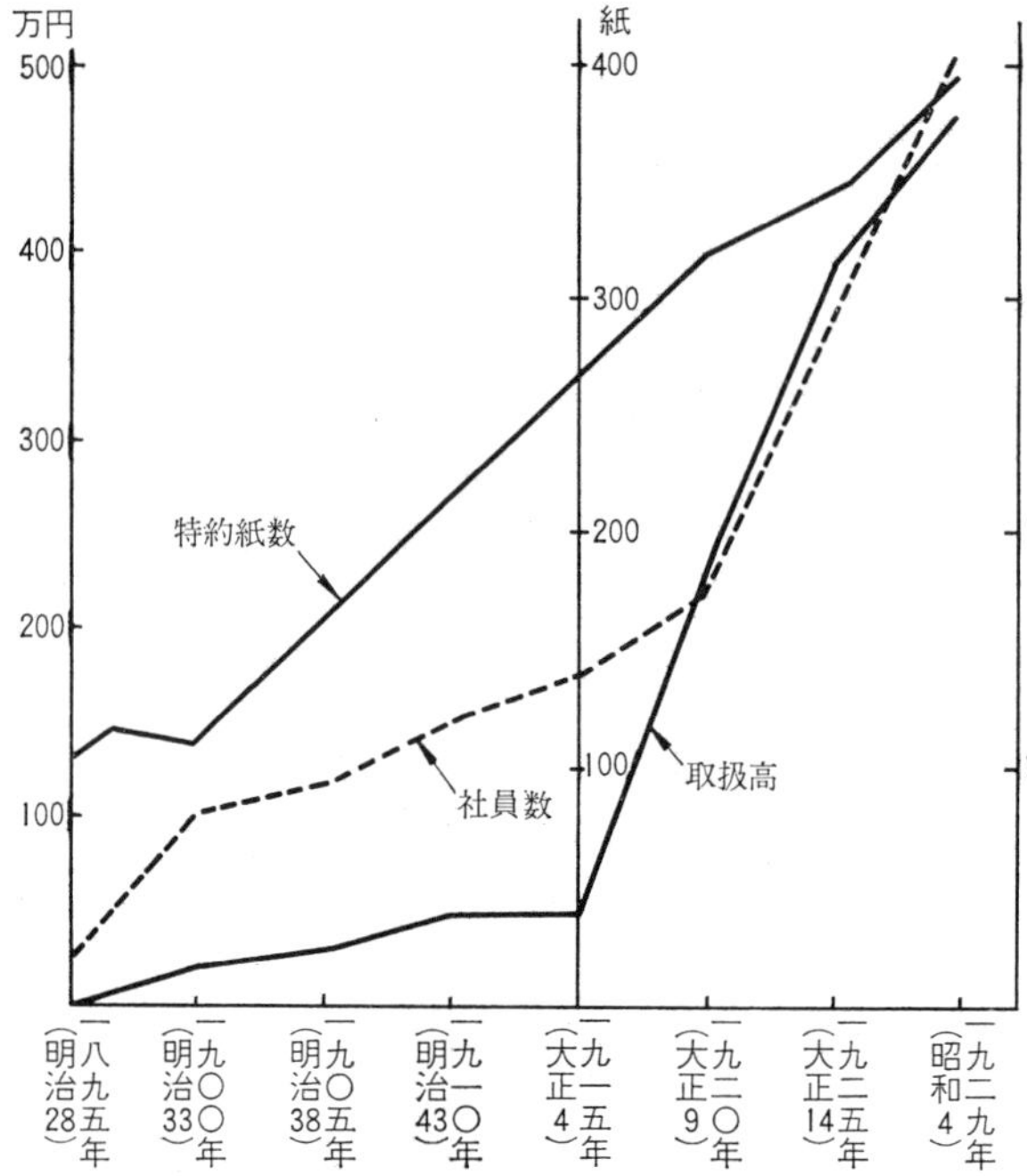

グラフ1　萬年社の新聞広告取扱高、特約紙数、社員数の推移

図4　大正15年（1926）建築の萬年社本店

取引は長く厚かった。萬年社は明治二三年（一八九〇）の創業時、「萬年社ハ大阪毎日新聞紙上ニ掲載スベキ広告文ヲ蒐集シ之ヲ大阪毎日新聞社ニ紹介スルヲ以テ営業ス」という条文を第一条とした契約書（『広告の社会史』第Ⅳ章第二節参照）を『大阪毎日』とかわし、いわば両紙の専属代理店の形で出発している。萬年社は以後、同紙の扱い高を増やす一方、明治二七年から『大阪朝日』とも特約し、『大阪毎日』ほどではないにしろ、扱い高を増やしている。明治三四年から大正末期まで萬年社が終始『大阪朝日』の取扱高で他の代理業者をおさえてトップの座を占めている（『広告の社会史』第Ⅳ章第一節参照）。

戦前の三大広告主は売薬、化粧品、出版であったが、そのうち売薬、化粧品の広告主の大手は大阪に多かった。萬年社の二大紙との取引増は広告主の同社傾斜を強めると同時に、二大紙の同社依存を高めた。

さらに、大阪の大手広告主の萬年社扱い増加は、地方紙の同社依存度を高めることになった。グラフ1にあらわれた国内紙の大正期における特約数増は、同社の大阪二大紙と大阪広告主との取引増をもたらしたものである。これに勢いを得た同社は、外国紙や国内雑誌との特約数を一層増加させている。

（2）電通との比較

戦前の代理店各社の扱い高のまとまった統計は太平洋戦争下を除いてない。また前に述べたように、東京の有力代理店のほとんどが通信業を兼営していたので、営業報告書に出た数字だけから経営規模を単純に比較することはできない。

グラフ2は電通が通信部門を分離して、広告専業となった翌年の昭和一二年（一九三七）下期から敗戦までの萬年社と電通の総収入の推移をグラフ化したものである。また**グラフ3**は同時期の両社の利益率の推移を示したものである。『大阪朝日』を見た場合、代理店扱い高トップの座を萬年社から奪ったのは、円本ブームに乗った博報堂であったが、ブームが去ると電通がトップになり、以後敗戦まで電通一位、萬年社二位、博報堂三位、という順番が続く。つまり地元大阪の代理店をしのぐほどに、東京の代理店、特に電通の昭和期に入ってからの進出が著しかった。しかも、電通は全国各紙との取引にも年々厚みを増していく。

電通、博報堂の強みは東京に集中した出版広告主はむろんのこと、東京の経済発展とともに台頭してきた雑品広告主に強かったことにある。かてて加えて、地方紙の党派別通信業選好が電通の広告専業化あたりから弱まったことも、東京の業者の地方選出を促した。このため、東京の業界トップの電通は、年々扱い高を増加させており、グラフ2からわかるように、収入面でも萬年社との差を次第に広げている。

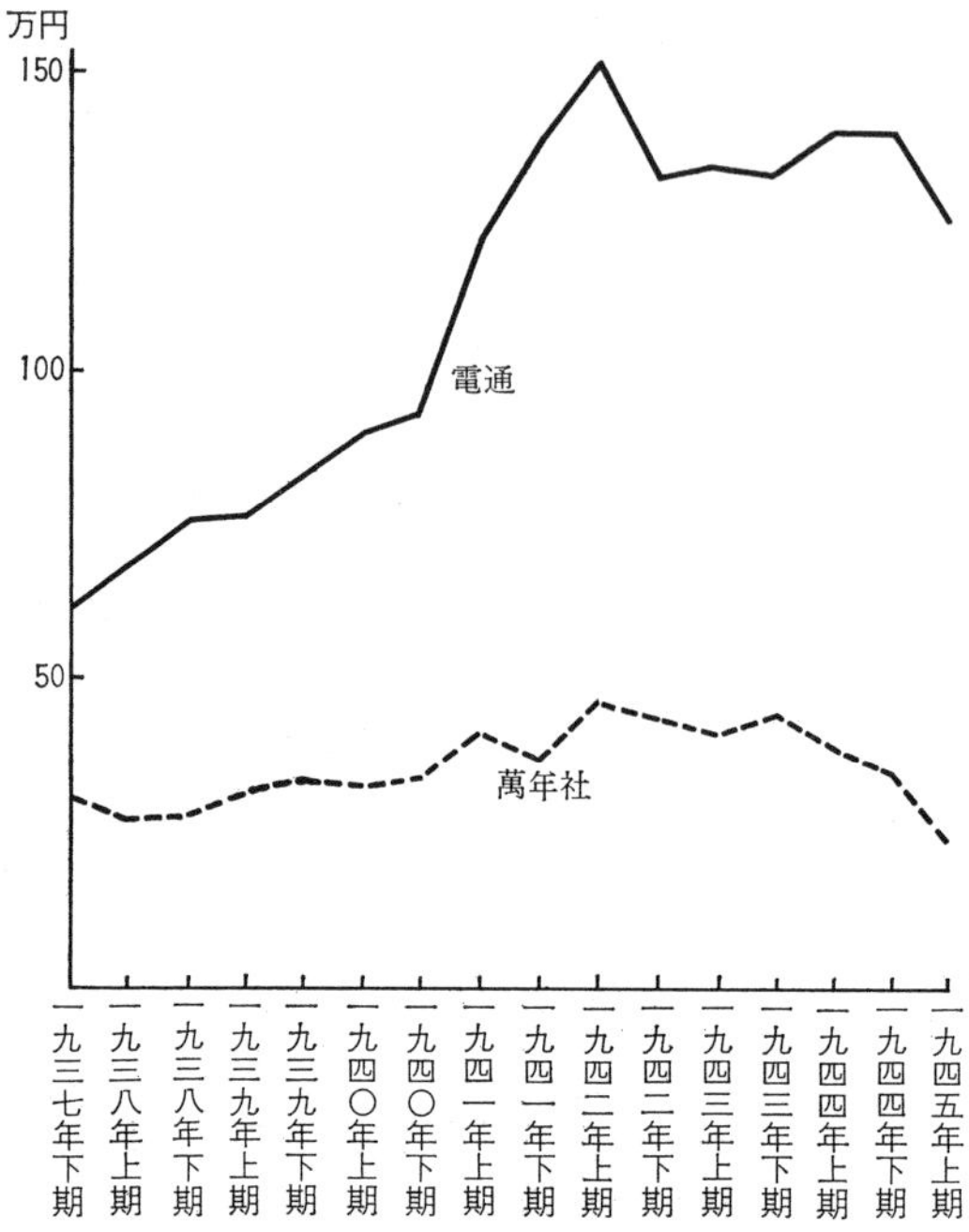

グラフ2　萬年社、電通の総収入の推移

しかし、グラフ3に注目されたい。利益率では萬年社の方がはるかにリードしている。広告業界の悩みは戦前においても、広告主の料金不払いによる不良債権や貸倒損失の発生であった。ことに昭和恐慌期における急増は各社の経営基盤をゆるがせた。恐慌克服の展望が出てきた一九三一年上半期の萬年社の営業報告書は、「取引先ニ対スル不良滞貨」の増加を嘆いていた（萬年社コレクション）。

広告主の倒産や経営不振による広告料不払いが萬年社の利益を圧縮させていることがわかる。こうした投機的な取扱高拡大に狂奔していたのが、東京の業界であった。グラフ2にあらわれた電通の収入の増大には、かかる企業行動がもたらした部分が大きいと思われる。そのため電通の貸倒損失の比率が萬年社よりも高くなり、グラフ3に見られるように、それが電通の利益率の低下をもたらしたと推測される。

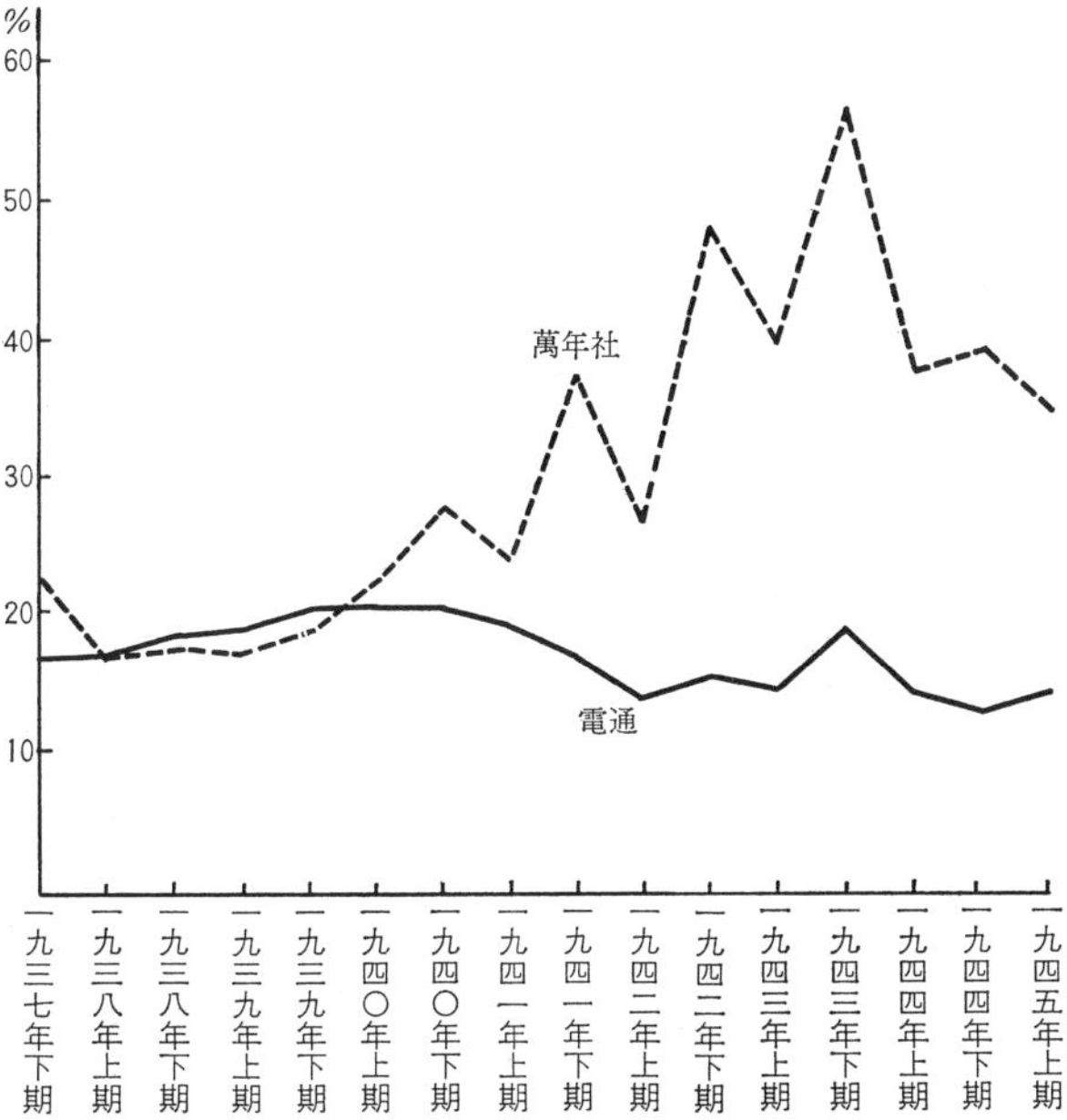

利益率＝利益金÷総収入×100

グラフ3　萬年社、電通の利益率の推移

(3) 高利益の秘密

これに対し、萬年社の経営は社長高木の堅実な性格と長年の実績を反映して着実であった。先に引用した営業報告書は、続いて「斯クノ如キ結果ヲ醸成セシハ、取引ノ当初ニ際シ多クハ請負上其用意ヲ欠ケルト、又取扱上ノ不注意ニ起因セルニ依ルモノアリト思料ス」と分析している。広告主に責任を転嫁する前に、まず、業者としての、萬年社自身の取引上の不注意を指摘し、次期以降の貸倒の減少を株主に誓っている。ここにも高木の慎重で堅実な性格の一面がのぞかれる。

萬年社の高収益の秘密の一つは、地方紙との長年の甘みのある取引にあった。ローカル広告市場の狭い地方紙にとって、大阪の売薬、化粧品などの大型広告は、たとえ単価が低くても、東京業者の通信部門からのサービスよりは歓迎された。だから単価は萬年社のベースで決められがちである。明治三二年（一八九九）六月の資料によれば、高木与八郎の売薬の広告を掲載した地方八紙は、一行当たり一銭一分しか萬年社から支払われないのに、同社は広告主から一行あたり一銭七厘を受け取っている。萬年社の利益は六七・九％にもなる。さらに暴利なのは大東生命保険の広告で、地方紙は一行一銭しか支払われないのに、萬年社は二銭で広告主から請負っている。ずばり一〇〇％の利益率だ（『広告の社会史』表Ⅳ—20参照）。

（4）社員の独立に対する冷酷な姿勢

高木の冷徹な利益追求の経営姿勢は、業界団体の結成の際にも見られた。すでに明治二五年（一八九二）に大阪の広告業者が大会を開き、協一会という親睦と協調のための業界団体を結成していた。しかし、日清戦後に生じた〝鞄外交〟という個人業者が中心となって引き起した業者間競争が、明治三〇年代初頭の不況とともに激化した。そこで高木の萬年社や金水堂、勉強社など大阪の有力業者が、明治三二年に同盟会なる業界団体を結成し、業界の秩序を正し、利益の向上を図らんとした。

この同盟会規約の第二条に、「特約新聞社ニシテ若シ同盟者中ニ対シ取引上不穏当ノ行為アル時ハ、同盟者一同直接間接ヲ問ハズ其新聞社ノ広告募集ニ関与セザルモノトス」とあるように、業界秩序を無視する新聞社には、全員一致して広告取引を拒絶する強い姿勢を保っている。実際に一九〇二年一月二六日付の『大阪朝日』には、同盟会の名前で『新大和』『奈良新聞』『大和新聞』への取引拒絶の広告が出ている。同盟会の地方紙や中小紙に対する弾圧的な姿勢が、当時かなり高まっていたことがわかる。

大正五年（一九一六）に結成された大阪有力業者団体の水曜会も、同盟会と同じく高木の主導のもとで動いていた。この水曜会覚書〔本書所収の木原論考一八〇～一八一頁に全文記載〕には次の項目がある。

四、此申合ヲナシタル同業者以外ノ代理業者ガ、前記割引以下ノ料金ヲ以テ請負ヒタルコトヲ確認シタル場合ハ、当該新聞社ニ対シ掲載中止ノ申込ヲナス事

五、相当ノ理由ナクシテ料金ヲ支払ハザル広告主ニ対シテハ、同業者相互ニ通知シテ其広告ノ取扱ヲ拒絶シ、新聞社ニ対シテハ掲載中止ノ申込ヲナス事

第五項にあるように、水曜会は広告主や新聞社に対してもきびしいように思われるが、むしろ覚書の主眼は第四項の加盟社以外の業者すなわち中小代理業者を排除して、有力業者だけで新聞社や広告主と有利な取引を図ろうとした点であった。水曜会が業界の秩序や倫理を守ることをねらって結成されたことも確かである。しかしそれと同時に、有力業者がギルド的に提携することによって、高い利益を得ようとねらっていることも無視できない。実際、水曜会加盟社は、大阪有力紙と加盟の「同業者限リ別約ス」うんぬんの有利な取引条件を並べた別約をかわしている。

萬年社社員が二度ばかり独立を図ったことがある。一回目は明治四〇年に京都支店長が支店員数名とともに中外広告株式会社を、二回目は大正九年に本社員七名が連袂退社し、共同広告社をそれぞれ設立したことである。もちろん関係者は即刻解雇されたが、企業防衛のためには当然のこととはいえ、高木が造反者にとった態度には、冷徹さを超えた冷酷さを感じるほどのきびしさがある。一回目の場合には、同盟会規約第五条「同業者ノ雇人ニシテ若シ私ニ広告ノ申込ヲナスモノアルトキハ、之レヲ謝絶シ其旨速ニ雇主ヘ通知スベシ」が適用されたと思われる。高木の回想によれば、中外広告は、大阪両紙とも一時取引していたが、内部分裂で一年ほどで倒産したと

いう。

一回目においては、同盟会員のみの取引拒絶であったが、二回目の場合には、新聞社にも取引拒絶の要請がなされている。『萬年社四十年史要』によれば、一九二〇年三月一八日に「水曜会に於いて特に大阪各新聞広告部長を堂島浜通魚岩に招待す。当日社主出席。同会にては、今回萬年社に連袂退社を申出で同時に共同広告社を組織発表したる者の行動は、斯界の秩序を紊す不徳の行為なりと認め、一部取引を為さざることとすとの決議をなす」とある。水曜会覚書の前文にある「代理業者相互ニ徳義ヲ尊重シ、其共通ノ利益ヲ擁護」といった趣旨が共同広告社懲罰に適用されたようだ。有力代理業者の取引拒絶ならまだ耐えられようが、新聞社に拒絶されれば新興の代理店などひとたまりもなかろう。同社も一年ほどで解散している。

このように社員の二回の独立の試みも、萬年社と高木の広告業界での威光の前についえ、彼らは業界から抹殺されてしまった。

(5) 給料・株式分配で社員優遇

高木は萬年社を社員との利益共同体と見なし、すでに明治二七年(一八九四)から社員に決算を公開し、利益の十分の一を分配している。株式会社になるまで社員を手代と呼んでいたが、手代は一般にいう丁稚ではなく、雇用契約に基づいて一般の会社員並みの扱いを受けていた。

たとえば明治二六年に高木と社員が協議し捺印した雇用契約のなかに、「社員の解雇退社は本社と各自の間に於いて、双方少くとも一箇月前に其の事由を申告するものとす。但、社員の行為不都合ありたる場合は此の限りにあらず」といった項目がある。当時の慣行からみれば、被雇用者への配慮が十分になされた契約といえる(萬年社コレクション)。しかも双方が合意したうえで契約している点も近代的、合理的である。この項目は、大正一二年（一九二三）の社の綱領のなかにも入っている。第一節でふれたように、社員の給与は固定給で、業界では高い方だった。また明治三四年から社員の夜学志望者に学費を補助したり、社内で講師を雇って夜学を開いたりしている。低給者にインフレ手当を出すこともあった。

このような業界でもまれな社員優遇を行っていたにもかかわらず、二度にわたる一部社員の独立行動は高木に大変なショックだったらしい。彼は二度目の独立騒ぎの起こった直後の株式会社への改組の時には、全株式の半数を社員に分配し、長期勤続者には功労株としてその後も株式を分配し続けている。かなり高い金利が支払われていた社員の積立金は、随時株式に転換されている。社員の持株比率は大阪二大紙よりもずっと高かった。好決算を続けた大正期には二〇～二五％、昭和初期の恐慌期でも一〇％の配当が毎期支払われていた。

萬年社には当時の大阪の商店で一般的だった暖簾分け制度がなかった。業務内容からして、それの導入は困難だったのかもしれない。そのためか、株式の社員分配に高木は意欲的だったし、社員も株主になることを名誉であり、実益につながると考えていた。グラフ1のように、経営規模の拡大に比例して社員数も増加している。京都、東京の支店員も年々増加している。

高木の業界リーダーとしての地歩は、萬年社の経営の規模の大きさと基盤の固さから築かれていたことがわかる。また彼の冷徹な経営者としての判断や行動が、彼の倫理向上活動や広告啓蒙活動とあいまって業界関係者の信頼をかちえる要因であった。あくなき利潤追求の姿勢は、次に詳述するように、彼のキリスト教信仰、特にプロテスタンティズムとの関連があったが、もしこの姿勢がなかったら「商売往来に無い商売」を軌道に乗せることはできなかったろう。

その時々の取引での力関係によって、ある時には地方紙、ある時には同業他社、さらにある時には小広告主それぞれの弱味につけいって、萬年社の利潤の極大化を図る高木の企業者行動は晩年まで貫かれていた。社員への賞罰はきびしく、社員の造反には冷酷なまでの対処をした。高木のこうした行動もその根底には社員や業界への愛着の念があったので、社員や業界に究極的には理解され、萬年社の経営基盤の確立につながっていたことがわかる。

3 教会活動と広告代理業経営の接点

(1) 高木貞衛のキリスト教入信

高木貞衛には笑い顔の写真が見られない。それどころか、いずれも苦渋に満ちた顔を見せている。これらの写真をながめる時、彼の萬年社創業前における、ある事件との関連に思いをいたさざるをえない。

彼は安政四年(一八五七)、かなり身分の高い徳島藩士の長男として生まれたが、多くの士族がそうであったように、維新という激流に呑まれ、タバコ商人、下級役人、新聞社員などの職業を転々としたけれども、いずれも成功していない。ただ明治一二年(一八七九)から約三年間、『大阪日報』『大東日報』に在社し、庶務、会計、編集、印刷といった新聞全体にわたる仕事を体験したことは、後に広告代理業として成功する素地になったと思われる。

ところが、新聞界から離れてまもない明治一六年から翌年にかけ、つまり彼の二〇歳代後半の時期、高木は大阪株式取引所の副支配人兼一等書記を務めたが、そこで刑事事件にかかわって、自らも処罰された。この事件について彼の語るところは、「明治十七年十二月株式取引所に於て不都合の事あり、法律の制裁を受けたるも、勅裁に依り公権を復せらる」(『高木貞衛翁伝』)だけである。どの資料にも具体的な記述は見当たらない。勅裁つまり恩赦による市民権回復がいつなのかさえもわからない。

明治一七年から二三年の萬年社創業までは履歴上の空白期で、彼がどのような生活を送っていたかを伝える資料や証言を得ることはできない。それはともかく、この事件に筆者が注目するのは、高木がこれを契機に大阪教会の牧師で、熊本バンドに参加した日本組合教会の有力リーダー・宮川経輝に出会い、明治二五年に受洗入信したこと、そしてこの入信が彼の事業生活や職業倫理を規定したからである。入獄中の彼が宮川牧師の布教パンフに接し、キリスト教に関心を寄せ始めたとの証言がある〔高木とキリスト教については本書所収の萱谷コラム参照〕。

萬年社創業時、出資者と取り決めた執務事項の一つに「高木ハ日曜ヲ休暇トシ、林、川口ハ一ヶ月四回宛適当ノ日ヲ選ビ休暇トスベシ」とあるのは、少なくとも当時から彼が日曜礼拝のため教会に通っていたことを示唆している。彼の顔に見られる苦渋の影や鋭い眼光は、取引所事件と入信から生じた強い倫理観や原罪観と無関係でないと思われる。そして入信は彼の萬年社経営や広告活動をすべての面から方向づける原体験であった。

取引所事件と入信との関連に言及しない『高木貞衛翁伝』の著者も、入信は彼の「精神的革命を意味するばかりではなく、爾来五十年の長きに亘る氏の事業生活を、徹頭徹尾特色づける素因となったものであり、萬年社の事業経営上殆んど事毎に其特色が現はれてゐることを看過することは出来ない。略言すれば高木精神なくして萬年社はなく、基督教的信仰なくして高木はないのである」と指摘している。

萬年社は、キリスト教臭の強い会社だった。社員はみなクリスチャンだったとの誤解があるほど、信者も多かった。そのなかには社長へのゴマスリのために入信する者もいたようで、彼らは〝マンクリ〟つまり萬年社クリスチャンだと社内で陰口をたたかれていた。高木は社員に入信を強要することはなかったが、牧師を招いて本支店でほぼ毎月開かれるキリスト教講演会への出席を、全社員に義務づけていた。クリスマス会や新年会も大阪教会などで開かれることが多かった。僧侶や神官が萬年社に出入りすることはありえなかった。

先に触れたように、講演会開催は社員の教養や倫理の向上をねらっていたが、それと同時に合理的な利潤追求の態度を社員に養わせたいとの意図も秘められていたと思われる。

(2) プロテスタンティズムと経営活動

高木の入信が意味をもつのは、萬年社にキリスト教を浸透させたことよりも、プロテスタントとしてのエートスを萬年社ならびに社員の利潤追求活動に反映させたことにある。マックス・ウェーバーの分析によれば、人がキリストによって救われて永遠の生命に入るか、救われずに永遠の死に陥るかは、神によって決定されているので、プロテスタントは神の道具として世俗的な職業に励み、自分が救われているかどうかを客観的に自分で証明せねばならないという。このプロテスタンティズムの倫理が資本主義の精神を培養するととらえられた。

ベンジャミン・フランクリンの例に見たような正当な利潤を使命（すなわち職業）として組織的且つ合理的に追求するという精神的態度を、われわれが一応ここで「(近代)資本主義の精神」と名づけるのは、次のような歴史的理由に基づく。すなわち、近代資本主義的企業がこの精神的態度のもっとも適合的な精神的推進力となるに至ったからなのである。（『プロテスタンティズムの倫理と資本主義の精神』岩波書店、一九八九年）

ウェーバーによってプロテスタンティズムの体現者と見なされたフランクリンは「支払のよい者は万人の財布の主人である」と述べているが、この格言は萬年社の新聞社への広告料支払いの早さに当てはまった。またフランクリンの「君の周到と正直が人々の評判になっているとすれば、君は年に六ポンドの貨幣で一〇〇ポンドを使わせてもらうことができる」という忠告は、たとえば萬年社の広告行数計算の正直な励行にあらわれた。

広告主の申込行数と掲載行数との差をもたせることによって、秘かに利益をあげんとする行為は代理業界では当然のこととまかり通っていたが、高木は大正三年（一九一四）一月から正直な計算の励行を社員に命じ、広告主の利益を確保し、広告主からの信頼を得んと努めていた。「誠実は最後の勝利者」とは明治末期での高木の訓示に出ている言葉であるが、彼には誠実、正直な行為は究極的には萬年社の利益拡大につながるとの信念があった。

萬年社で露骨な利潤追求活動がなされていたことは前に指摘した。広告取引上において常に優位になるようなかけ引きもなされた。地方弱小紙や小広告主との取引上の甘みは貪欲に追求された。しかし、その取引において不法な行為をなすことは絶対に許されなかったし、広告主の不信をまねく行為にも高木の厳しい眼が光っていた。

高木プロテスタンティズムの真髄は営利活動のための時間の尊重、社員労働の合理的、組織的な配分にあった。「時は貨幣」と繰り返し説教するフランクリンに学ぶかのように、高木は時間を重視した。萬年社では、遅刻は即減給だった。

（3）科学的管理法の導入

高木は創業時から「林、川口ハ専ラ広告ヲ蒐集シ高木ハ文書ノ往復会計帳合集金等ヲ担当ス」といったように作業分担を契約書に明記している。外務員が増加するにつれ、各人の担当の区域や広告主の配分も高木の苦心するところであった。明治二八年（一八九五）には「市内得意先を東西南北に四分し、外交の担当区域を定め」たり、昭和三年（一九二八）には「散漫な勧誘の仕方即ち旧式外交を廃して、科学的に改め」、「外務員の勤務が経済的となって、その効果を大ならしめ」んがために、「適性作業の実行に就いて」の社長訓示が出されている。そしてその訓示を具体化するものとして、同年四月一日、「外務係の広告蒐集上の能率を増進し、併せて責任を明にすべく、得意先を職業先により六種に類別し、外務係員の性情並に経験に応じ、之を適所に配属せしむる為の適性勤務は、愈々本日より実行することとす」といった文書が作成されている（萬年社コレクション）。つまり増加した外務員の担当領域を類別して、重複を避けるばかりでなく、それぞれの性格や経験に見合った得意先＝

広告主を割り当てようと苦心している。また増加した広告主を六つに類別し、それぞれの業種に有機的なつながりをもたせようとしている。

労働の組織的、合理的な配分は営業マンの世界に対してのみなされたわけではない。専務刷新のための工夫がたびたび講じられている。戦前の萬年社の特色は、帳簿組織が整備されていたことである。創業時から帳簿は簿記式であったが、明治三二年からカード式の銀行簿記式に改めている。その時の簿記の要領の一部を示せば、

保証金　或ル取次者ヨリ担保品トシテ受入レタルモノハ其現金タルト有価証券タルトヲ問ハズ保証金ノ目ヲ以テ受入レ若シ有価証券ナル時ハ振替ヲ以テ有価証券ニ払出スベシ

地方新聞社　新聞社ノ大別ニヨリ其貸借ヲ区分ス細別ハ新聞社原簿ニヨル

社費　社員給料、取次人歩合、通信費、証券印紙、諸税、社告料、備品、旅費、贈答、交際、紙筆墨、諸雑費等ヲ総括シ其細別ハ社費明細簿ニヨル

といったように細かに明示されている。その後も「事務取扱順序に関する会議摘録」(一九〇三年)、「事務刷新に関する説示」(一九一三年)、「事務刷新説示梗概」(一九一九年)、「社員用語の調査に関する報告書」(一九一三年)といった萬年社コレクションが示すように、事務刷新へのさまざまな努力が年々なされていることがわかる。かかる合理化、組織化は高木の主導による幹部の事務刷新協議会で方向づけられていたが、社員休憩室に意見申込用紙を備えるなど、「事務上の意見あるものは、社内に於ける地位の如何に拘らず、何人でも無遠慮に開陳すべきこととした」(『広告界の今昔』)。つまり平《ひら》社員の仕事へのモラールと能率を高めるべく提案制を早くから実施し、常に全社的に合理化を図っていたことが注目される。また、社費節約案なども高木から随時提出されている。

このような科学的管理法は広告業界でもっとも先端をいくものであった。電通元社長の吉田秀雄が昭和三年（一九二八）の入社時を回顧した時、「大阪の萬年社が最も新しい代理店経営のシステムでやって、これまた日本における模範的な広告代理業として、関西に固い地盤を持っておった」（『電通66年』、一九六八年）と述べている。明治末期の洋行以来、欧米の業界を模範にしている高木が、科学的管理法の導入と自らの工夫で業界最新のシステムを営業、事務の面で採用していた。もちろん彼のプロテスタンティズムがそれの採用の素因となっていたことを見逃せない。

（4）文書主義・契約主義の実践

萬年社関連の資料を見て驚くのは、創業当初から広告主、新聞社、他の代理店と萬年社との間で大きな取引あるごとに契約書や覚え書きが作成されていることであり、さらにそれらおびただしい資料が長く保存されていることである。「往年、本山大阪毎日新聞社長が来社せられたとき、予は此の土蔵に案内して、斯様に帳簿を整理保存してありますので、たとひ予に不時の事がありましても、此の帳簿が始末をつけますから御安心を願ひますと云って笑ったことであった」（『広告界の今昔』）と高木は回想する。契約主義、文書作成主義、文書保存主義は高木の徹底的な合理主義、目標達成主義のあらわれといってよい。それはまた萬年社の企業としての基盤を固め、信用を高めるものでもあった。

その契約には期日の厳守や罰則がうたわれている。彼自身がこれらの契約の提唱者であり、率先垂範者であった。高木の追悼会で大阪教会の関係者はこう語る。

私は萬年社としての君が、余りに厳格で冷静氷の如しといふ声を屢々聞かされました。一、二の例を挙げるならば、出勤退出の時間の厳重なること、規則違反に対する厳罰の励行などでありますが、私はこれらの不満や非難の声を耳にする毎に、他方では君の頭脳の鋭さと、事業家としての特別な才能とに、窃かに敬意を払はずには居られなかったのであります。（中略）君は幾百の社員に対して、その公私の関係を峻別し、公務に於いては一歩も譲らないほど厳格であっても、私的関係に於いては温情溢るる慈父でありました。君は全社員の家庭の事情を知悉し、吉凶禍福に際しては之を祝し之を慰め、病める者のためには自ら馳せて医薬の世話までせられました。さればこそ萬年社は一個の大家族の観がありました。しかも九十九匹の羊をおいても、一匹の迷へる羊を喪ふことを欲せず、その細かい行届いた心尽くしは、我国実業界に余り類例を見ないところの、基督教精神の発露であったと思はれます

（『高木貞衛翁伝』）

高木の社員に対する冷徹さと温情ぶりについては前でも触れた。彼のきびしい利潤追求活動は自らの利益の拡大、またクリスチャンとしての救いの確信につながるばかりでなく、社員全体の利益の拡大とも結びつくとの信念が高木にはあったと思われる。

（5）個人所得の教会活動への寄付

また萬年社の利潤の拡大はキリスト教会への援助費の拡大にもつながっていた。高木の給料や配当収入は萬年社の経営規模の拡大に比例して増加していたが、その大部分は彼が長い間専務理事をしていた日本組合基督教会維持財団に寄付されていた。特に大阪教会の資金源は彼であるといって過言ではなかった。彼は自分自身を一レーマン（平信徒）、一兵站部として位置づけ、布教活動の前線にたつ牧師への資金援助を惜しまなかった。特に若い牧師の活動を積極的に支援した。その一人、戦前、北京に崇貞学園を、戦後は桜美林学園を創立した清水安

三は崇貞学園設立前後を回想し、こう語っている。

十年間は大阪の高木貞衛氏に支へられた。同氏は日本での最初の広告業者で、英国風の渋味好みの紳士であって、さまで熱心なるクリスチャンではなく、極めて平熱的な信仰の持主であるが、三十年四十年変らぬ信仰を持ってゐられ、冷めることなく、熱することもない。しかしお金を借しむことなく、公共のために出す人であって、儲ける尻からお出しになる人である。この方に十年間支持して貰った。奉天時代は月々六十円、北京へ来てからは月百円、崇貞学園を開いてからは年二千円を頂いた　（『朝陽門外』、一九三九年）

この他崇貞学園の土地購入金七千五百円はすべて高木の負担であったが、他の教会関係者がたびたび訪ねてきたにもかかわらず、彼は一度も学園に姿を見せなかった。存命中、清水は大阪へ行けば必ず高木の墓参りをしていたらしい。

萬年社の事業活動で得た利益の大部分は教会へ還元されていた。これに対し萬年社員のなかに、社員への還元の少なさへの不満があったことは確かである。しかし、高木は社員に公私の峻別を要求する以前に、自らの公私をわきまえていた。教会への援助金は彼自身のポケットから出されていた。その巨額の資金が出せるほどに、萬年社からの所得は大きかった。金もうけは彼の自己の「修養の道場」（『高木貞衛翁伝』）であった。それが結果として、教会活動への資金援助につながっただけに、彼は幸せであった。彼は晩年まで標語〝前進〟をかかげて、事業活動につき進んだ。

〝前進〟（Reaching Forth）という聖書の言葉に象徴されるように、彼の残した記録や発言にはキリスト教に関連した言葉が頻出している。ところが政治に関する言葉は皆無に近い。高木は政治との距離をおきながら、あくなき利潤追求を合理的に行う点では典型的な大阪の経営者であった。特に取引上でも近い本山彦一の経営態度とは酷似していた。本山と同様、政治的立場は無色透明で、必要な場合にしか政治にかかわらないといった大阪の経営風土を反映した政治観をもっていたようだ。

東京の代理業者が通信業を兼営し、政治に接近しながら広告活動を行っていたのに対し、萬年社が接近するのは経済の世界だけであった。政界とのつながりは時には巨額な利潤を生みだすこともあったが、リスクも大きかった。また通信業兼営を悪用して広告主を脅迫し、取扱高増加を図る東京の広告業界の悪い噂を耳にすることもあった。プロテスタントとして広告業を天職と考え、専業者として合理的、組織的な経営活動を展開するなかで利潤を高めんとする堅実な経営倫理をいだく高木にとって、東京の代理業界は悪質であり、ある場合には不純なものとしか感じられなかった。

(6) 経済合理主義の貫徹

ウェーバーは政治上の利権と非合理的投機を生命とする経営態度を「冒険商人的資本主義」と呼んで、厳密な計算を基礎に合理化した経済的成果を目標にする資本主義的精神とはっきり区別している。東京の広告業者は戦前の場合、この「冒険商人的資本主義」の範疇に入る経営態度をとっていた。広告主の広告料を無担保で肩代わりしてまで、取扱高シェア拡大に狂奔していた。とても堅実で合理的な経営とはいえなかった。高木が特に回避していたのは非合理的投機であった。そのためには利権を避けた合理的、計画的かつ冷徹な経営理念が不可欠であった。それは政治との距離が遠く、経済合理主義が貫かれやすい大阪の経営風土のなかで育ちやすいものであった。そこにおいてこそ高木に体現されたプロテスタンティズムが萬年社の経営理念に反映され、堅実な利潤を生み出すことにつながった。

萬年社の発展は①大阪の経済規模の拡大と大阪の広告主の出稿量の増加、②「不偏不党」の大阪二大紙の発展と全国紙化に負うところ大であるが、それと並んで、③高木の経営者的資質、手腕、倫理観にも負っている。経営的目標の設定と達成へのたゆまぬ努力、さまざまの社内規律の作成と励行、取引や契約の期限内履行、公私にわたる節倹と禁欲主義、代理業者としての天職感と自負、さらには巨額な利潤、所得の教会活動への寄付といった彼のプロテスタント的倫理観とその実践には特に注目する必要がある。

しかし、日本の広告業界における萬年社のピークは創業四〇周年を迎え、高木が自伝『広告界の今昔』を刊行した昭和五年（一九三〇）あたりであった。彼はその一〇年後の昭和一五年秋に死去した。日本の広告業界は彼の晩年から大きな転換期に入った。東京の経済界の台頭つまり東京の広告主の出稿量の急増が顕著になってきた。そのため大阪に傾斜して東京の広告主に弱い萬年社の経営構造に、まだ耳に入りにくいものの、きしみが生じ始めていた。また戦時統制経済の浸透で、政治と経済の結びつきが強まり、広告業者が政界、官界に無関心であることは、経営上不利になってきていた。さらに高木の死の直前に後継者たるべき幹部が次々と急逝した。長年、高木と行動をともにし、そのプロテスタント的なエートスを吸収してきた幹部の死去は、晩年の彼に大きなショックだった。だが萬年社の経営基盤は安泰と見えた。彼は上京中倒れ、心理学の道を選んだ子息貞二とその家族の手厚い看護のもとに同年一〇月二二日、プロテスタントしての救いを確信し、永遠の安らかな眠りについた。享年八四歳だった。

参考文献
高木貞衛『広告界の今昔』一九三〇年、萬年社
西川正治郎編『萬年社四十年史要』一九三〇年、萬年社

萬年社編『高木貞衛翁伝』一九五〇年、萬年社
内川芳実編『日本広告発達史』上巻、一九七六年、電通

〈付記〉本稿は山本武利『広告の社会史』（一九八四年、法政大学出版局）第Ⅲ章第二節「高木貞衛と萬年社」の記述を一部改めたものである。

高木貞衛の白いハンケチ

津金澤聰廣

山本武利氏との共著に『日本の広告――人・時代・表現』（日本経済新聞社、一九八六年）がある。この書のまえがきのまっさきには「凛然として光輝を発揮する時節」が広告人の頭上に到来することを念じつつ、この世を去った萬年社社長、高木貞衛の名前が出てくる。また、「広告屋から代理業者への苦闘・高木貞衛」（執筆・山本）という一節もある。この書の刊行に対して、翌月、和田洋一同志社大学名誉教授が「高木貞衛という人」という書評を兼ねた貴重な随想を発表している（『新聞及新聞人』一一三二号、一九八六年）。

和田洋一先生によれば、高木社長は、明治のおわりごろから大正の中ごろまでの十一年間同志社の理事をつとめ、同志社にとっても彼は重要な存在だった。そして同志社大学図書館には明治大正期から昭和初年に至る半世紀間の『大阪毎日新聞』『大阪朝日新聞』両紙の製本版が萬年社から寄贈されている。そのように同志社との関係の深い高木貞衛という名前を、同志社の教師だった御尊父から和田先生は何度もきかされていた。だから、お会いしたことのない高木貞衛はどのような顔つきの方だろうかと、時々思っていたという。

その高木社長の上半身の写真が『日本の広告』の中にちゃんと掲載されていて、私はしげしげとその顔つきを眺めたのである、と和田先生は次のように書いている。

写真にうつっている高木貞衛は、品のいい、教養のある紳士であった。昔、東京の住民は、大阪人を〝ぜい

高木貞衛

ろく〟と呼んで軽蔑していたが、写真の高木貞衛はぜいろくの広告屋のような顔付きをしていなかった。

胸ポケットからは白いハンケチがのぞいていた。わたしは、それに気づいてハッとした。胸ポケットからハンケチをのぞかせるというのは、男のおしゃれであって、日本人、特に学校の教師はそういうことをあまりやらない。

和田先生の通った旧制三高（現・京都大学）の中で胸ポケットから絹のハンケチをいつものぞかせている先生が一人だけいた。その先生の名は高木貞二、心理学の担当（のちに東京大学文学部教授）で、高木社長の子息であった。

つまり、写真の中の高木貞衛と和田先生の三高時代の恩師である高木貞二先生とは、おもながで上品な紳士という点と、胸ポケットのハンケチも共通しており、思わずハッとしたのだった。ちなみに、同志社の出身ではない高木貞衛が同志社に力を入れていた一因は、同志社の第一回卒業生であった宮川経輝の牧会していた大阪教会の忠実な会員であったことではないか、とも書いている。

高木貞衛の萬年社は広告代理業の先覚として、『大阪毎日』『大阪朝日』両紙のいわば全国紙への発展を支え、推進し、同時に両紙の急速な発展によって萬年社の存在も確立された。

高木貞衛の自伝でもある『広告界の今昔』（萬年社、一九三〇年）には、当時の両紙社長がそろって序文を寄せている点も特筆されよう。抜粋して掲げておきたい。

たとえば、大阪毎日新聞社社長・本山彦一による序文の一節には次のような表現がある。

君は夙に基督教を奉じ、取引上にも信義を以て始終し一点欺かず、親愛を以て人に接し懇切倦むことなく久しきに渉りて易はらず、是れ今日の隆盛を致したる基なるべし。其の本固くして末栄えざる者あらずとは真に然りとす。今四十年間の歴史を閲して其の発達の至大なる実に驚くべきものあり。是れ一つには我邦文化の発展によるものなりと雖高木君其の人の性行に依ること大なるは世人の均しく認識するところ、同業者諸君も余が君に対する賛辞に同意せらるべきは余の信じて疑はざる処なり。

つづいて、大阪朝日新聞社社長・村山龍平の序文が掲載されている。長文の序だが、その中の次のような文章が注目される。

高木君は斯界の先覚として、崇高なる信仰と熱烈なる意気と、之に加ふるに該博なる学問を以て、広告業の処女地を開拓せられ、万難を排して先づ啓蒙の業に成功せられたが、爾来、産業と言はず学芸と言はず、あらゆる方面の広告意識を刺戟し、新聞社と広告主との間に立ちて、相互の条件を能く調理按排する点に於て、必須欠くべからざる機関たるの地位を確立し、今日の盛運を君独自の力を以て、招来せられたるのみならず、多くの追随者を得て、今や枝葉鬱々たる情勢を呈せるは、まことに瞠目に値する次第である。

これらふたつの序文の一節からも、高木貞衛という人物の人柄とその偉大な業績の一端がうかがわれよう。先にふれた和田洋一先生が写真の中の白いハンケチにハッとされた印象と共有される歴史的序文であり、貴重な記録である。

I 『広告の夜明け』と萬年社

第I部の四つの章では萬年社の活動の詳細を凝視し、黎明期の諸相に光をあてる。アジアの新聞への進出のもくろみや、屋外広告への挑戦の軌跡、新聞広告の新たな形態の発案や、外資トップ企業との専属契約やキーパーソンの存在など。各章が発掘する知られざる萬年社の活動のディテールからは、黎明期の広告業界において大阪が一地方《ローカル》ではなかったばかりか、日本全体をけん引していた実態が見えてくる。

第一章　「屋外広告界に雄飛をなす」
——高木貞衛の夢と戦前大阪の屋外広告への熱意

竹内幸絵

はじめに

御覧なさい、此処に張つてあるは専ら英国の張紙広告である。私が洋行中で眼を惹きつけられたのは此の広告で、此の広告は今や彼の地にては大流行である。予ねて屋外広告のことは、私もいろいろ考へてゐないではなく、現今の如く日本の屋外広告が乱雑、無遠慮な状態で、此の世間を汚くされては困ると、洋行の前にも私は斯様な考を持つてゐたのである。其の筋にても種々調査中であったが昨年より愈々その取締に着手せらるることとなった。自分は前述の意見に基き、本年に於いて此の張紙広告を行はんと決心した。(1)

これは大正二年(一九一三)正月、高木貞衛が社内に向けて行った宣言である。創業から二〇余年を経て新聞広告取次事業者として確固たる地位を築いていたこの時期、萬年社は新聞広告とは全く異なるビジネスである屋外広告事業に着手していた。のちに「屋外広告界に雄飛をなす(2)」と称された新規事業への挑戦である。

明治・大正期、ポスターという広告メディアへの日本人の意識はまだ稚拙なものであった。ポスターの威力への開眼は、一九二一年に朝日新聞社が主催した第一次世界大戦ポスターの大展覧会が契機だったが(3)、それ以前の日本の屋外広告は看板類が主流、それも多少の例外を除いては自社店舗の軒先に掲げられたものだった(4)。日本には絵ビラと呼ばれる江戸期から続く小型のポスターがあったが、これは小売店内に店主の意向で掲示が采配されるものだった。屋外ビジュアルマスメディアとしてのポスターの媒体価値は、大衆はおろか商人にもまだ認識されていなかった。それどころか後述する通り、当時最大のメディアであった新聞に掲載される広告の社会的価値でさえ一般に認知されていたとは言いがたい。このような時代の様相を考えれば、この高木の宣言がいかに時代を先取りした決意だったかがわかる。大阪で行なわれた知られざる高木の挑戦とはどのようなものだったのか。そしてそれは、大阪の広告においてどのような個性のさきがけだったのか。

高木のベンチャー精神のみならず、戦前の大阪には近代的な広告に対する特有の熱意があったように思える。この時期大阪で複数の広告研究誌が立ち上がっている。そこでなされた極めて早い近代的な広告への提言もそれを示している。本章ではこれまでほとんど知られていない萬年社の屋外広告事業、そして大阪において刊行された近代化黎明期の広告研究誌に着目し、明治・大正そして昭和戦前期の大阪における広告への熱意を実証していきたい。

１　高木の渡航と屋外広告への開眼

高木の屋外広告事業への挑戦は、明治四四年（一九〇九）五月から一〇月の欧米への広告事情視察が契機となっている。この視察には当時の政府商工局長が広告事業調査の嘱託状を発行したという。まさに日本初の海外広告視察であった（5）。もちろん高木の主目的は新聞・雑誌媒体の広告に関する調査だったが、萬年社コレクションに残る渡航前に準備された三八個の調査項目（6）には、「広告業者新聞社の関係」といった新聞雑誌広告に関する項目に並んで「屋外広告、電車広告についての制度」、さらには「広告学に就いての発達や大学の状況」、「意匠学校の整備と意匠家の人物」などの項目も設けられている。高木の視野に渡航前から屋外広告事業や広告学、広告研究の必要性が入っていたことがわかる。

高木は視察でどのような成果を得たのだろう。『萬年社創業録』(7)内の視察報告には、欧米の広告エージェントを多数訪問したこと、「倫敦《ロンドン》市ラットクリッフ・ダンバー社、紐育《ニユーヨーク》市のジエージオルター・トンプソン社、市俄古《シカゴ》市ロード・エンド・トーマス社等」と広告代理契約を結んだことにくわえて、「新聞雑誌の広告以外ポー《ママ》スター、広告塔を始め屋外広告の視察調査」を行ったとも記されている。そして視察の成果をふりかえった次の一文は、高木の屋外広告への関心の高さを感じさせるものだ。

広告の種類に至つては三様……一は新聞と雑誌、二は地上地下での電鉄、三は屋外広告……電鉄の広告は大会社が一手に引受けて其の下に十二の取次店があります。屋外広告にも特別の取扱者があつて、紐育で其の一社を訪ねましたら此処には社員二百八十人……最も流行を極めつつあるものは電気広告であります。

ここで高木は萬年社の主業である新聞と雑誌広告を一つの業態として集約し、どちらも「屋外広告」としてもよさそうな鉄道広告と屋外広告を別建てにし、「ニューヨークの電気広告」にも触れている。高木の屋外広告への関心の高さは、高木の帰国を帰着した敦賀で取材した複数の地方紙の記事にも見て取れる。各紙とも高木の談を「各種広告の最も盛なるは米国にして欧州諸国の遠く及ぶ所にらず、殊に電気仕掛のもの大に流行し、規模広大にして巧妙」(8)といったぐあいに、屋外広告に関する感想を前面に挙げて詳しく書き、主たる視察目的であったはずの新聞媒体についてはその後に「新聞雑誌の広告は中々高価」とつけくわえる程度にとどまっているのだ。

高木が目を奪われた欧米の光景はどのようなものだったのだろう。水野由多加による調査報告が示す写真は、一九一〇年前後のロンドン南部の街の駅前のポスター掲示や、ニューヨークのマディソンアベニューのビル上広告の状況を捉えている（図１・２）。これらは高木が見た景色に近いものだろう(9)。また高木の渡航よりやや後だが、のちに雑誌『商店界』を立ち上げる清水正巳によるアメリカの屋外広告事情の描写は活き活きしており、高木の見た景色、高木の心情を彷彿とさせる。

まづアメリカには紐育、市俄古、桑港《サンフランシスコ》、羅府《ロサンゼルス》、其他到る処の市に広告会社がある。其広告会社ではそれ〴〵会社所属のポスター掲示場をもつてゐる。その掲示場は先にも云つたやうに、商業繁華街にもある。名所遊園地にもある。汽車の沿線にもある。汽船の発着所にもある。到る処にあるのである。其掲示場は立派なもので……掲示板の左右の柱は裸体像を用ゐたり、ローマの建築を見るやうな古風な老人の頭を造つたり、単に図案化された柱であつたり兎に角ポスターを引立てる力のある、そして街の美観を毀さない程立派なのであ

図１　ロンドン郊外　ブリックストン通り、1912年頃

図２　ニューヨーク　マディソン通り、1910年頃

る。……日本の絵ビラは此点から云ふと全く違つたもので、大抵床屋や湯屋や、劇場や室内に用ゐられるものであるが、アメリカのポスターは全然戸外のものである。それでアメリカのポスターに当るものを日本で見ようと思へば、諸君はかの、仁丹やクラブやレートや、其他のペンキ塗の大きな広告看板、あれをポスターと考へるより仕方がない。けれどもペンキ看板は貧弱である。印刷したポスターに較べると問題にはならない。(10)

残念ながら萬年社コレクションに高木渡航時の写真は存在しないが、広告風景を描いた代理店の営業広告物が残されている。欧州代理店のものは一九一四年、ニューヨークの電気広告が描かれた広告物も高木渡航より少し後のものだが、いずれも欧米の華々しい屋外広告の実際を色付きで感じることができる〔図3・4〕(11)。

屋外広告の代理事業会社について、高木は視察報告で「特別の取扱者」、つまり屋外広告専門の代理店の存在を示したが、冒頭でみた正月の決意表明では「アメリカは分業の方法が発達してゐる為、新聞広告のみを扱ふてゐるだらうと思つたに、エヤー、トムソンなどは一会社で種々の広告を兼ねて取扱つてゐる」とも語っている。おそらく高木はアメリカで兼業する広告代理店にも出合い、その実情に触れたのだろう。それは「日本はアメリカの後を追ふてゐるから、私は矢張アメリカの通つてゐる道をやる決心」を後押ししたに違いない。

高木はのちに渡航前の心情を「本邦斯業界に於いて、殆ど開拓すべき方面は一応開拓し終りて」「或る時はやめようと思つた事もあります。十四五年前には嫌になつた時代もあります」と回顧している(12)。創業から二〇年を駆け抜けた高木は、軌道に乗せた新聞広告事業に安穏とするのではなく、全く新しい事業への挑戦を画策した。その進取の気質溢れる経営者の眼を捉え離さなかったのが、欧米での屋外広告事業の興隆だったのである。

2 明治期の広告研究誌『広告大福帳』と欧米屋外広告事情

さて高木の渡航より遡ること五年、明治三七年（一九〇四）発刊のとある雑誌に次のような記事が掲載されている。

「倫敦に於ける広告の仕方」 文明世界の広告法は（一）新聞紙（二）定期刊行の雑誌類（三）戸外の設計等によりて之を行ふを常とす右のうち最も人目に触れ易きは戸外の設計を第一とす、戸外の設計とは大道に沿

図３ 「ポスター、広報誌、宣伝と広告」オーストリア、1914年

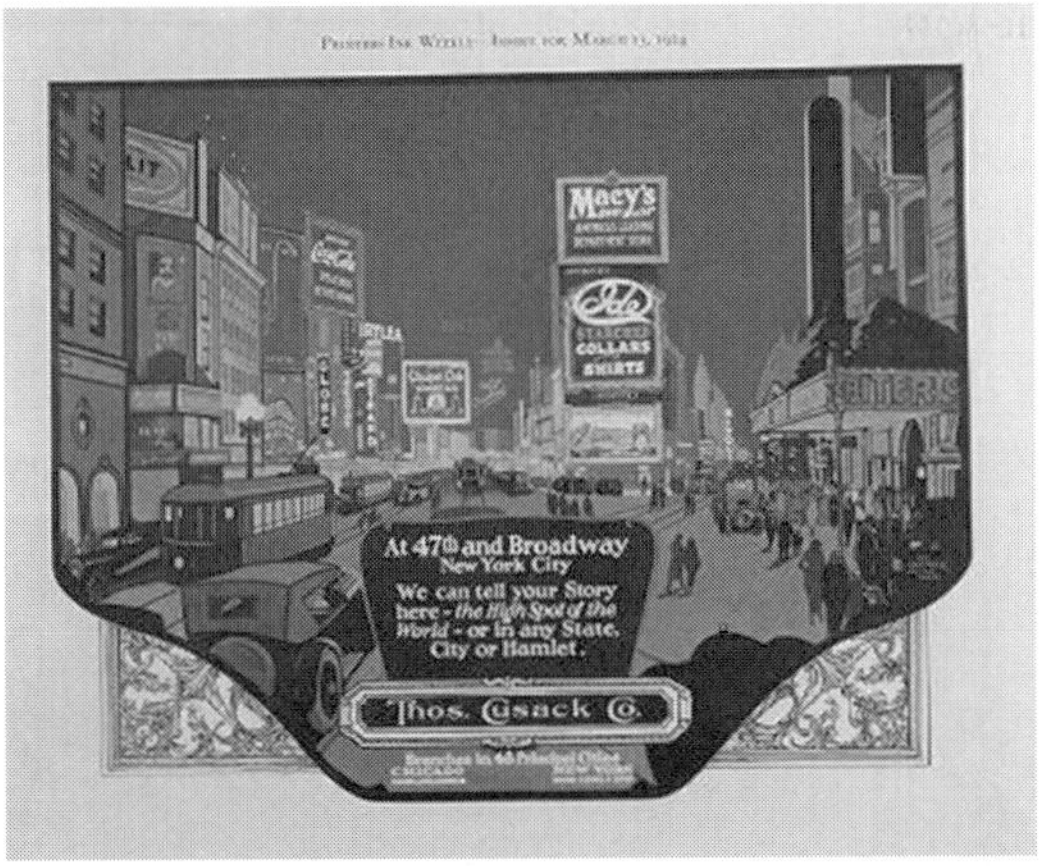

図４ 「世界一の場所で」キュサック社、ニューヨーク シカゴ、1920年代

へる壁塀、板囲、市街鉄道車内又は鉄道停車場等苟くも多数世人の来往集合する場所を選びて広告をなす手段をいふ、……其期する所は市中往来の人に知らず識らず商品の名前を記憶中に印せしむる方法にて広告法としては巧のものといふべし(13)

欧州の屋外広告草創期の事情を実況する極めて早い一文だ。この雑誌はなにものだったのだろうか。その名も『広告大福帳』〔図5〕。大阪毎日新聞社のとなりに社屋を構えた毎日繁昌社という組織〔図6〕が、明治三七年一月二〇日に創刊した雑誌だ。筆者の知る限りでは、これは本邦初の広告研究を目的とした定期刊行誌である。毎号六〇から時には一〇〇ページを超える号もあるという月刊誌で、明治三八年の二〇号までの発刊が確認できる。一部七銭、年間七二銭の購読料と一ページ全面掲載で五〜七円という広告収入により運営されていたようだ。

社名からも想像できるが、同誌は大阪毎日とのつながりが極めて深く、「本誌の記事は大阪毎日新聞記者諸君

図5　『広告大福帳』創刊号表紙

図6　毎日繁昌社社屋

其他の筆に成る」（三号広告ページ）だった。先の記事も大阪毎日ロンドン駐留記者の寄稿によるものだ。大阪毎日と特約を結んでいた萬年社も同誌に広告を出してはいるが、萬年社と毎日繁昌社との具体的な接点は判然としない。しかしこのロンドンの事情を示す記事を同じ新聞社の広告事業者である高木も目にしていたと考えるのが自然であろう。高木の欧米の広告への関心、屋外広告への野心の契機ともなったのではないだろうか。

『広告大福帳』には大阪毎日への広告掲載と連携した抜け目のないしかけもあった。「大阪毎日新聞紙上へ（毎月）五十行以上広告を出したる者……本誌紙上に於て二重に広告を而も無料にて掲げらるゝの便ある[14]」というものだ。毎日新聞社の一機関かとも勘ぐられる密接な関係だが、創刊の辞には次のように広告研究専門誌としての使命感が述べられており、同誌が時代に沿った的確な問題意識を持つ広告研究のための専門雑誌だったことがわかる。

創刊の辞はまず「広告の必要は認められつゝありと雖も、如何に広告を利用せんか、如何に之を活用せんかについてはなほ漠然として五里霧中に方向せるものと云はざるべからず、真にその呼吸を会得せるものに至つては寂々寥々」で、商人が「自動的に進んで自ら広告を出すもの、如き極めて少なし」と自意識のない広告主を憂い、広告研究の必要を説く。しかし「日常商業に忙殺されつつ」商人が広告研究をすることは困難だ。ここに「本誌の生れ出たる」理由がある。専門誌として「あらゆる商業に従事せるもの、ために広告法研究の期間となり広告界の指南車《ママ》たらんとする」のである。そして具体的な雑誌の内容は「広告に関する論説批評奇聞統計的観察欧米における最新案等を主としまた専ら広告の方法時期意匠絵画等につき懇ろに切磋功究するを以て毎号」だと明言する。

この創刊の辞にあるとおり、明治末期の日本における一般企業の広告観はまだ発展途上であった。山本武利は「（当時最大の広告主であった天狗煙草の岩谷松平の広告観でさえ）非合理的かつ不定見なものであった。ましてや、一般の商人や企業の広告観はまだ前近代的な段階にとどまっているにすぎなかった[15]」と、岩谷でさえ明治三十年代にはまだ『広告大福帳』の言う「自動的」ではなく、勧められるままに受動的に広告出稿を行っていたと指摘している。広告研究ももちろん未開拓だった。明治三五年（一九〇二）には濱田四郎[16]が広告への認識不足、広告研究の貧弱さを「平和戦争の戦客たる広告を講するの人なく、述へたるの書も寥々数ふべく、研究しやうと思っても、研究する途かない」「広告は至って最近の発達に係るものて、未たこれに関して専心研究したものもなく、随てこれに関する著書の寡い」と嘆いている。

このような情勢を見れば、濱田の著作の二年後に創刊した広告研究誌『広告大福帳』の先駆性がうかびあがる。山本は、日露戦争を経てようやく日本の一般企業の広告観は一段階飛躍してくると指摘しているが、『広告大福帳』は日露戦争勃発の二年前に創刊している。同誌も自らが先駆であることを「広告利用の途を明示し広告法研究の機関たるを期する……その目的において凡百の諸雑誌中全く類を異にし商家に取ては最も実用的のもの[17]」と自負している。

『広告大福帳』にあった近代的な広告戦略への視点は、先のロンドン屋外広告報告に続く一文からも読み取れる。

戸外の広告には一室《てい》の制限あり文明世界にあつては市街の美観保存のため濫に広告の貼附を許さゞると共に之を見る者にも限あり且つ交通来往の人々は道中に時間を惜む の常なれば態々此等の広告を見んが為に時を割くことなく一瞥を転じ去るを以て右の広告法は単に注意の緒を与ふる丈の効能ありて……新聞雑誌の購読者は市中来往の時と異り紙面の文字を拾ひ読むの時間があるが故にその広告も戸外の広告より多分の注意を受くるは申すまでもなく……内容を繊細に知らしむるの便あり。サレバ前にもいへる如く「広告は概して簡単の形式を採り見る者をして面倒臭しと思ふ念を起こさしめざるを本義」とすれども取り分け戸外の広告

は最も簡単にして其商品又は目的物の名前、事項のみを記すを最も宜しとす[18]

忙しい都会人には屋外広告によって「注意の緒を与」え、「知らず識らず商品の名前を記憶中に印せしむる」。喚起された購買者には新聞広告で詳細内容を与える。このように媒体別の機能分担を示したうえで、ゆえに屋外広告は簡単な表現が最適と断じる。今に繋がる近代広告メディア表現論だ。他にも雑誌広告は「長く保存せらるゝを以て此点に於ては新聞紙の広告に優る[19]」といった媒体論まで展開している。

ところで『広告大福帳』は表紙絵の意匠懸賞も行っており、四号で以下のように募集された。「本社は本誌の表紙となすべき意匠案を懸賞募集す同意匠案は必らず七福神中の大黒天に因みたるものにて石版二度刷若くば三度刷の下画……審査は大阪毎日新聞記者諸君の一部と其他にて行ひ当選者には賞として金拾円を呈す」。そして五号表紙は四十余の応募作から入選した作で彩られた（図7）。三号表紙はアール・ヌーヴォーの影響をうけた花の図案で近代デザインの扉を開く印象を与えるものであったが（図8）、懸賞は日本古来の吉兆図である「大

図7 『広告大福帳』5号表紙

図8 『広告大福帳』3号表紙

黒天」。この対比に今日の私たちはおかしみを覚えるが、江戸時代から続く近世的な日本の広告と近代広告とを橋渡しする『広告大福帳』の立ち位置を象徴しているともいるだろう。

『広告大福帳』に見える大阪にあった広告への熱意は、大阪における新聞媒体の発展とも無縁ではない。新聞は明治終盤にそれまでの政党新聞(大新聞)としての性格から転換し近代的新聞事業へと脱皮していくが、その先駆となった二大紙、『朝日新聞』と『大阪毎日新聞』はいずれも大阪で急成長を遂げた。『朝日新聞』は創業当初、広告掲載に消極的だったが、『大阪毎日』は小松原英太郎、高木喜一郎、渡辺治といった福沢諭吉門下生らが草創期に関わったことから広告施策に積極的だった。萬年社はその施策の大きな一翼を担ったが、もうひとつの知られざる一翼が、毎日繁昌社の『広告大福帳』だったのである。

3　萬年社の屋外広告への挑戦の実際

話を萬年社に戻そう。高木の屋外広告への挑戦は、帰国後ただちに開始された。本章冒頭に挙げた社員に向けた宣言は、パイロットスタディを済ませた後の決意表明であった。この節では萬年社コレクションに残る資料をもとに、高木が目指した屋外広告事業の実態を検証してみたい。

まず帰国後、渡航時にできた関係を頼って送った「広告に関する質問事項(倫敦)」「広告塔に関する質問事項(伯林)」の控えを見てみよう。三〇ある質問事項は、屋外広告の掲示期間やクライアントへの広告効果の提示方法、ポスターデザイン料、風雨に強いリトグラフ技術など詳細で具体的かつ多義にわたる[20]。萬年社がいかに近代的な事業を目指していたかを示すものだ。なお回答は現存しない。

コレクションには「英国および倫敦の広告取締条例」、「ベルリンの広告掲示制度」や掲示許可願いといった屋外広告の法制度・行政に関する資料も複数残されている[21]。高木は帰国後、これらを手本として各省庁等に屋外広告実現にむけた働きかけを行った。東京府への「広告塔建設認可申請書」も残されており、ここでは「公安風致の維持と広告向上の最良方法として欧米各国の屋外広告中最も理想的なりとせらる、広告塔を本邦の年に建設し以て商工業者の必要を充たすは取締法の精神にも適合する儀と革新致候」と、その社会的意義を切々と述べている。[22]この申請書に日付はないが、明治四四年（一九一一）施行の「広告物取締法」を意識した文面があるので、翌大正元年（一九一二）頃の文書と推察される。

萬年社が申請を府に行ったのは、「広告物取締法」[23]では詳細規定が府県条例に委ねられたからだ。コレクションにはこの東京府への申請書のみが残るが、これは大阪の弁護士[24]が作成している。萬年社は大阪府にも同様の許可申請を行ったのだろう。興味深いことに当時の府県条例がいずれも似た内容である中で、明治四四年に制定された条例のうち大阪府条例にのみ広告主とは異なる組織が掲示を采配する「広告場」、つまり代理業者を前提とした文言がある。これは萬年社の申請を受けたものではなかったのだろうか。[25]

続けて確認できるのは大阪市営交通への「電車内広告許可願い」だ。これには大正元年の日付がある。市電広告は「市の財政」と「市民の趣味性を涵養」の一挙両得と説得し、文書の最後には価格表例まで添付している。

こうした認可への努力と同時に萬年社は掲示場の設計にも着手しており、国内の工務店からの見積書、設計図が残っている。大正二年（一九一三）一月一六日の社判が押された大阪市西区靭中通一丁目の建築請負業「吉田」（屋号大熊）作成のもので、柱や板、防腐剤塗布などの明細があるポスター掲示板制作費の見積、そして少しの屋根がある図面は、写真が現存しない中、萬年社が建設した屋外掲示場がどのようなものだったかを推察する唯一の手がかりである〔図9〕。他に「広告塔之構造」とされた設計図も残っているが〔図10〕、工務店の図が尺表示なのに対してこちらはメートル表示なので、欧米の法規に添付されていた図（原図は現存しない）の書き写し・翻訳と思われる。工務店に発注し実現したのは掲示場のみであろう。

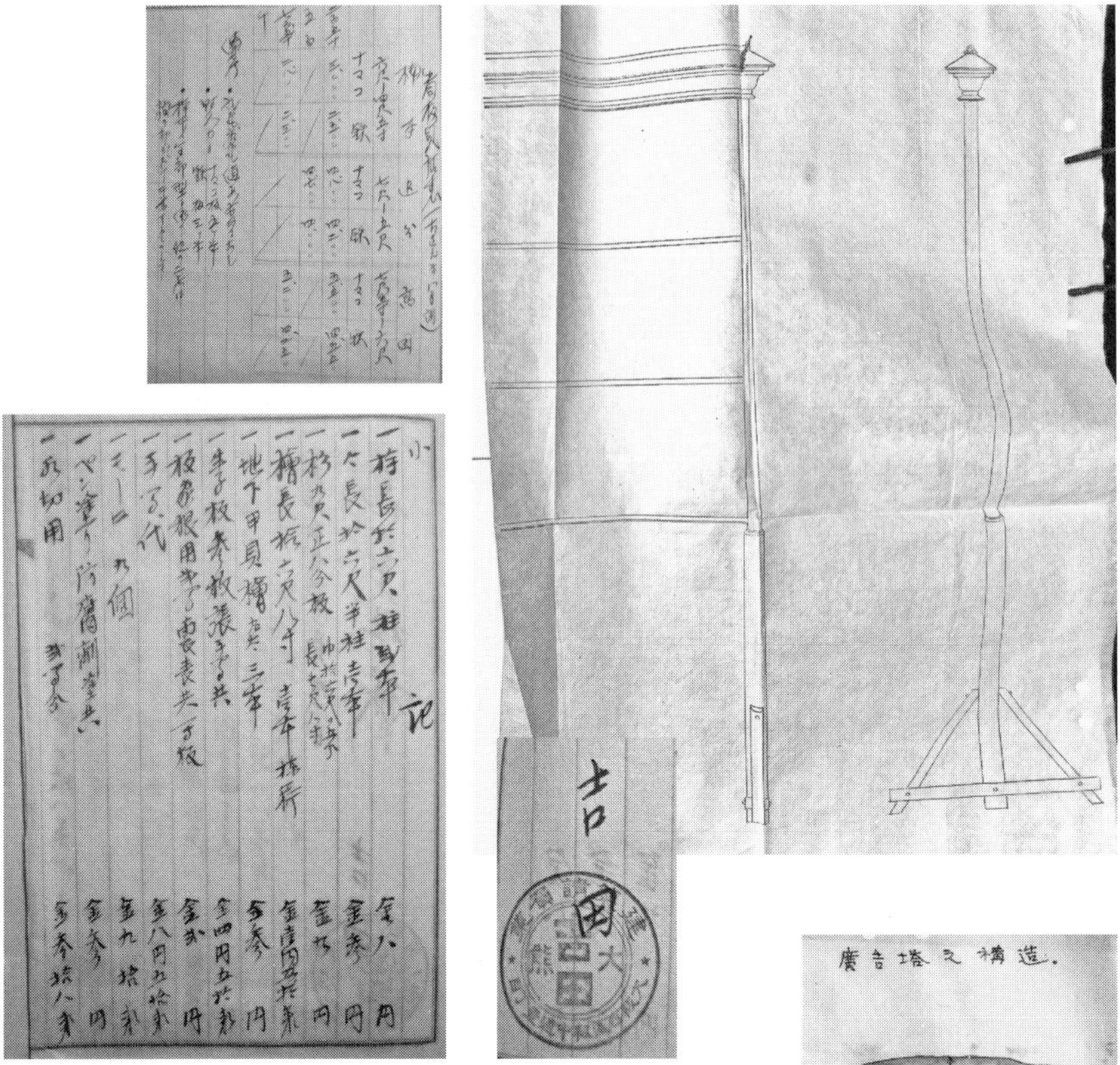

図9　掲示場建築見積、図面

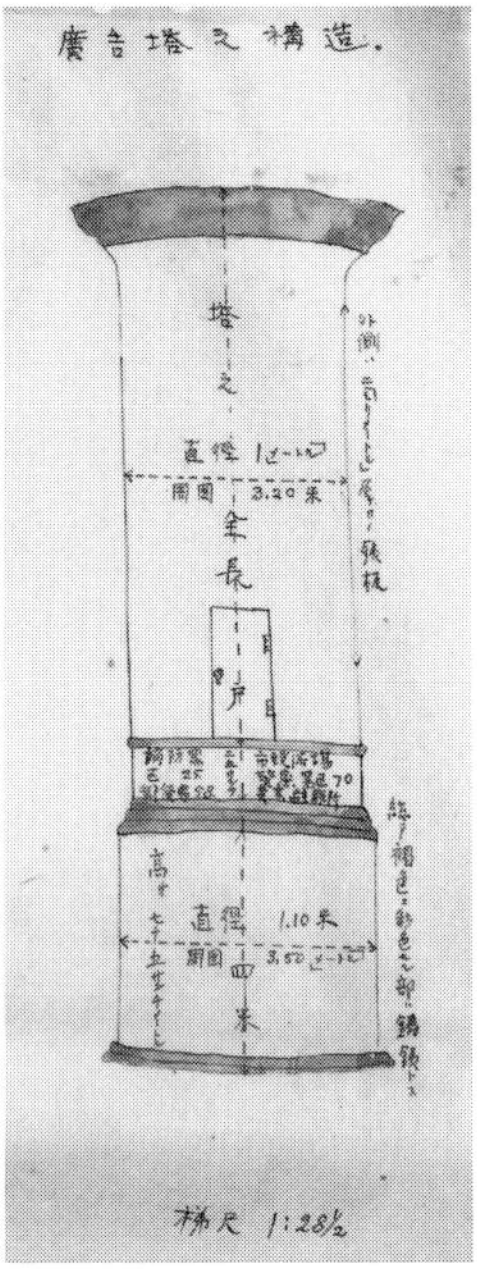

図10 「広告塔之構造」

ポスター印刷の検討の跡も残る。銀座の三間《みつま》印刷所の「広告用紙看板」の見積書[26]も残るが（図11）、「印刷の事に就いては今度はまず英吉利《イギリス》の当業者で本社の註文は二百五十枚より引受ける約束である。日本でも出来るが斯く綺麗には出来ない。……良い物は英吉利又は独逸《ドイツ》で出来る[27]」とある通り、英国からの輸出入を請負う商社の提案がより多く残っており、英国での印刷を本命としていたようだ。横浜港までの船便（保険付）の見積や関税の情報など内容は具体的だ。高木の質問に対する天候別耐久力の回答も残る。初期型リトグラフだけでなく手描き製版による多色刷り（クロモリトグラフ）も提案されており、印刷の実態がわかり興味深い。何度か印刷見本を送ったことも記されている[28]。

以上の資料から計画を概観すると、高木が欧米各国の屋外広告の特質をうまくとらえ、いわばその「いいとこどり」をしようとしていたことがわかる。つまりアメリカは、電気広告が一番の注目で、広告掲示も大きく整然としている。掲示場はこれにならいたい。ロンドンの掲示場は乱雑だが、印刷の質やデザインは欧州が秀でており印刷は欧州で、と考えたのだろう。

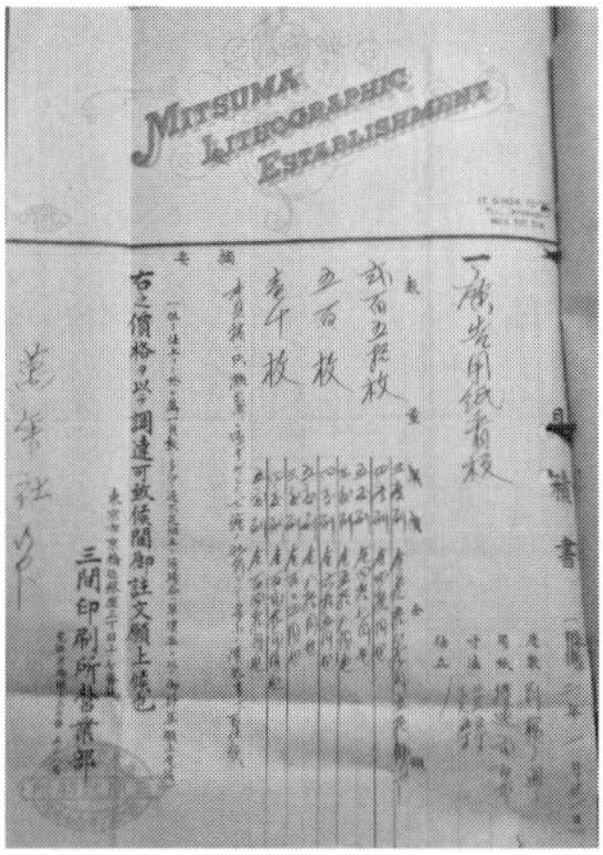

図11　三間印刷所　広告表紙看板見積書

記録では、萬年社は明治四四年（一九一一）の心斎橋南久太郎街角を皮切りに、一九一八年までの間に計九か所の大型広告掲示場を大阪府下に設置し運営している（表1）。「最も規模壮大であったのは本町二丁目電車交差点の広場の延長二十二間四尺余で、当時行人の目を奪てしめたものである[29]」。社内体制としては冒頭の宣言の年（一九一三年）に、顧問部とともに屋外広告部が新設された。

大正七年（一九一八）に設置されたものは日米通商社、日本

表1　萬年社屋外広告関連事項・広告掲示場一覧

年	萬年社の動き
明治23年(1890)	創業（大阪市今橋４丁目60）
明治24年(1891)	西区堀江明六座にて広告幻灯会開催
明治42年(1909)	５月12日～10月12日　高木渡航
明治43年(1910)	広告図書展覧会開催。大阪　東京　京都（図書200、雑誌500、新聞400、ポスター類400、小冊子100）
明治44年(1911)	心斎橋南久太郎街角に広告掲示場を設置。仁丹の広告を掲出。同社最初の屋外広告（１月22日）
	３月１日、箕面電車（現阪急電鉄）が梅田駅構内に屋外広告場を設置（３月１日）（大正14年10月撤廃）
大正元年(1912)	電車内広告許可願（大阪市）［社史資料］
大正２年(1913)	新年会で高木の屋外広告事業推進宣言「これからはポースターをやる」。組織変更。顧問部、屋外広告部を新設
大正３年(1914)	南区日本橋筋１丁目16番地電車交差点東北角（大正７年１月撤廃）
	東区本町２丁目（堺筋）電車交差点西南角　延長22間４尺（大正11年８月撤廃）
大正４年(1915)	南区湊町駅前。延長12間（大正９年６月撤廃）
	南区日本橋３丁目16番地に「屋上」広告掲示場　延長６間２尺（大正６年８月撤廃）
	大阪府下三島郡三宅村に広告掲示場を設置
大正５年(1916)	同志社大学での広告展覧会に広告資料を出品（1918年には大阪毎日・大阪朝日合本を同大に寄贈）
大正６年(1917)	北区樋ノ上町（難波橋北詰）　延長４間２尺　間もなく他に譲渡
大正７年(1918)	日米通商社、日本電広社と特約し、幻灯広告を大阪梅田駅下り・上り待合室に掲げる（下り11年２月廃止、上り８年12月廃止）
大正９年(1920)	組織変更。本店に考案部（屋外広告部はなくなる）
大正11年(1922)	中川静入社、考案部長に就任
大正12年(1923)	大阪中央公会堂、京都基督教青年館にて萬年社最初の広告講演会
	『広告論叢』第１輯発刊
昭和５年(1930)	『萬年社創業録』『広告界の今昔』刊行、『萬年社創業録・上中下巻』編纂。高木社長、新年会で「創業40周年を迎え光明をの望み増大計画を樹つべし（40年後の我が事業を夢想して）」

（『萬年社広告100年史』、『萬年社創業録』、萬年社コレクション、その他調査に基づき作成）

電広社と特約した「幻灯広告」で、大阪梅田駅の待合室に掲げたという。これも詳細は不明だが、今日も大阪名物である、動く電気広告へのさきがけを萬年社が手掛けていたことも記憶しておきたい。[30]

4　一九二〇年の転機——大阪廣告協会と実現した公設屋外広告場

屋外広告は其の成績は挙がらざるも、この仕事は二年三年の短時日を以て成功を期し得べきものに非らずして、十年二十年の長日月に渉り、尚その上自分の眼の黒いうちに成功せんずば、後継者にこれを継続させ、飽くまで本事業を徹底せしむる積りである。[31]

当初から「事業は将来にある。即ち屋外広告、雑誌広告の如きも将来社のための大なる財源である[32]」とも言い、直ちに黒字にはならない先行投資という覚悟もあった高木は、このように社内を鼓舞しつつ、およそ一〇年の間屋外広告事業を続けた。しかしこの社員激励の五年後、消極路線に転じている。大正八年（一九二〇）の組織変更では屋外広告部が消滅、広告掲示場の新設は停止、既設のものからも相次いで撤退していく。最後に残った箕面電気鉄道梅田駅構内からも大正一四年に撤退した。

この年日本初の広告税である「屋外広告税」が、広島、福岡、岐阜の三県の県税として徴収開始されている。[33]結果的には六年後に廃止された短命な税制度で、萬年社が広告掲示場を運営していた大阪には導入されなかったが、税制度創設は萬年社の屋外広告事業に大きな影を落とした。[34]大正一五年には大阪府の屋外広告取締規則が五回目の改正。従来より細かで厳しい制限が加えられ[35]、屋外広告事業には向かい風が吹き続ける。

撤退から二年後、萬年社は屋外広告部消滅時に新設した考案部[36]部長に神戸高等商業学校教授を辞した中川静を置く。翌年には広告研究誌『広告論叢』第一号を発刊。以降は出版や講習会といった形での広告振興が萬年社の活動を特徴づけていく[37]。屋外広告事業を断念した萬年社が、欧米視察時の高木のもう一つの関心事であった広告理論と広告表現の研究へと舵をきっていく状況がみてとれる〔表1参照〕。

さて屋外広告税新設と萬年社の組織改定と同じこの一九二〇年に、「大阪廣告協会」という広告業関係者を会員とした組織が設立されている。同会の設立趣意書の一文「近ク広島県下ニ於ケル屋外広告課税法ノ如キ大ニ吾人ノ覚悟ト準備トヲ要する刻下ノ緊急問題[38]」は、広告税が広告界にとって大きな懸案であった事を裏付ける。これが発足の理由の一つでもあったが、協会はそうした「其界ノ発達ヲ疎外スルモノ」の「団結的交渉」だけを目的としたものではなかった。設立趣意書では、驚異の速度で進歩した今日の日本の広告界が今「余リニ猪突猛進ノ感」があり「種々ナ矛盾ト撞着ガ突発」していることを憂い、欧米のような「実際的統計ノ研究心理学上ノ実験」などに立脚した議論の場が必要とうたっている。発会二年目の出版物には、これまでの日本での広告に関する書籍の多くが翻訳ものか欧米書物の引用で書かれているが、「風俗人情を異にする本邦の広告に、直接応用することが出来兼ねる」、そのため「本会は本邦現代の広告に就て、諸種の統計、研究、調査を為し、之を我広告界に提供したい[39]」という協会活動の目的も詳説されている。

一九二〇年当時、広告研究を目的とした組織は全国的に見ても稀有であった。一九二二年に遠く東北の『福島民報』がこの協会の概要を示し、以下のように評価している。

> 日本に於ては、広告取次業者の間にも完全な団体らしいもの、ない現状であるが、広告主や取次業者即ち広告全般に渉る研究を目的とした団体が沢山あるべくしてない。唯だ一つ大阪広告協会がある。本協会は大正九年二月一二日、大阪商品陳列所に於て創立総会を開催し爾後殆んど毎月例会を開いて諸種の研究をなし意見又は知識の交換をなし、或は斯業に関する展覧会、講演会を開いて居る。創立以来、事務所は大阪市東

区内本町大阪府立商品陳列所に置かれ、会長は大阪商業会議所会頭、副会長は府立商品陳列所長を自然に推して居るもの、如く、実務は九名の幹事が之に当つて居る。幹事は市内の大商店の有力家が互選されて居る。[40]

大阪廣告協会は発足から数年で数冊の研究書を出版し[41]不定期で会報も発行するなど、当初から活発に活動を展開した。会報は昭和二年（一九二七）の三三号以降定期刊行の『月報』となる。[42]『月報』は昭和九年からは『広告文化』と名称を変え年三～四回発刊となった。筆者が現物を確認できたのは『月報』五八号（昭和六年二月号）から七四号（昭和八年一二月号）と、『広告文化』九号以降一九号を除く二三号までである。二三号は一九四二年発刊で、少なくともこの時点まで協会は存続していた。実に二一年もの長い活動歴があった協会だが、その実態は今日では全く忘れ去られている。

協会の会員は新聞社、業界誌・紙（大阪小間物新報社など）、印刷業、広告代理店などに所属する個人や、個人商店主、デザイン事務所経営者と勤務者、税関勤務者、大阪府商品陳列所勤務者、大学教員など多種多様で[43]全盛期は二三〇名を擁した。[44]彼らは「自分の畑だけで勝手な熱を吹いてゐたのでは理解も協調も発達もない」と考え、「協会はそれ等の総てを抱擁し而もそれ等に超越した研究団体」[45]として存在していた。「（月報の）編集は廻り持ち。本号は主として青峡氏が担当し、図案やカットは関氏のお手のもの、表紙は六カ月間大阪印刷の奉仕」[46]といった編集後記の記述からは、協会の運営が会員相互協力によるものだったことがわかる。

面白いことに五八号の編集後記には、『月報』のデザインについて「これでいくらか官報の非も薄らがうと云うものだ」という自負が書かれている。どうやら協会の幹部でありデザイン事務所（向洋アトリエ）を構えていた関向洋が『月報』のデザインを「官報だと酷評」（五九号、二二頁）したようだ。『福島民報』の紹介文にもある通り、同会は大阪府立商品陳列所（のちに貿易館）内に事務所を構えていた。とすれば大阪府の関連団体ともいえそうだが、このような「お堅い「官」の雑誌ではなく「民」のデザイン」を目指す志向からは、少なくともこの時期の協会が商品陳列所や大阪府に主導権を握られている様子はうかがえない。『月報』の紙面は会員による記事、コラム、広告研究に係る論文などで図版や写真も多い。大学研究者の論文もあるが[47]、会員のみが読者である気楽さからか総じて実務的で読みやすい。

そして協会は屋外広告の振興にも積極的だった。発足初年の例会議事は広告税の影響もあり「大阪市電広告効力研究」など屋外広告にかかるものが多い[48]。『月報』でも「公益を兼ねた街路広告塔を設けたい」（図12）[49]や「大阪地下鉄広告に就いて」[50]、雑報での「ライオン歯磨広告塔改造」「大阪にポスター塔実現か」「電気看板展覧会」[51]など、屋外広告が再三テーマとなっている。同時期の萬年社が『広告論叢』などの研究出版物や講演会で屋外広告をとりあげなかったこととは好対照だ。昭和七年（一九三二）には「大阪廣告協会に於て広告物取締規則改正に関する座談会が開催せられ「商工都市としての独自の立場より府民諸氏の期待に副ふ可く改正をなす積りである」旨表明」という記録もある[52]。協会の発足が萬年社の屋外広告からの撤退とほぼ同時だったことも鑑みれば、以降の大阪の屋外広告振興活動を同協会が引き継いだ印象を受ける。

さて『広告文化』と名称を変えた後半の会報は、論文中心のやや硬い印象を受ける編集に変わっている。驚くことにこの一〇号と一七号に、戦前の大阪に公設の屋外掲示場が設けられたことが示されている。いくつかの記事や文献を総合すると、それに至る過程は以下のように長いものだった。

まず昭和八年（一九三三）大阪府がそれまでの広告取締規則を改正し、公益目的だけでなく営業目的のポスター掲示をも認可すべく審議を開始した。

これと同時に「高さ三、四メートルの近代的装飾を施した大円柱を設立し、これに許可を受けたポスターを周囲に貼る」という「公設ポスター塔」案が浮上。「勿論日本では最初の企て」だったがこれは実現しなかった[53]。

次に昭和一〇年（一九三五）、大阪商工会議所の旗振りで座談会が開催された。昭和九年末に御堂筋が美観地区に制定されたことをきっかけに、屋外広告規制への議論が再燃したのだ。参加者は官民両方からなり、大阪府警察部長や大阪市電灯部長などの府と市の役人、商店街・商工会の代表者、百貨店、そして大阪廣告協会からも代表者二名など総勢九四名が参加し活発に議論している。(54) ここには広告物取締規則の六回目の改正草案が内示されたが、同年には別に「広告研究倶楽部、大阪廣告協会、七線会及び大阪看板同業組合に於ても此の草案に関して座

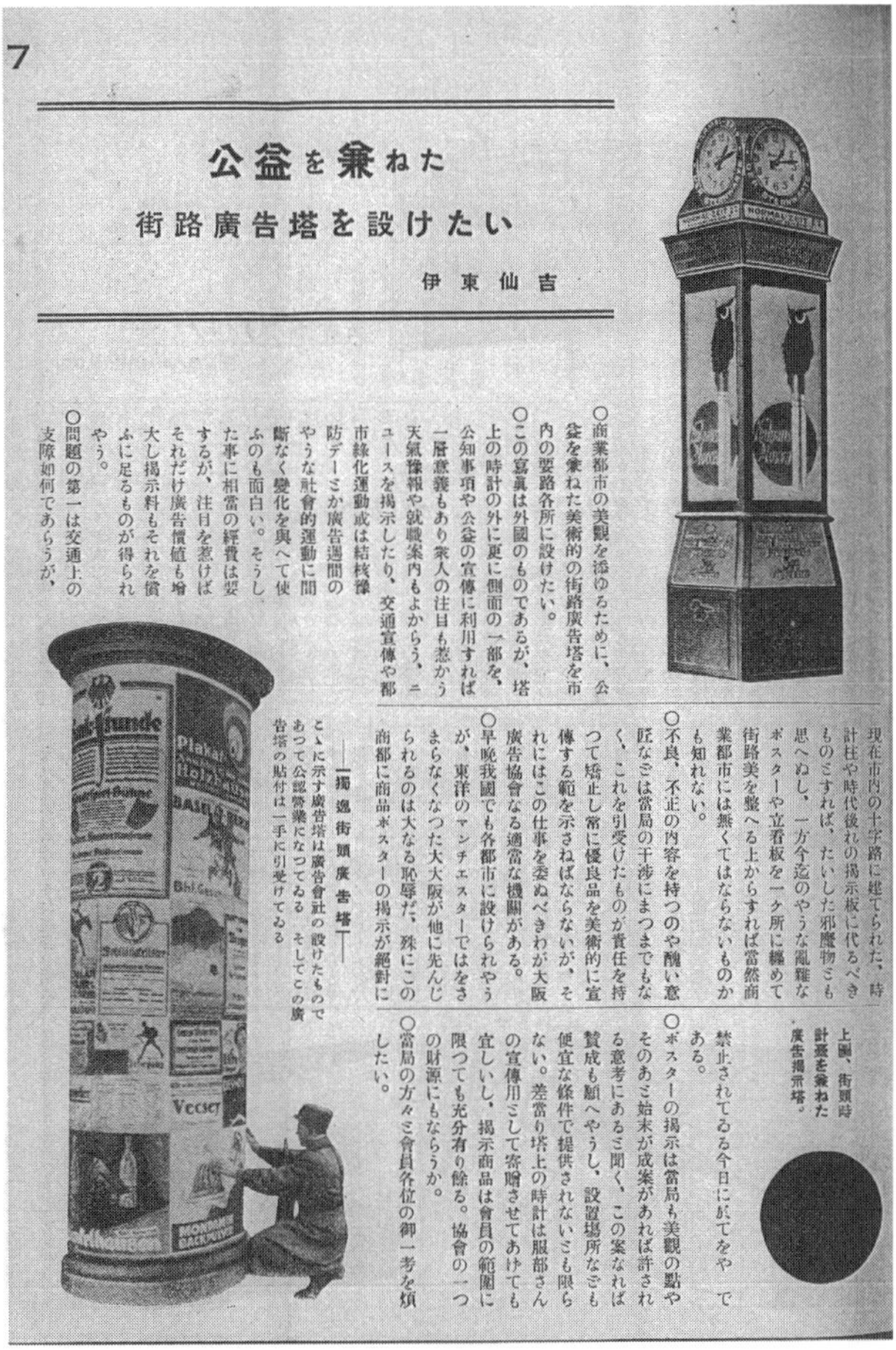

7

公益を兼ねた

街路廣告塔を設けたい

伊東仙吉

○商業都市の美觀を添ゆるために、公益を兼ねた美術的の街路廣告塔を市内の要路各所に設けたい。

○この寫眞は外國のものであるが、塔上の時計の外に更に側面の一部を、公知事項や公益の宣傳に利用すれば一層意義もあり衆人の注目も惹かう天氣豫報や就職案内もよからう、ニユースを掲示したり、交通宣傳や都市綠化運動或は結核豫防デーとか廣告週間のやうな社會的運動に間斷なく變化を與へて使ふのも面白い。そうした事に相當の經費は要するが、注目を惹けばそれだけ廣告價値も增大し掲示料もそれを償ふに足るものが得られやう。

○問題の第一は交通上の支障如何であらうが、現在市内の十字路に建てられた、時計柱や時代後れの掲示板に代るべきものとすれば、たいした邪魔物とも思へぬし、一方今迄のやうな亂雜なポスターや立看板を一ケ所に纏めて街路美を整へる上からすれば當然商業都市には無くてはならないものかも知れない。

○不良、不正の内容を持つのや醜い意匠などは當局の干渉にまつまでもなく、これを引受けたものが責任を持つて矯止し常に優良品を美術的に宣傳する範を示さねばならないが、それにはこの仕事を委ぬべきわが大阪廣告協會なる適當な機關がある。

○早晩我國でも各都市に設けられやうが、東洋のマンチエスターではをさまらなくなつた大大阪が他に先んじられるのは大なる恥辱だ、殊にこの商都に商品ポスターの掲示が絕對に禁止されてゐる今日に於てをやである。

○ポスターの掲示は當局も美觀の點やそのあと始末が成案があれば許される意考にあると聞く、この案なれば贊成も願へやうし、設置場所なども便宜な條件で提供されないとも限らない。差當り塔上の時計は服部さんの宣傳用として寄贈させてあげても宜しいし、掲示商品は會員の範圍に限つても充分有り餘る。協會の一つの財源にもならうか。

○當局の方々と會員各位の御一考を煩したい。

上圖、街頭時計塔を兼ねた廣告掲示塔。

—獨逸街頭廣告塔—

こゝに示す廣告塔は廣告會社の設けたものであつて公認營業になつてゐる　そしてこの廣告塔の貼付は一手に引受けてゐる

図12　伊東仙吉「公益を兼ねた街路広告塔を設けたい」
（大阪廣告協会『月報』59号、1931年）

談会が行はれた」[55]。続いて昭和一二年（一九三七）二月、府知事を会長とした官民合同の「大阪広告審議会」が組織された。この委員の一人には加藤直士がいた。本書〔七七頁〜〕で難波功士が論じている通り、大阪の広告界での華麗な職歴を誇る加藤は、大阪廣告協会の幹事でもあった。加藤は審議会での広告掲示場開設の決定を『広告文化』一〇号（一九三八年四月）に詳しく投稿している。

冒頭で加藤は都市の美観を損ねる市内街頭の乱雑なビラやポスター、立て看板の悪を概説し「諸外国における如くポスター立看板掲示場」の必要性を説く。そしてこの問題を「大阪広告審議会」で慎重に審議した結果、「営利のみを目的としない公共団体」[56]に一手扱いをさせた「ポスター掲示場　五百カ所　立看板掲示場　五百カ所　劇場看板掲示場　七百カ所　合計千七百カ所　を設け一ヵ所につき数個及至十数個のポスター及立看板等を掲示せしめる方針」が決定されたという[57]。

萬年社の挑戦から二〇年後に、同じ大阪において公設の屋外広告掲示場の開設が決定した。しかも一七〇〇か所も、である。にわかには信じがたいが、本当に実現したのだろうか。『広告文化』一六号（一九四〇年二月）には掲示場の運営者となった大阪府屋外広告商業組合理事長の薄忠次郎が投稿しており、それによれば昭和一二年（一九三七）の組合発足「爾来二年余、種々困難なる問題に逢着しながら漸く、第一期事業（市内主要幹線道路に面する地区）に掲示場の設置萬般を完了し、今回（昭和十四年十一月）規則改正[58]と同時に整然たる規格の下に、当組合の独占事業として認可せられ経営を始めた[59]」という。薄の言う通りこれは東京に先駆けた「我国屋外広告界の一大進歩革新」であった。

しかし本来ならその革新的な屋外広告の状況を報告するはずの薄の投稿記事の後半は、国策の影響を受けた資材不足やネオン消灯命令への嘆息や提言に終始している。一九三八年の加藤の記事には戦時体制の影響は感じられなかったが、薄は一九四〇年の屋外広告が「国策の影響を受け手忽ち奈落の底に墜落」してしまったと嘆く。

大阪の屋外広告が二〇年余りの曲折を経てようやくたどり着いた公設掲示場は、「経済統制に向かいつ、ある」なかで「一種の潜伏期(60)」となってしまったのだ。

つづく一七号に寄稿した山名文夫が「広告壁面の設置はすでに大阪で実施されている」と書いており、第二期事業（市内の残部区域）は不明だが、少なくとも一期の主要幹線道路に面する大阪市内地区に公設の広告掲示場が実現していたことは確かだ。しかし時期が悪かった。山名がここに書くとおり、それは商業広告ではなく「壁面の各都市への設置と、優れた大型印刷ポスターの貼付との実行は国家の宣伝機能を飛躍的に高める(61)」もの、つまり「プロパガンダ・パネル(62)」へと性格がすり替わり、敗戦とともにその存在も忘れられてしまったのである。

おわりに

高木から始まった大阪の屋外広告への熱意は、一九二〇年を転機として萬年社から大阪廣告協会へと継承された。以降両組織は同時に大阪で広告研究活動を展開したが、互いが交流した形跡はみあたらない。それは両者が反目していたというわけではなく(63)、新聞や雑誌というマス媒体に関するアカデミズム中心の研究を萬年社が担い(64)、その萬年社が断念した屋外広告を受け継ぎ、店頭装飾や広告祭までをも広く視野に入れた広告研究を大阪廣告協会が展開する、という棲み分けがなされていたとみるべきだろう。

昭和五年（一九三〇）の『萬年社創業録』で萬年社は、自社の屋外広告事業を振り返り「（ポスターが）今日の如き流行を呈しかけたのは、それより遥かに後れて大正八九年……しかし其の先駆をなしたものの一に、当年に於ける我が社の右展覧を計へても決して失当ではない」と自賛している。確かに極めて早い近代的な屋外ビジュアルメディアへの挑戦だった。そして高木は屋外広告事業が「予の夢の一つであつた(65)」と呟く。

大阪の屋外広告というと、今日では誰もがネオンを煌めかせた道頓堀を思い浮かべる。戦前の大阪ではそのルーツともいえる賑々しい屋外広告の興隆を夢見て、ベンチャー精神あふれる高木と、雑多な会員を二〇〇名以上も擁した大阪廣告協会が胸躍らせて活動した。そこには「本邦唯一の大商工都市」[66]「我国の誇りである処の大商工都大阪市の広告」[67]との自負、そして「商工業を生命とする大大阪の核心から近代広告を取除くことは京都、奈良の如く歴史と名所旧跡に存在価値を持つ都市から神社仏閣を取除かんとすると同様の愚」[68]であり「「広告物統制」の下に広告看板を排除されたのでは商工都市は滅亡する他ない」[69]という強い思いがあった。彼らの夢は、大事なことはお上に任さず自分たちで決めるという、かつての町衆の矜持にも通じるものであろう。そしてそれは今日に続く大阪という地に在る、広告への熱意の原点でもあるのだ。[70]

（1）「新計画を企てん」（『萬年社創業録・下巻』、九二五頁）、大正二年の新年会での訓示。
（2）「屋外広告の施設」（『萬年社創業録・上巻』、二八三頁）。
（3）竹内幸絵『近代広告の誕生　ポスターがニューメディアだった頃』（青土社、二〇一一年、二二一〜三四頁）。
（4）例外は明治二八年（一八九五）京都如意が岳山腹のサンライス・ヒーロータバコの野立大看板など（谷峯蔵『屋外広告史』岩崎美術社、一九八九年、二五〇頁）。
（5）「高木社長の欧米視察」（『萬年社創業録・中巻』、三九八頁）。
（6）「社史資料」四〇八〜四四二頁、及び「洋行不在中ノ訓示　欧米ニ於ケル調査事項」（『創業録・中巻』、四〇一〜四〇三頁）。
（7）「高木社長の欧米視察」（『萬年社創業録・中巻』、三九七〜四二一頁）。
（8）『やまと新聞』一九一九年一〇月一四日付。『萬年社創業録』に記録が残るのは『萬朝報』『やまと新聞』『二六新報』いずれも一〇月一四日付（「高木社長の欧米視察」『萬年社創業録・中巻』、四一三頁）。『やまと新聞』の記事では新聞広告に関しては『倫敦タイムス・デーリーメール』や『レデース・ホーム・ジャーナル』の広告料に関して例示している。
（9）水野由多加「二〇世紀初頭のロンドン・ニューヨーク屋外広告観察〜広告規制研究としての研究課題開発」日本広告学

会 二〇一五 学会年度第五回関西部会での報告。水野によれば、高木が渡航した一九一〇年前後は、両都市ともに爆発的な広告ラッシュへの法的規制が進みつつあった過渡期で、この時期以降広告掲示は駅や盛り場、広告塔や広告掲示場に限定されていくという。また一九世紀後半のイギリスの広告代理店については菅靖子が「当初のスペースブローカーとしての役割にとどまらなくなっている。市民の心を魅了し操作する専門的な心理学的アドバイスを与え、視覚的アピールを考案する役割まで担うようになる」とその機能の進展を指摘している（『モダニズムとデザイン戦略 イギリスの広報政策』、ブリュッケ、二〇〇八年、三六頁）。

(10) 清水正巳『実例商売繁栄策』（白羊社、一九二三年、五七五〜五七七頁）。

(11) 萬年社コレクションには、この時に高木が持ち帰ったと思われるポスターも残されている。『萬年社広告100年史』六四頁には外遊中に収集したポスター等四〇〇点とあるが、戦時期を挟み焼失などがあり、コレクションで確認できるポスターは約三〇点。

(12) 創立三二年の席上での訓示（『萬年社創業録・中巻』、三九八頁）。

(13) 高石生「倫敦に於ける広告の仕方」（『広告大福帳』四号、一九〇四年、六三〜六六頁）。筆者は、大毎ロンドン特派員の高石眞五郎（一一号に本名記載）。

(14) 「営業案内」（『広告大福帳』一号、一九〇四年、一頁）。

(15) 山本武利『広告の社会史』（法政大学出版局、一九八四年、四四頁）。山本は同書一五六頁で『広告大福帳』を『大阪毎日』のPR誌」と考察しているが、『広告大福帳』一号には図6の口絵写真に添えて「吾が毎日繁昌社と大阪毎日新聞社とを写せる」「同社にあやからんとして其東隣に位置を卜《ぼく》せる本社の前途も亦多望万福なるを知るを得ん」（六一頁）との記載もある。毎日繁昌社は毎日新聞社への「あやかり」商法を考案した、別資本の企業であったのだろう。

(16) 濱田四郎『実用広告法』（博文館、一九〇二年、一〜二頁）。濱田四郎は大正初年頃から帝国劇場が配布したプログラムに掲載された広告のコピー「今日は帝劇 明日は三越」の作者として知られる。この著書発刊時は博文館の記者。

(17) 「大阪毎日新聞の批評」（『広告大福帳』二号、一九〇四年、一頁）。

(18) 高石前掲、六五〜六六頁。

(19) 「本誌の本領」（広告）（『広告大福帳』三号、巻頭頁）。

(20) これらには日付の記載はないが前後に綴じられた資料から判断すると、高木帰国直後の書類と推察される。

(21) 萬年社コレクションに残る資料は以下。①「英国およびロンドンの広告取締条例」、②「広告取締条例（一九〇七年）倫敦（英国広告取締条例（エドワード七世七年発布））」、③「倫敦府会発布　都市法第二三章（一八八二年）及び地方政庁法第十六章（一八八八年）に準拠して倫敦府会に依りて作成せられたる付属法（一九〇六年一〇月）」（倫敦屋外広告関係法規参考資料）、「伯林市への広告掲示許可願」「広告塔に対する警察令」等の現物、④「公共街路及四辻に於ける広告制を賃貸にて請負はしむる条件」（伯林屋外広告関係法規参考資料）、⑤「伯林「レクラーメ」即ち広告掲示制度」とその翻訳（筆書き）。

(22) この資料で萬年社は申請方法についても提案している。「一、申請は東京府、警視庁に提出。一、別に東京市に道路使用願を提出。一、申請者には広告塔の設計、□□区域明細書を添付」。

(23) 「広告物取締法」（明治四四年法律第七〇号）には「安寧秩序ヲ害」すものの取締、すなわち治安維持の意味合いも強かった。「第三条　広告物、看板其ノ他之ニ関スル物件ニシテ危険ノ虞アリ又ハ安寧秩序ヲ害シ若ハ風俗ヲ紊ルノ虞アリト認ムルモノハ都道府県公安委員会又ハ市町村公安委員会（特別区公安委員会ヲ含ム）ニ於テ除却ヲ命シ其ノ他必要ナル処分ヲ為スコトヲ得」。

(24) 資料は大阪の弁護士、渋川千之助の用箋が使われている。

(25) 同じ明治四四年制定の神奈川や京都条例では、鉄道沿線や街路に広告を掲示する際に届け出の必要があるとするのみである。なお大正三年と遅れて施行した東京の規則は広告場、広告塔について言及している。

(26) 大正二年一月二一日の日付があるリトグラフ（石販刷）印刷の見積書。三間印刷所は京橋区銀座所在。

(27) 「高木社長の訓示要綱」（「新計画を企てん」『萬年社創業録・下巻』、九二五頁）。

(28) Arrowfield Bros. 社の小林十三氏の書簡が複数と、大きさ別・枚数別の価格表や印刷種別の一覧も複数残る。書簡の日付は一九一二年七月一三日・一〇月八日・一〇月一六日および一九一三年七月一四日が確認できる。

(29) 「屋外広告の施設」（『萬年社創業録・上巻』、二八四頁）。

(30) 同社は早くも明治二九年（一八九四）に大正期のこれらの前身として「幻灯広告」を行っており、自身「先駆者の仕事」と評している。（『萬年社創業録・上巻』、一七八～一八一頁）。萬年社の幻灯広告については竹内幸絵「萬年社のコレクションと黎明期のイベント企画活動――大阪の広告史研究序説」(『民族藝術』二九号、二〇一三年、六七~七三頁)参照。

(31) 「新計画の徹底を期せよ」(『萬年社創業録・下巻』、九二八頁)。大正三年新年会訓示。

(32) 「新計画を企てん」(『萬年社創業録・下巻』、九二六頁)。

(33) 広告税の変遷については古田精司「広告課税の政治経済学:序説」(『三田学会雑誌』七七巻五号、慶應義塾大学経済学会、一九八四年、六〇二~六〇三頁)を参照。古田によれば大正八年の地方税「屋外広告税」の後、昭和一七年(一九四二)には国税としての広告税が導入された。そこでは広告業者を通じた従価税一〇%と、個々の広告主に課される重量税の二種類があり、古田は、ポスターには一枚一〇銭、野立て看板一個二〇銭といった課税額を例示している。昭和二〇年には課税が停止され、翌年には廃止となる。

(34) 創業録は撤退時の事情を以下のように示している。「我が国今日の年の建築物並びに街頭の様式は、到底英米流の屋外広告をなすに不適当であるのを、実際に当たつてみて痛切に感じたからだとのことであつて、後、他に此の種の広告を専業とするものが生じてきたのを機会に、社長は自身先んじて開拓せられたところのものを挙げて之に譲り、惜気もなく屋外広告より手をひかれたのである」(「屋外広告の施設」『萬年社創業録・上巻』、二八四頁)。

(35) 改定では高さや設置場所を制限する細則が加わり、例えば「鉄道軌道ヨリ望見シ得ル山林又ハ海浜若ハ之等ヲ背景トスル箇所」には禁止された。大阪商工会議所「大阪美観地区制定と街頭広告取締に就て」一九三五年、六二~六七頁。

(36) 初代部長は社長高木が兼任した。

(37) 社外向けに広告界の発展や規範といったテーマを中心に中川静が講じ、デザイン革新を目指す講演に京都高等工芸学校教授霜鳥之彦《しもとりゆきひこ》が招聘され講じている。社内でも一九二八~三一年に図案研究会が毎月一回開催され、霜鳥らが担当した。

(38) 「大阪廣告協会設立趣意書」(奥戸善之助監修『広告法規類纂』大阪廣告協会、一九二二年、二〇八頁)。この書籍には協会の初年度活動録も掲載されており、第九回の議事に「広告税撤廃請願の件」があがっている(二一三頁)。

(39) 安藤紫浪「広告法規類纂の出版に就て」(前掲注(38)奥戸監修書、二〇七頁)。

(40) 福島民報社『福島民報創刊三十周年記念新聞広告研究』(福島民報社、一九二二年、八頁)。

(41) 前掲注(38)奥戸監修書、二一一~二一八頁。大阪廣告協会史は『一〇周年記念講演集』にも掲載されている。同協会は

発足から三年で四冊の出版を行った。『大阪廣告協会講演集Ⅰ』(一九二二年八月)、『広告法規類纂』(一九二二年二月)、『新聞広告五百案』(一九二二年八月)、『広告術講演集Ⅱ』(一九二三年一月)。

(42) 「日本広告界の尖端に輝く広告研究雑誌」(『大阪廣告協会月報』五八号、一九三一年、一六頁)。

(43) 『大阪廣告協会月報』六八号(九頁)によると、同じ時期に存在した「大阪広告倶楽部」は広告主のみの団体だった。

(44) 『広告文化』一三号(五四頁)には「会員二三〇名」との記述がある。飯森勘一は一九三〇年の著書に、一九二八年は「百名余名」、二九年は「百五十名」と書いている。飯森勘一『広告戦線を往く』(日本広告社、一九三〇年、二一七・二二〇頁)。

(45) 「編集前記」(『大阪廣告協会月報』七一号、一九三三年、一頁)。

(46) 「編集後記」(『大阪廣告協会月報』五八号、一九三一年、一八頁)。

(47) 関西学院大学高等商業学部教授・鈴木信五郎(七二号)、大阪商科大学教授・村本福松(六九号)など。

(48) これは第六回の議事。他に第三回「屋外広告管理に関する件」、第五回「東京都電電車広告」の展覧、広告物取締法の配布など。

(49) 伊東仙吉「公益を兼ねた街路広告塔を設けたい」(『大阪廣告協会月報』五九号、一九三一年、七頁)。伊藤は瑞西バーゼル化学工業会社社員で大阪廣告協会の幹事。

(50) 黒崎城平「大阪地下鉄広告に就いて」(『大阪廣告協会月報』七二号、一九三三年、八頁)。黒崎は巴廣告社大阪支社社員。

(51) いずれも『大阪廣告協会月報』七三号の雑報、一九三三年、一二頁。

(52) 金田芳春『広告物取締規則の解説』(屋外廣告協会、日刊新聞事情社、一九三六年、総説一頁)。金田は大阪府の保安課に十数年務めた後に屋外広告協会の会長となった人物。

(53) 宮田一馬「日本最初のポスター塔大阪に新設」(『広告界』一〇巻九号、一九三三年、五五頁)。

(54) 大阪商工会議所編「街頭広告物取締座談会速記録」(『大阪美観地区設定と街頭広告取締に就て』大阪商工会議所、一九三五年)によると参加者内訳は大阪府八名、大阪市六名、商店会代表三八名、百貨店八名、協会団体三名、大阪商工会議所二九名、その他二名。

(55) 金田前掲注(52)書、序説一〇頁。
(56) 加藤直士によれば一二月二七日に屋外広告事業運営者として大阪屋外広告協会を母体とした大阪屋外広告商業組合が、商工大臣からの認可を受けて組織された。
(57) 加藤直士「屋外広告の取引改善に就て」（『広告文化』一〇号、一九三八年、六～八頁）。
(58) 昭和一四年一一月の大阪府広告物取締規則の六回目の改正のこと。
(59) 薄忠次郎「屋外広告の現在と将来に就きての雑感」（『広告文化』一六号、一九四〇年、五九～六四頁）。
(60) 同前書、六二頁。
(61) 山名文夫「ポスターの時局的訓練」（『広告文化』一七号、一九四〇年、二五頁）。
(62) 同前書、二五頁。「われわれが以前から関心を持ちつゞけてゐる「プロパガンダ・パネル」の必要」と書き、この名称を用いている。
(63) 大阪廣告協会会報には萬年社の広告も掲載されており、神戸高等商業学校時代に同協会に招かれ何度も講演した中川静は、萬年社考案部長の肩書でも会報に寄稿している（六二号「十九世紀末に於ける米国の広告革命を顧みて」、一〇周年記念号「広告試戦の性質とその実行」など）。
(64) 同じ時期に萬年社の旗振りで「大阪広告研究会」が発足していた。『萬年社広告100年史』（六六頁）によると明治四四年（一九一一）三月に設立された同会は、「大阪市内の新聞社、広告主、同業者有志が集まり……年三回以上会合を催し、講師を招いて講話を聴き、時には名士を招いて公開講演会を中央公会堂で催す」などした広告の研究を主たる目的とした団体だったようだが、活動の詳細や期間は明記されておらず不明。
(65) 「屋外広告の施設」（『萬年社創業録・上巻』、二八四頁）。
(66) 金田前掲注(52)書、序二頁。
(67) 同前書、序説九頁。
(68) 有田二郎「推薦文」（同前書、序説二頁）。有田は広告研究倶楽部常任理事。
(69) 「総説」（同前書、一三頁）。
(70) 大阪廣告協会のその後が気になるが、現存する『広告文化』一三号（一九四二年一〇月発刊）に休刊の報はない。同会のその後は不明である。なお萬年社の『広告論叢』は一年前の一九四一年で休刊したが、こちらは五〇年に復刊する。

第二章　萬年社と日本GM

難波功士

はじめに

大阪府立中之島図書館には、昭和一一年（一九三六）に日本ゼネラルモータースが発行した「工場参観の栞」という小冊子が残されている。その冒頭には「弊社第一及び第二工場は大阪市大正区鶴町一丁目にあり、昭和二年四月八日創立、総坪数一万五千余坪を有します。大阪市南端木津運河の畔に臨み、積出及び荷揚の為め船舶を工場内に横付けする事が出来る様になつて居ります」とある（図1上）。

戦前、大阪南港のほど近く、現在のイケア鶴浜店の辺りにゼネラルモータース（以下、GM）の工場があり、そこに日本GMの本社も併設されていたことはあまり知られていない。横浜に工場を設けたフォードに対し、GMは大阪に拠点を求め、本国から輸送されてきた部品を現地で組み立てる「ノックダウン生産」を行っていた。当時「大大阪」といわれた繁栄の地に、新たな市場としての可能性を見出すとともに、大陸への輸出の便を考えてのことであったのだろう。「工場参観の栞」にも当社の特長の一つとして、「昭和七年九月帝国政府が満洲国を承認するや直ちに之れに従ひ当社は商業的に同国を承認、従来支那の販売区域に属してゐた満洲を日本の販売区域に編入し、爾来着々と満蒙に進出し、つある事」が挙げられている。そして、シボレーをはじめ乗用車やトラックを供給し、「今や我邦に於ける最大の自動車製造会社として其の地歩を確立するに至りました」とある。

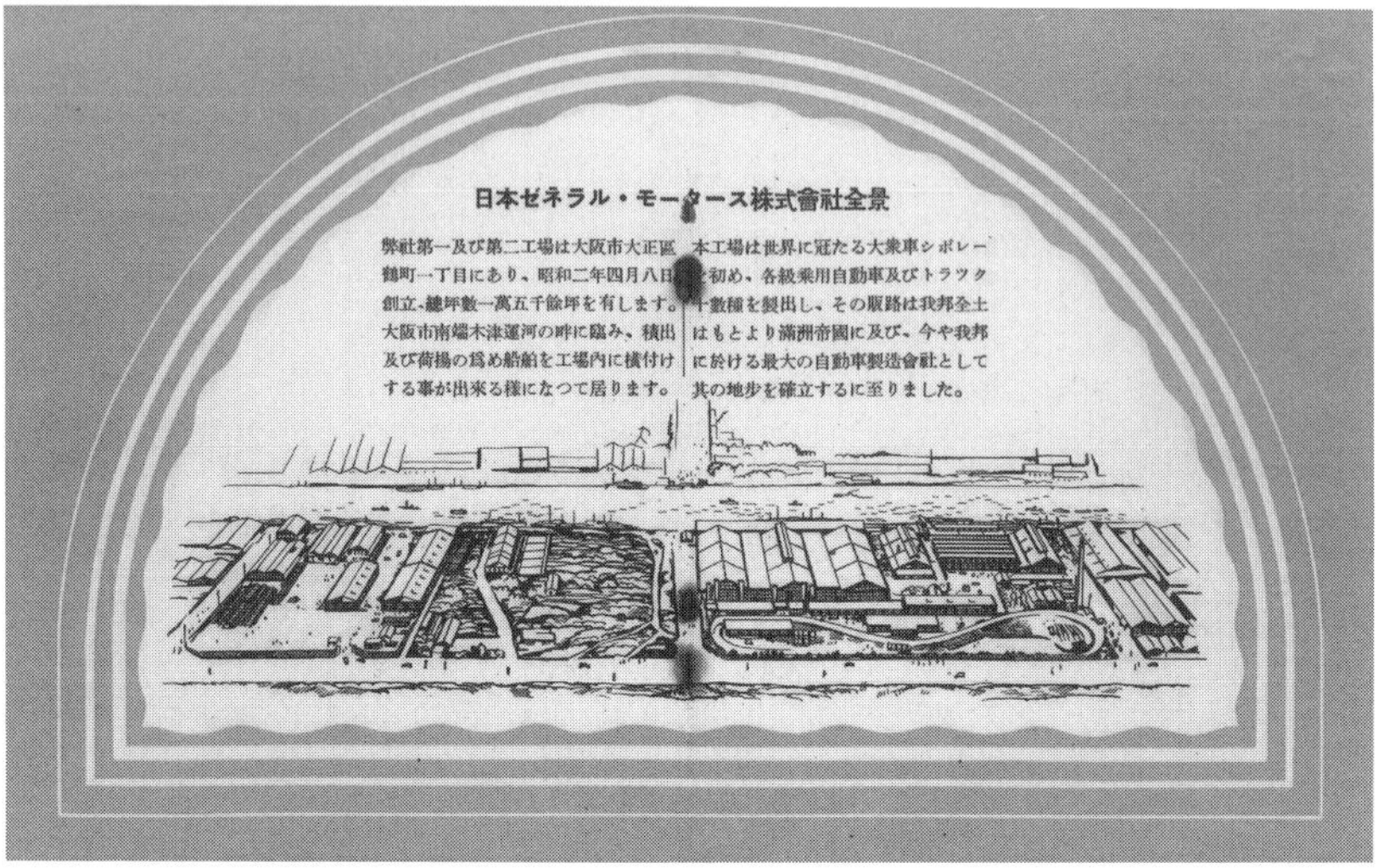

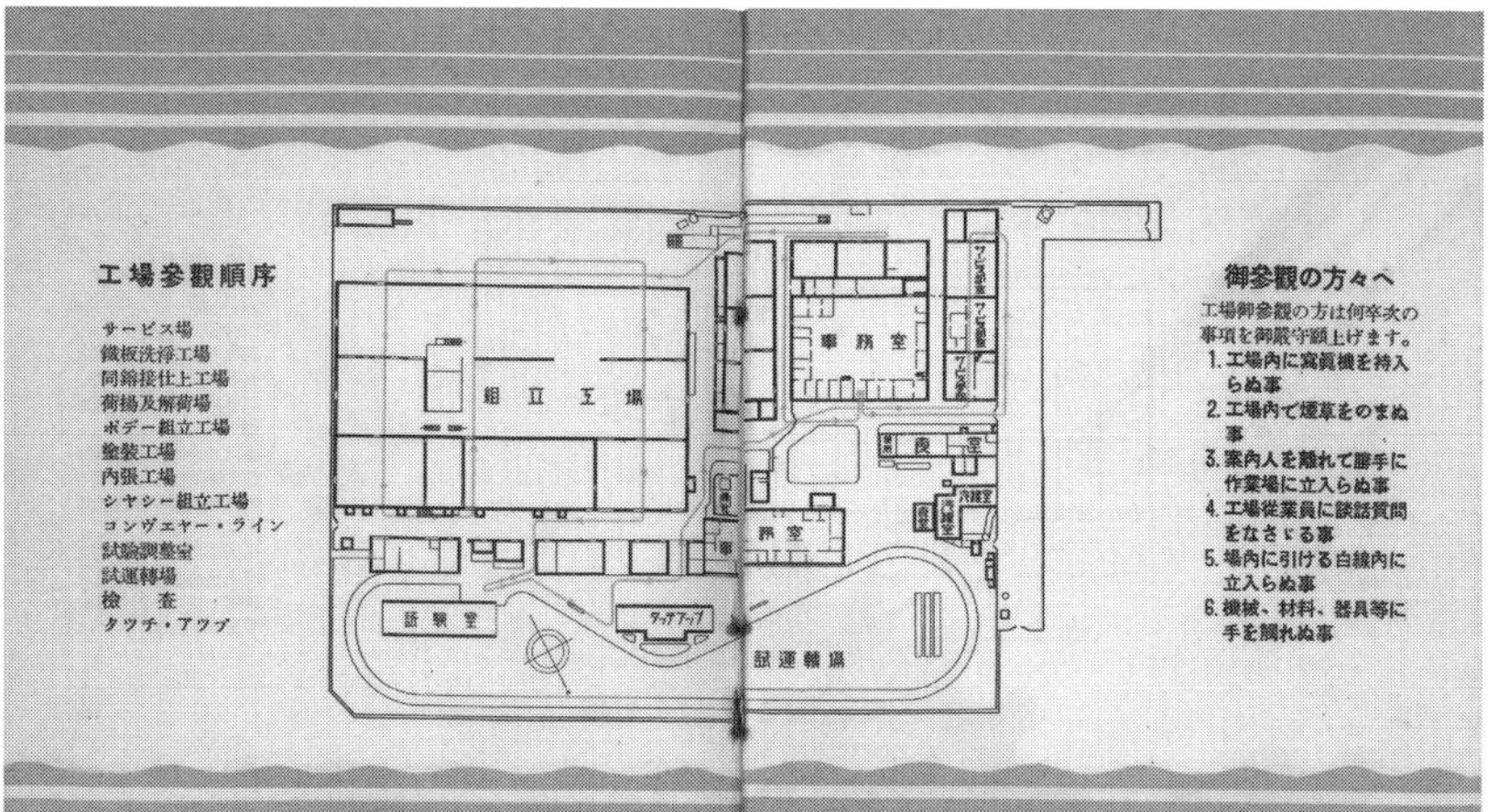

図1　日本ゼネラルモータース「工場参観の栞」

この小冊子には「工場参観順序」を示す順路図も載っている（図1下）。事務室を出て、サービス部門や鉄板洗浄工場・熔接仕上工場と回り、運河に臨む荷揚及び解荷場を見た後、再度工場の屋内に入り、ボディ組立・塗装・内張・シャーシ（車台）組立の工程を「コンヴエヤー・ライン」に沿って進み、試験調整室・試運転場・検査場、そして塗装の微修正である「タッチ・アップ」の作業場を経て、最後にはまた事務室へ。この順路図からは、構内にはサービス部門に併設された学校、食堂、さらには神社までもがあったことがうかがえる。

また、萬年社コレクションの中には、この工場をバックにした紳士たちの集合写真も残されている（図2）。その但し書きには「第十六回大会に出席せる日本新聞協会員約二百名は大阪市港区鶴町なる日本ゼネラル・モータース株式会社の自動車工場を視察見学した」と記されている。たしかに、戦前に出された日本新聞協会の二十年史によれば、第十六回大会は、「昭和三年十一月十八日から三日間京都及大阪に開催、出席二百二十一名」とあり、三日目の二〇日には「午前造幣局参観後大阪城内紀州御殿にて水曜会主催の午餐会あり、ゼネラルモータース会社、大阪朝日、大阪毎日を参観、午後六時から中央公会堂の府市会議所合同主催の晩餐会に列席し全日程を終つた」とある[1]。一行は、前日京都で大礼記念博覧会見学や紫宸殿拝観のスケジュールもこなしているが、それら巡見先と比べても、創業間もないＧＭ工場の最新鋭ぶりは、見るべき価値を有していたのであろう。

図2　日本新聞協会会員の集合写真

戦前、この日本ＧＭの広告を、萬年社は一手に扱っていた。本章では、その経緯を振り返りつつ、戦前の大阪および萬年社の隆盛について述べておきたい。

1　加藤直士と高木貞衛

萬年社と日本GMをつなぐキーマンとして、まず加藤直士《なおし》（一八七三〜一九五二）〔図3〕についてふれておこう。

加藤は明治六年山形県に生まれ、同二四年（一八九一）に新潟の北越学館を卒業している。北越学館は短命に終わったキリスト教主義にもとづく教育機関であったが、そこで身につけた英語の能力を駆使して、加藤は貿易などの実務を皮切りに、ジャーナリスト・翻訳家としても活躍を続け、昭和二七年に埼玉県にて没している。それゆえ文学事典にもその名を残しており、[2] そこには『基督教世界』『英文毎日』などの主筆をつとめた経歴とともに、「昭和二年以後、実業界に入り、日本ゼネラルモータース外務理事などを歴任」と紹介されている。

その一方で加藤は、キリスト教の世界でも知られた存在であった。『日本キリスト教歴史大事典』によれば、加藤は一六歳の時に新潟教会で受洗し、横浜・東京に出て以降も熱心に信仰を続けたとある。[3] たとえば新潟教会牧師であった堀貞一は、「一八九三年に横浜在住の組合教会系信徒たち七人から」の招聘を受け、新設された横浜教会（現紅葉坂《もみじざか》教会）に牧師として着任したが、「この横浜教会と新潟の結びつきは意外に緊密である。なぜなら、堀を招いた地元の創立者（信徒）七人中に、北越学館で学んだ生徒のひとりで新潟教会員の加藤直士が、いるからである。鶴岡出身の加藤は一八九二年、新潟から横浜に転じて、（一九〇〇年まで）生糸などを扱う貿易に従事していた。そのため、かつて新潟で

図3　加藤直士

指導を受けたことのある堀を自分たちの教会牧師に推薦したのであろう」(4)。この横浜時代に加藤は、やはりキリスト教にもとづく共立女学校の教師をつとめたこともあったようだ。

そして横浜を離れた以後も、加藤は海老名弾正のもと本郷教会にて伝道師として働き、海老名の発刊した雑誌『新人』の編集も担当した。またこの頃トルストイの『我懺悔』などの訳業も残している。その後、『基督教世界』の主筆として大阪に招聘され、日曜学校教育などにも関わり、賀川豊彦らとも交流の機会をもった。そして前出のキリスト教事典にも、『大阪毎日新聞』の海外特派員などジャーナリストとしての経歴が記されており、昭和二年（一九二七）に大阪毎日新聞社（以下、大毎）を退社して以降、やはり「日本ゼネラル・モータース入社、取締役補佐などに就く」とある。

このように文学史やキリスト教史の中では、それなりの位置づけを与えられている加藤であるが、これまで広告史において取り上げられてこなかったし、その萬年社との関わりについて語られることはなかった。では、加藤はいかにして萬年社、さらには広告業界と関わりをもっていったのだろうか。

本書コラム「高木貞衛のキリスト教」にもあるように、加藤と高木の接点は、まずキリスト教の信仰を通じてであった。実質的には加藤が編著者である『高木貞衛翁伝』には、次のような記述がみえる。

尚ほ高木伝中に省略してはならぬ一事は、翁が三十四年間「基督教世界」社員として、基督教文学方面に尽くされた功績である。週間《ママ》新聞「基督教世界」はただに日本組合教会の機関紙としてのみならず、一般基督教会の言論機関として広く其価値を認められて来た。翁は明治三十五年に本部の機関紙発行の計画を委任せらるるや、先づ当時小崎弘道氏主宰の「東京毎週新報」を本部所在地たる大阪に移し、之を「基督教世界」と改称して本部の機関紙となし、以て組合教会の主張発表、指導連絡の各方面に資することとした。而して自らは維持社員の一人として専ら之が経営の方面を担当し、爾来昭和八年まで実に三十余年間、鋭意之れが維持拡張に尽くされたのである。「基督教世界」が克くその有終の美を済すを得たのは、高木翁の力に負ふところ少しとせぬ。翁は曽て当時其の主筆たりし編者に向ひ「基督教世界は産みの苦みを嘗めさせた私の愛児です」と語られたことがあつた(5)

宮川経輝牧師のもと、高木と加藤は一致協力して、大阪における日本組合基督教会の活動を牽引していったのだ(6)。週刊の『基督教世界』を繰ってみると、明治四〇年（一九〇七）四月一一日号（一二三二号）より編輯兼発行人として加藤の名は現れる（それ以前は牧野虎次が編輯人）。加藤の来阪はこの時期のことだったのであろう。以後七年間、加藤はその任に当たっている。

また同様に加藤の筆による宮川の評伝の中には、高木が機関紙発行や新たな会堂建設のために奔走するのみならず、宮川の後継者探しにも尽力した様子が次のように描かれている。

教会は宮川先生の辞任を承認すると同時に、直ちに後任牧師詮衡の事に当り、高木貞衛氏を委員長とする招聘委員数名を挙げて慎重熟議のすゑ、神戸女学院専門学部々長畠中博氏を招聘するに決し、宮川名誉牧師を訪問して詮衡の経緯を報告し且つその意見を徴した(7)

そして、昭和一一年（一九三六）の宮川の葬儀に際しても、委員長畠中牧師・副委員長高木執事の体制で臨み、会にはベーツ関西学院長など約七百名が参列している。また戦後間もない昭和二一年の「故宮川経輝先生十周年追悼記念礼拝式」においても、「教会長老加藤直士氏はテモテ前五六章十一節以下を引用して、「神の人」たりし

故先生の数々の信徳を偲んだ」という[8]

2　萬年社と日本GM

そして高木貞衛と加藤直士の関係は、信仰だけにとどまるものではなかった。『高木貞衛翁伝』の緒言には、「萬年社の事業に関しては、往年翁が外遊の際編者は代つて留守中の社務を視たこともあり、その後も翁の永眠後まで或は顧問に嘱託され或は各種講師に招聘され、直接間接に翁の事業を補佐した関係」にあったと記されている[9]。同書には高木の外遊について「明治四十二年五月十二日郵船安芸丸に搭じて横浜を出帆し一路渺々たる煙波を蹴破して先づ米国に向つたのである。因みに同行の労を煩はして東道の役目を勤めて戴いたのは、氏の親友にして当時組合基督教会の牧師たりし現在の同志社総長牧野虎次氏であつた」ともある[10]。早い時期に洋行し、広告業の近代化につくした高木の業績はよく知られているところだが、そうした萬年社の社業は、高木の個人的なクリスチャン・ネットワークに支えられたものでもあった。

そして実際に『萬年社創業録』には、「高木社長不在中に関する訓示」として、

一、加藤氏（直士氏）には日誌、出勤簿、本支店重要往復書、対新聞社特約に関する書類、対得意先の契約に関する事項の閲覧を求むる事（中略）

一、社務万般に対し慣例なき事柄及び従来拙者の指図を待つて処置せし事務は一応加藤氏に協議する事

などとも記されている[11]。どうやら加藤は、飾り物の相談役や単なるブレーンとしてではなく、深く萬年社の事業・経営と関わっていたようである。

基督教世界社の主幹から、大阪毎日新聞社入りした加藤に関しては、大毎の社史類にいくつかの記述が見える。(12)加藤は第一次世界大戦の講和会議に特派され、また大正一〇年（一九二一）三月から六月までシンガポールに派遣されており、「大正十年東宮殿下の御渡欧に際しては、加藤直士氏をしてシンガポールに奉迎、埃及《エジプト》ポートサイドまで奉送せしめ、殿下の御模様を報道せしめて、読者の歓迎を受けたる」という。(13)その後、大正一二年の関東大震災の際、たまたま東京に出張していた加藤は「東日社の無事を確かめたる後、自動車にて聯絡部木島氏と同伴、信越線に沿うて蕨駅迄急行し、震災後初発の列車に乗じて、行く行く通信機関の完全なる駅を尋ねて高崎に至り、こゝにて長野通信部に打電して、名古屋迄の電話を予約せしめ、翌朝長野に着して、名古屋経由本社に東京の惨状を通信」している。(14)

その後、加藤は大正一五年（一九二六）に大毎より中国へと派遣されているが、昭和二年（一九二七）四月の日本GM発足の際には、すでに同社へと移っていたものと思われる。(15)『萬年社四十年史要』には、昭和二年七月三〇日に「日本ゼネラル・モータース株式会社の広告一手取扱を、同社と契約し覚書を交換す。右に就き其の広告取扱方に関して、高木社長より関係各係に対し告示あり」と見え、(16)翌年九月二〇日「午後六時より本店集会室にて広告講演会を開催す。聴講者百三十三名（社外五十六名）。講演左の如し　広告の計画　日本ゼネラル・モータース株式会社広告部長　デイー・ビー・スキンナー氏　同社広告部副支配人　加藤直士氏通訳」とある。(17)

この講演会における高木貞衛の開会の辞は、『広告論叢』に残されており、(18)そこには「萬年社はゼネラル・モータースの広告の取扱を致して居る関係から平素非常に同氏に御厄介になつて居ります。従つて色々広告に関する意見を承つて流石ゼネラル・モータースの本社から御赴任になつたと頷くものがあります」という演者の紹介とともに、「加藤直士君が通訳して下さいます。加藤君の事は皆様よく御存知ですから改めて申しません」ともある。日本GMのアカウントが萬年社一社に決まった背景には、高木と加藤の長い交友関係、さらには加藤の萬年社への関与があったと考えるのが自然であろう。この昭和三年（一九二八）には、ＧＭ車である「オールズモビル号が青森、鹿児島間無停止運転試走」といったイベントや、同社タクシー用マーク図案の公募などのキャンペーンに萬年社は深く関わっている(19)。

では、日本ＧＭでの加藤の働きぶりは、どのようなものだったのだろうか。まずは、前出のスキンナーの講演録から引用しておこう(20)。

文案も図案もその商品の品質上高調する点を適宜に択んで、之に適用しなければならない。只漠然と自己の商品を謳歌するだけでなく、道理と思はれる点を力説しなければならないが、これは大変難しいのである。私が終日加藤さんと机を挟んで、常に頭をひねつて居るのは主として此の点であります。（中略）序にゼネラル・モータースの広告部の組織をお話します。私共の広告部は米国のそれに比べれば未だ完全とは言へないが、細かく分業が出来て居る。私と加藤さんは計画を立てるために頭を使つてゐる。而して題目と機関と時期を択ぶ。広告すべき物件が決まると、これを図案部に移す。東儀さんが夫れをやつて居る。図案の考案が出来ると、これをアーチストにかゝせるそれから文案は加藤さんと私が担当して充分に練り上げる

文中の「東儀さん」とは、先に述べたタクシー用マークの審査員の一人である東儀六郎のことで、日本ＧＭで図案（グラフィックデザイン）を担当していたようだ。その他、当時の業界誌などにも、日本ＧＭの広告展開はよく取り上げられていた。

同社の広告宣伝の皮切りは、同工場の開場式の写真をグラビヤ刷りにして多分大朝大毎へ特別添録として出

> したのが始めであつたと記憶するが、フオードは（ママ）一歩先駆して自動車の新聞広告型とも言ふべきものを最初に造つた人それは同社広告部副支配人加藤直士其人である。加藤氏は人も知る通り大阪英文毎日の主筆として、已に令名のあつた人　今上陛下が未だ皇太子で在らせられた当時、欧州へ御視察の旅に上られた際、特派員として縦横に其の才筆を揮ひ、一時に文名を走せたが、先年大毎を辞して同社に入り広告部副支配人の重職に就き内外の広告宣伝事務を掌つている。同社の広告媒体は、新聞雑誌を主とし其他パンフレットやカタログ等に広告国アメリカのマネージヤーがゐる丈け無駄のない広告振りを発揮してゐる(21)
>
> 昭和四年の春三月にはシボレー六気筒車のテイーザーが、各新聞紙上に現出した。米国のやうに時々之が用ひられる所では、読者は非常な興味を以て之を迎へたに違ひないが之に慣れない日本で、夫れ程の興味を惹いたかどうかを杞憂した。／けれども日本ゼネラル・モータースのテイーザーは極めて正規的な形式を辿つたもので六回に渉り順序能く掲載せられた。そうした最後に於ける広告効果の顕著であつたことは事実が之を明白に証した。（中略）同社は其の前年にインスチチユーシヨナル・アドバータイジング（教育広告）の好実例を示し、今又テイーザーの好模範を示された仮令広告其のものは同社の為めに作られたとしても、是等の好模範を示して貰つたことを感謝せねばならない(22)

文中の「テイーザー」は、新商品の情報を小出しにする「じらし（tease）」の手法であり、「インスチチユーシヨナル・アドバータイジング（教育広告）」とあるのは、現在の言い方では「企業広告」となるだろう。そうした本場アメリカの最先端の手法を駆使する広告主として、日本GMは脚光を浴びていたのである(23)。また加藤自身も次のように語っている(24)。

現代広告の効果は広告の文案図案の巧拙など丶いう問題ではない全く組織の問題である。／気の利いた図案や文案で一時世間をアツと言はせることは容易の業であるが、科学的に立案されたる周到なる計画を継続的に組織的に着々実行して行くことは中々の仕事である。（中略）此外広告物件たる自動車、種類に応じて各々特徴ある図案意匠を作成すべく考案部の人々を督励する事、予め考究されたる多数の題目に従つて適当に夫々の文案を作成する事、新聞広告と他の広告運動との間に常に聯絡を保ち最大効果を挙げしめる事、地方販売店のストツク状態や市場の変動やを考察して広告掲載の調整を行ふ事等等、之れらは広告部の主要なる任務として日夜頭を痛めてゐるところである

こうした加藤の努力もあって、日本GMは開業三周年を迎える頃には、「同社製品の価値は社会の認識するところとなり其結果として今日日本の道路を走つてゐる自動車の三台のうち二台までは同社製のものであり、支那においても凡ての自動車の三分の一までは同社製品であると言ふ盛況を呈し[25]」た。『萬年社広告100年史』の昭和六年（一九三一）の項にも、「萬年社一手扱いの広告主である日本ゼネラルモータースは、シボレーの乗り心地を宣伝するスローガンを募集。一等千五百円、二等千円、三等五百円は当時の賞金としては先例のない高額であった」「日本ゼネラルモータースの二頁建大広告「一九三一年式新シボレー号　新車はより良くより大きくより安くなりました」を扱い」などとある[26]。

しかし日米間の緊張の高まりとともに、日本でのGMやフォードの勢いは頭打ちとなっていく[27]。加藤も日本GMを離れ[28]、昭和一〇年（一九三五）四月からは萬年社に「考案部顧問」として迎えられ、同一五年の萬年社創業五〇周年の「祝賀当夜の懇談会では、高木社長、中川謙三専務取締役、加藤直士顧問、吉川三夫監査役、豊田富雄理事、渋川敬雄理事、来賓の瀬川純吉（元秘書役）がそれぞれ感想を述べた[29]」。だが、せっかくの考案部顧問

であっても、当時の社会状況は、加藤に広告プロデュースやマネジメントの腕を振るうことを許さなかった。日本GMも昭和一六年には、撤退を余儀なくされている。[30]

3　実業界のキリスト教人脈

以上、加藤の広告業界での足跡を見てきた。加藤の華麗な職歴は、もちろん北越学館において「三傑」と称せられたその英語力の賜物であろう。[31] しかし、熊本バンドに端を発する日本組合基督教会のネットワークも大きな意味を持っていた。この節では、初期の広告業界、さらには実業界におけるクリスチャンたちの果たした役割を概観しておこう。

筆のたつ加藤は、宮川経輝や高木貞衛以外にも多くの人物の伝記を残しており、ライオン歯磨（現ライオン）の創業者である小林富次郎もその一人である。その『小林富次郎伝』によれば、神戸で事業をしていた頃、「当時の多聞教会の牧師永田時行氏に就いて先ず自ら基督教を学び」、明治二一年（一八八八）に同牧師から受洗したのは、小林が三六歳の時であったという。[32] そしてその四年後、本拠を東京に移した小林は、本郷教会に転会している。当時同教会の牧師は横井時雄であったが、横井は熊本藩の名儒横井小楠の子で、やはり熊本バンドに参加していた。その後、本郷教会牧師は海老名弾正となり、その時期に会堂の焼損に見舞われるが、小林や加藤らの奔走により、無事再建されている。

ライオン歯磨の躍進の原動力は、ユニフォームに「ＬＩＯＮ」の文字を縫い込んだ野球団「ライオン軍」創設など、同社の繰り出す先進的なプロモーション策にあった。[33] また小林は、明治三八年（一九〇五）に洋行しているが、その際「小林商店の外国貿易顧問を兼ねていた加藤直士が同道しました。通訳を期待されてのこと」であったという。[34] 高木に請われて来阪するまでの期間、加藤は小林の事業を手伝ってもいたようだ。

洋行から五年後の明治四三年（一九一〇）に小林は没しているが、その葬儀の際「大阪より特に上京せる加藤直士氏壇に立ち故人の履歴朗読を為したるが、其の清き水の如き音響はよく会衆の心を奪いて、満堂一咳の音をだも発する者なく、寂として静まり返へり」という。[35] この葬儀は、神田美土代町の東京基督教青年会館（のちの神田ＹＭＣＡ）で行われたが、その葬列の様子などを映したフィルムは、現存する日本最古のものとして重要文化財指定をうけている。

なおこうした信仰は、小林家に受け継がれていった。二代目小林富次郎の伝記の巻頭には牧野虎次の辞があり、同書によれば二代目富次郎が本郷教会の海老名牧師から洗礼を受けたのは、明治三六年（一九〇三）、三二歳の時であったという。[36] また、初代小林富次郎の実弟で、山岸家の養子となった山岸三之助も、兄富次郎の勧めで海老名牧師より受洗している。この山岸三之助は、「千代田ポマード」で知られた千代田香油本舗山岸商店を起こした人物である。[37]

そして、海老名の導きで入信した太田英茂は、多川精一が明らかにしたように、戦前から戦後にかけて広告・宣伝界における巨人ともいうべき存在であった。太田は、海老名が京都に去った後も、雑誌『新人』の編集に当たっていたが、ある時同志社に海老名を訪ねた際に「花王石鹸株式会社長瀬商会の創立者長瀬《ながせ》富郎《とみろう》の長男で、同志社大学神学科に在学中の富雄（先代の死去にともない、後に富郎の名を継ぐ）にも会ったようだ[38]」。二代目長瀬富郎も海老名に心酔しており、中学生の頃から本郷教会に通っていたのだという。太田は長瀬商会にて花王石鹸の広告・販促展開に辣腕を振るい、その後「共同広告事務所という個人会社を作った。その開設に最も力を貸したのは、千代田香油本舗山岸商店の山岸徳治郎だった[39]」。山岸徳治郎は、山岸三之助の義弟にあたり、三之助の事業を引き継いだ人物であり、その妻は前出の長田時行牧師の長女であったという。[40]

また、日本電報通信社（電通）の広告部門となっていく日本広告株式会社の社長日向輝武《ひなたてるたけ》は、上州藤岡の出身であり、藤岡の緑野教会にて、やはり熊本バンドに名を連ねた不破唯次郎より受洗しており、東京に出てからは小崎弘道の霊南坂教会に転会している。日向ははば広く事業を手がけ、これまた実業と信仰に生きた人物であった(41)。明治三九年（一九〇六）、創業時の電通の役員構成は、専務に光永星郎、常務に権藤震二、取締役に日向輝武、山崎嘉太郎（山崎帝国堂）、増田義一（実業之日本）、岡田松生の四人であったが、岡田松生も熊本バンドの一員であり、霊南坂教会の運営に尽くし、岡田元老と呼ばれたという(42)。

以上、粗略な点描に過ぎないが、勃興期の広告業界とプロテスタンティズム（とりわけ日本組合基督教会）とが、深い人脈で結ばれていたことを確認してみた。

おわりに

残された課題は多々あるが、やはり加藤直士という人物については、まだまだ不明な点が多く、調査を続けていきたいと思う。

加藤の家族関係も、今のところおぼろげにしか捉えられていない。加藤は横浜時代に田代つな（綱子）と結婚しているが、田代は、北越学館と同じくキリスト教主義教育の場であった新潟女学校の出身であったようだ(43)。つなは、大正二年（一九一三）の末に亡くなっており、そのことが、加藤が『基督教世界』の編集から離れるきっかけの一つであったと考えられる(44)。また加藤の兄幹雄も熱心な信者で、帝国大学を経て弁護士となったという。

そして、加藤の妹豊世《とよせ》は、加藤家の中でも最もドラマティックな人生を送ったといえるかもしれない。豊世も新潟女学校出身であり、兄たちのいる横浜へと出て、フェリス和英女学校に通っていた。この時、仙台から来た星良《ほしりよう》と友人となるが、星良はのちの相馬黒光《こつこう》である。相馬は新宿中村屋を創業し、それを文化人のサロンへと育てたことで知られている(45)。そして星を介して、豊世は布施淡《あわし》と知り合い、結婚へと至っている。布施は将来を嘱望された洋画家で、東北学院や宮城女学校で絵を教えたこともあるクリスチャンだったが、二八歳で夭逝した。その後豊世は故郷の鶴岡に戻り、英語を教え、遺児信太郎を画家へと育て上げた。また昭和二年（一九二七）に豊世はアメリカへと渡り、「東北大学院長シュネイダー氏の夫人がキリスト教伝道するときの助手の仕事」をつとめたという[46]。その後、布施信太郎が新宿中村屋の美術顧問となったのは、やはり豊世の橋渡しがあったからであろう。

日本ＧＭ社についても、まだまだ不明な点が多い。たとえば、シボレー宣伝映画『見よ！この先駆者を』が昭和八年（一九三三）に製作されているが[47]、そこにも萬年社が関係していたのか否か、もし関係があったとすれば誰がどう関わっていたのかなど、興味深い論点であろう[48]。

そして私個人にとって最大の謎は、萬年社コレクションの中にあった一枚の封筒である。中身はなく、宛名は横書きで「ニシノミヤシニカワ　カンセイガクイン8ゴゥジュゥタク　カトゥナオシサマ」、差出人は同じく横書きで「トゥキョゥトアザブクフジミチョゥ28　ザイダンホゥジンカナモジカイ」となっている。伊藤忠商事の伊藤忠兵衛（二代）も名を連ねていた、カタカナ専用論を提唱する「カナモジカイ」に、加藤直士はいかに関わっていたのだろうか。そして何より、私がいつも通勤時にその前を通る住宅に、なぜ加藤が入居していたのだろうか[49]。

宮川経輝の葬儀にベーツ院長も列席したように、関西学院もキリスト教主義にもとづく教育機関である。しかし、教派としてはメソヂストに属し、同じプロテスタントとはいえ、高木や加藤などの日本組合基督教会とはやや異なる流れの中にある。クリスチャン同士のつながりのためか、それとも加藤が関西学院でも英語などを教えていたのだろうか。関西学院の一教員として、まず自身の足元から、歴史を掘り下げてみたいと思う。

（1）迫太平編『日本新聞協会二十年史』（一九三二年、二六頁）。また『大阪広告協会十周年記念講演集』（一九三〇年）に

は、「第九十八回例会　昭和四年二月十五日、日本ゼネラルモータース株式会社に於て開催、出席者九十余名　見学　鶴町の同社工場　講演　同社広告部長のデー・ビー・スキンナー氏の「ゼネラルモータースの広告法に就て」」とある。
(2)日本近代文学館・小田切進編『日本近代文学大事典』第一巻（講談社、一九七七年、三九八頁）。
(3)日本キリスト教歴史大事典編集委員会編『日本キリスト教歴史大事典』（教文館、一九八八年、三〇五頁）。
(4)本井康博『近代新潟におけるプロテスタント』（思文閣出版、二〇〇六年、二二三頁）。
(5)『高木貞衛翁伝』、一四七～一四八頁。
(6)加藤は宮川との関係を「私は明治四十年先生が組合教会々長兼日本伝道会社々長時代、東京から聘されて大阪で発行する「基督教世界」誌の主筆として来阪し、先生の大阪教会に転入した者で、其前は本郷教会の海老名弾正先生に師事してゐたので、謂はゞ宮川先生の子飼の弟子ではありません」と述べている（加藤直士『宮川経輝伝』日本基督教団、一九五二年、一九三頁）。
(7)加藤前掲注(6)書、一四六頁。
(8)同前書、一六七頁。
(9)『高木貞衛翁伝』、一頁。
(10)同前書、四五頁。
(11)『萬年社創業録・中巻』、四〇〇～四〇一頁。
(12)小野秀雄『大阪毎日新聞社史』（大阪毎日新聞社・東京日日新聞社、一九二五年）、大阪毎日新聞社編『大阪毎日新聞五十年』（一九三二年）参照。
(13)小野前掲書、八三頁。
(14)同前書、一三一～一三二頁。
(15)日本GM創業告知の広告として、「グラビア印刷は、わが国では大正九年（一九二〇）大阪で開始され、輪転グラビアを日曜新聞付録として東京朝日新聞が始めたのが、翌十年（一九二一）一月二日号、これの利用が盛んに行われたのが、昭和二年（一九二七）からで四月八日付の東京朝日新聞を見ると、日本ゼネラルモータース開業記念として四ページ物の付録がついた」という（遠藤武『図説広告変遷史』中部日本新聞社、一九六一年、一二〇頁）。

(16)『萬年社四十年史要』、二五七頁。
(17) 同前書、二七九頁。
(18)『広告論叢』（第一〇輯、一九二八年、一～二頁）。
(19)『萬年社四十年史要』、二六九～二八〇頁。
(20) ドナルド・ビー・スキンナー「広告の計画」（『広告論叢』第一〇輯、一九二八年、九～一一頁）。
(21)『事業と広告』七巻九号、一九二八年、四一頁。「一店一頁　能率増進を具体化せる日本ゼネラル・モータース株式会社」のコーナーでは、工場の一角にあるオフィスでの効率的な仕事ぶりが紹介されている。
(22) 萬年社編・刊『昭和五年広告年鑑』（一九二九年、一二～一三頁）。
(23) 萬年社主催の広告講座ではスキンナー以外にも多くのＧＭ関係者が登壇していた。『広告論叢』（第一五輯、一九三一年）には「日本ゼネラル・モータース株式会社広告顧問デヴイド・アール・アーウイン氏」の講演「力としての広告」が採録されており、通訳は同社「専務補佐加藤直士氏」がつとめたとある。また『広告論叢』（第一七輯、一九三二年）には、日本ゼネラル・モータース株式会社広告支配人ジェームス・エヌ・バード氏」の講演「広告戦は如何に計画すべきか」が紹介されており、この時の通訳は「東儀君」とある。また、新聞・雑誌広告以外にも、昭和六年（一九三一）「銀座一丁目角にゼネラルモータースのネオンが上がる」（谷峯蔵『日本屋外広告史』岩崎美術社、一九八九年、三二一頁）や、大阪朝日新聞社編・刊『明日の窓飾』（一九三七年）にはシボレーのショーウィンドー・ディスプレイ（竹岡稜一作）が紹介されている。竹岡は松下電器の宣伝部長をつとめ、ナショナル宣伝研究所を設立するなど、関西グラフィックデザイン界の重鎮ともいうべき人物であるが、当時は日本ＧＭ社に属していたようだ。
(24) 新聞研究所創立十周年記念出版『広告戦策』（一九二九年、八三頁）にある「ゼネラル・モータースの広告方法　社内ＮＫ生」より。このＮＫは、明らかに加藤直士。また同書九五頁には「生きた広告を作る人々」というコラムがあり、福助足袋の岸本龍郎や中山太陽堂の飯守勘一など錚々たるメンバーに並んで「加藤直士君　日本ゼネラル・モータース会社広告部副部長」が、「スキンナー部長を援けて宣伝広告全般の事務に当つてゐるが事実は部長も同然」「見るからに軽快な態度とその活動振り」と紹介されている。
(25) 夕刊大阪新聞社編・刊『大阪商工大観』（一九二九年、一六頁）。一九二九年四月九日付『大阪毎日新聞』の記事「日本

ゼネラル・モータース二ヶ年間の業績」にも、「従業員総数千三十三名、地方の販売店その他直接、間接関係をもつもの二万人の多きに達している、そして過去二年間における自動車製造高は二万四千七十三台で内二万五百四十四台はシボレー」とある。

(26)『萬年社広告100年史』、一一五～一一七頁。

(27) GM工場では何度か労働争議が起こっている。「ゼネラル・モータース　千三百名の兄弟蹶起す！」(『文芸戦線』七巻二号、一九三〇年)「ゼネラルモータースの争議　大阪　徳島一郎」(『戦旗』三巻四号、一九三〇年)といった記事が残されおり、それ以降も繰り返し労使対立が表面化している。

(28) 大阪広告協会発行の『広告文化』に加藤は、昭和一二年(一九三七)より萬年社入りするまでの期間、「大阪市産業部嘱託」「大阪府広告審議会委員」といった肩書きで頻繁に登場している。

(29)『萬年社広告100年史』、一六五頁。

(30) 四宮正親「日本の自動車産業を築いた人々――戦前編」『関東学院大学「経済系」』(第二二八集、二〇〇六年)参照。

(31) 本井康博『近代新潟におけるキリスト教教育――新潟女学校と北越学館』(思文閣出版、二〇〇七年)参照。他の二名は出村悌三郎(のちに東北学院長)、竹下武松(のちに鹿児島第一中学校長)であり、彼らは伝道の際の通訳として欠かせない存在だったという。また同書によれば、北越学館を開いた加藤勝弥の実弟加藤林吉は早くから貿易に従事しており、加藤直士は林吉のもとで働いていたことがあったようだ。

(32) 加藤直士『小林富次郎伝』(警醒社、一九一一年、四六頁)。

(33) 山際康之『広告を着た野球選手――史上最弱ライオン軍の最強宣伝作戦』(河出書房新社、二〇一五年)参照。戦前のライオン歯磨宣伝部に関しては、戸田達雄『私の過去帖』(光文社印刷、一九七二年)参照。

(34) 佐々木聡『暮らしを変えた美容と衛生』(芙蓉書房出版、二〇〇九年、一二七頁)。

(35) 加藤前掲注(32)書、二二六頁。加藤の履歴朗読に続いて「海老名弾正氏の説教、女子学院有志の賛美歌、同氏の授洗牧師長田時行、小崎弘道、江原素六、山室軍平、留岡幸助、島田三郎、安藤太郎諸氏の弔辞弔文あり」。

(36) 三代小林富次郎編『二代小林富次郎翁』(ライオン歯磨、一九五九年)参照。

(37) 有富聖山『山岸三之助伝――附・山岸丈助小伝』(山岸商会、一九三四年)参照。三之助は、新潟組合基督教会にいた

長田時行牧師が大正八年（一九一九）に創立した聖友女学校が、経営危機にさらされた際、その再建に奔走している（同校は昭和二年（一九二七）に廃校）。三之助の後継者として期待された丈助も、海老名弾正より受洗したが、早世している。

(38) 多川精一『広告はわが生涯の仕事に非ず――昭和宣伝広告の先駆者太田英茂』（岩波書店、二〇〇三年、三三頁）。

(39) 同前書、五五頁。

(40) 有富前掲注(37)書参照。

(41) 日向輝武は大正三美人の一人とされた林きむ子と結婚し、代議士となるが疑獄事件に連座し、失意の中で亡くなった（森まゆみ『大正美人伝――林きむ子の生涯』文藝春秋、二〇〇三年参照）。

(42) 境政郎『「肥後もっこす」かく戦えり――電通創業者光永星郎と激動期の外相内田康哉の時代』（日本工業新聞社、二〇一五年）参照。

(43) 本井前掲注(4)書参照。

(44) 大正三年（一九一四）四月九日号『基督教世界』一五九四号に掲載された加藤直士のコラム「亡き妻に告げて」参照。

(45) 宇佐美承『新宿中村屋相馬黒光』（集英社、一九九七年）参照。

(46) 布施協三郎『若き洋画家布施淡――明治の恋と青春』（私家本、二〇一二年、三九七頁）。

(47) 「洛西地域映画史聴き取り調査報告Ⅲ　管家紅葉氏談話　京都映像文化デジタル・アーカイヴ――マキノ・プロジェクト　冨田美香（立命館大学文学部助教授）紙屋牧子（日本大学芸術学研究科博士後期課程）大矢敦子（立命館大学文学研究科博士課程前期課程）」(http://www.arc.ritsumei.ac.jp/archive01/jimu/kiyou/vol3/17/page028.htm) 参照。

(48) 戦後萬年社はテレビ番組など、コンテンツ制作にのりだすこととなる（山本暎一『虫プロ興亡記――安仁明太の青春』新潮社、一九八九年、津堅信之『アニメ作家としての手塚治虫――その軌跡と本質』NTT出版、二〇〇七年など参照）。

(49) 昭和一六年（一九四一）一一月号『広告文化』（大阪広告協会発行）の「会員消息」欄には、「加藤直士氏（株式会社萬年社）氏は西宮市仁川関西学院構内八号住宅へ」とある（竹内幸絵氏のご教示による）。

＊コラム

高木貞衛のキリスト教

菅谷富夫

萬年社プロジェクトを立ち上げて資料の整理を進めていくなかで、何人かの元萬年社社員の方々にお話しを聞く機会があった。そのなかのおひとりから「萬年社の社長は戦後のある時期まで歴代、クリスチャンでした」とか、「その頃は教会から会社に牧師が来て、お話を聞く時間があったんです」ということを聞いた。萬年社についてその歴史や発展の経緯などを、まだ知らなかった私は当時、少々困惑したのを覚えている。マックス・ヴェーバーよろしく利潤を追求する株式会社の社長の資格がなぜキリスト教信者であることなのか、ミッションスクールではあるまいしどうして会社に宗教の時間があるのだろうかと疑問に思い、そして何より、生き馬の目も抜くと言われる現代消費社会の最先端を走る広告代理店とキリスト教の組み合わせに、違和感のようなものを感じたのであった。

のちに分かったことであるが、萬年社とキリスト教の関係は創業者であった高木貞衛に端を発することであり、これらの疑問は高木について知ることですぐに氷解するものであった。ここでは昭和二五年（一九五〇）に萬年社より発行された加藤直士の『高木貞衛翁伝』の記述を中心に、高木とキリスト教の関わりを追ってみたい(1)。

高木とキリスト教の正式な関わりは、萬年社を創立した一年半後の明治二五年（一八九二）一月に、大阪基督教会において宮川経輝牧師より洗礼を受けることで始まっている。加藤の『高木貞衛翁伝』によれば、それ以前から同教会に通いやっと許されての洗礼だったという。したがって洗礼以前から、すなわち一年半前の萬年社創立時かそれより少々以前からの関わりであったのだろう。それがいつからかはわからないが、萬年社が高木を含む三名の協同で創立された時に交わされた契約書に、「一、高木ハ日曜ヲ休暇トシ林、川口ハ一ヶ月四回宛適当ノ日ヲ選ビ休暇トスベシ」の一項があること、また創立半年以内に辞めたほかの二名のうちのひとりが、高木は「それに何かといふと基督教を振り廻はし日曜日には必ず休む」といった不平を言ったことが、伝記に出てくるところから見て、萬年社創立の時点で高木はすでにキリスト教の教えに則っており、それ以前から教会通いは始まっていたようだ。

高木のキリスト教への傾倒は、大阪基督教会の牧師であった先述の宮川に負うところが大きい。先の伝記でも宮川牧師の薫陶ぶりとその教えに深く感化され父のように慕う高木の様子が記されている。高木は萬年社を創業して大広告代理店にまで育てていくのと並行して、教会にも多大な奉仕をしていく。たとえば洗礼三年目である委員になったのをはじめ伝道面での活動はもちろん各種記念式典準備委員長や会堂建築実行委員長など多くの役員、理事を務めた。特に教会の運営を自らの寄付によって財務面から支えていたことは言うまでもない。当時、「高木翁の萬年社は大阪教会の兵站部みたいなものだ」といった声もあったという。それほどに高木の財政面での奉仕は大きなものであったということであろう。

この時に建てられた会堂とは、現在も大阪市西区にある日本基督教団大阪教会であり、大丸心斎橋店や神戸女学院の校舎の設計で有名なW・M・ヴォーリズの手によるものである。この時も高木は寄付金集めに奔走したが、最後は自ら全体経費の何割という大金を寄付したようである。

ここで断っておかねばならないのは、高木が属したのは日本基督教団ではなく、当時は日本組合基督教会所属の大阪基督教会であったということである。そして日本組合基督教会は、昭和一五年に他の三十余りの教団と合同して日本基督教団となり今日に至るのである。奇しくも、この合同に賛同していた高木は、この合同が決議された同年一〇月の日本基督信徒大会出席中に倒れて、帰らぬ人となったのである。

さてそんな高木の教会での活動は、当然、大阪基督教会にとどまらず同教会が所属する日本組合基督教会本部の活動へと広がっていたのは言うまでもない。明治三〇年に同会の常議員となったのを皮切りに、生涯にわたり貢献した。ここでも財務面でのかかわりは多く、大正九年（一九二〇）から始まった牧師の年金制度である「中央基金」設立の際には寄付金集めを担当し、設立後は専務理事、財務理事を歴任した。ほかにも高木は教団の国内布教はもちろん、朝鮮半島や大陸への布教活動の資金も提供していたという。

また高木は、日本組合基督教会と関わりの深い同志社の運営にも携わっており、明治四〇年に同志社財団監事、翌年同志社理事兼財産管理委員、さらにのちには同志社大学神学部委員を務めている。

同志社との関わりが出たついでに、ここでこの教団についても説明しておきたい。明治四年に設立された熊本洋学校でキリスト教に感化された学生たち（のちに熊本バンドと呼ばれた）は、同校が閉校になった後、まとまって開校したばかりの京都の同志社に入学、そこでアメリカの伝道集団であったアメリカン・ボードのメンバーと出会い、日本組合基督教会が形づくられていく。アメリカ東部で設立されたアメリカン・ボードは海外への伝道をめざすいくつかの教派の集まりであったが、その中心は各教会の独立性を重視する会衆派であった。同志社の創立者である新島襄もアメリカ留学から帰ってきた後、アメリカン・ボードから資金援助をうけて同志社大学を設立したという。

のちにこの日本組合基督教会の三元老と呼ばれたのが、高木が生涯の師と慕った大阪基督教会の宮川経輝、同志社第二代総長の小崎弘道、本郷教会の海老名弾正であった。この三人は熊本洋学校と同志社を一緒に歩んだ牧師たちである。高木にとって宮川・小崎との関係は言うまでもないが、海老名の本郷教会は高木の第二の所属教会的な存在で、上京の折は必ず礼拝に出席していたという。また、明治期後半の有名な経済人である小林富次郎の所属教会でもあった。歯磨き粉で有名になったライオンの創業者であり「そろばんを抱いた宗教家」の異名もあったという小林は、この教会の熱心な信徒であったという。

これだけの宗教活動を高木がしていたとなると、萬年社での企業人としての活動と併せて考えた時、高木の活動総体は驚異的なものに思える。その超人ぶりに驚嘆すると同時に、萬年社の経営へのキリスト教の影響を考えざるを得ず、全く無関係というわけにはいかなかったと考えられる。高木以降の社長がクリスチャンであったとか、会社に牧師が来ていたとかは、文字通り水面に顔を出した氷山の一角ではなかったのではないだろうか。高木の広告業へ情熱的な取り組み方とその宗教活動は表裏をなしており、萬年社という存在をより深く知る上では、当時の高木を取り巻くキリスト教についての研究は今後不可欠になっていくだろう。

（1）　加藤直士については本書所収の難波論考もあわせて参照のこと。

＊コラム

萬年社コレクションのチラシ広告

大石真澄

はじめに

萬年社コレクションには、これまで分析が困難だった貴重な資料が多く含まれている。中でも、ビラやチラシといったすぐに捨てられてしまうような残りづらい資料が多く含まれていたことは特筆すべきことである。

わたしたちは、毎日の生活で多くの広告や広告的なものに接して、少なからずそこから影響を受けている。しかし同時にそれらは過ぎ去っていくものであり、通常誰も保存しておくようなことはしないだろう。だからこそ、古い時代のチラシがたくさん残っているということは研究上価値があるのだと言える。

萬年社コレクションでのこうした資料の残り方は、単に資料が残っていたという以上に過去の広告へのヒントがたくさん隠されているように思える。本コラムでは萬年社コレクションの中でも特に、ビラやチラシのような残りづらい資料をもとに、同コレクションがどのような視点を提供しうるか考えてみたい。

1　萬年社コレクションの「社史資料」と「大型古資料」

萬年社コレクションの中に隠されている、過去の広告へのヒントとはなんなのだろうか。これについて考えるために、まずは簡潔に、萬年社コレクションとその中の二つの資料群について概要を述べたい。

萬年社コレクションは、本書の「はじめに」でも示す通り、会社が倒産した際に社内で所蔵されていた関係資料を寄贈され、現在は大阪新美術館建設準備室が所蔵しているものである。他章でもすでに言及されているように、萬年社は明治二三年（一八九〇）に大阪で創業され、一〇九年もの歴史を誇っていた、日本の広告代理店の草わけである。

これだけの歴史を持つ会社の残した資料は膨大である。内容、所蔵年代の幅もさることながら、紙資料から映像にわたって、媒体を超えた壮大なスケールを有している。

萬年社コレクション調査研究プロジェクトでは平成二〇年（二〇〇八）一〇月より多数の助成を受けこれらの調査を開始した[1]。その際データベースの形にするために分類の作業を行った。分類の全体像は「はじめに」を参照いただきたいが、その資料群の中に、「社史資料」、「大型古資料」と分類したものがある。

「社史資料」はその名の通り、萬年社という会社の歴史に関する資料である。萬年社では創業四十周年と百周年の際に社史を編纂しているが、その際の資料や創業当時から数年にわたる決算の記録なども含まれている。このような、内部事情をうかがえる資料は貴重と言えるだろう。

「大型古資料」は、スクラップブックに貼り付けるなどの方法で保存されていたさまざまな紙資料である。その内容は、新聞広告から、ビラ・チラシ[2]、ハガキなど多岐にわたる。また、日本のものだけではなく海外の広告、新聞のスクラップもあり、日本のものも大阪だけではなく、札幌・東京・名古屋・福岡など大阪以外の地域の広告も含まれている。

このように多種多様な媒体のさまざまな資料が含まれる「大型古資料」は、一見雑多に見える。しかし、この「大型古資料」からは、これまでに（特に戦前の）広告研究では難しかった研究の新たな可能性も見えてくる。その一つがビラやチラシに関する研究だ。

2　メディア史と史料

広告に限らない歴史研究において、常に研究者の頭を悩ませる問題の一つが、史料の残存問題だ。あることについて知りたいと思っても、それに関する史料が残っていなくては研究ができない。この点、ビラやチラシは実に研究者泣かせの存在である。配付されてもすぐに捨てられてしまうことが多いし、そもそも保存するという価値観もつい最近まではなかった。

そう考えていたのは、受け手だけではない。「社史資料」の中にある萬年社が刊行していた広告研究の雑誌である『広告論叢』誌の第二五号（一九三七年）に、「新聞広告の動態的研究」という論文がある。ここで、新聞広告こそがマーケティング的に最も研究すべきものであることを述べた箇所で、「これが屋外広告、或はチラシの如き補助的な広告媒体について調べたのでは全体の情勢を知る尺度にはなりません」と述べられている。すでに津金澤聰廣や山本武利が明らかにしてきたように[3]、戦前の広告の花形は新聞広告だった。取り扱いの額も大きく、萬年社の事業の基幹であった媒体が新聞広告であり、ビラやチラシ、あるいは屋外広告は「補助的な」存在だったのだろう。

新聞は、先人の研究者の努力により研究保存が先んじて進んだメディアの一つである。そのことと、戦前のメディアとしての新聞の重要性が重なって、新聞メディアや新聞広告の研究が推進されてきたことは記憶しておきたい。同様に、比較的保存されている雑誌の広告も、分析が進んできたものの一つだろう。

新聞が花形であったことは確かだが、それではなぜ『広告論叢』誌は、わざわざ「補助的」としてこれらの広告について述べたのだろうか。現にスクラップには、屋外広告は難しいとしても、「補助的」であるところのチラシ広告が多数スクラップされているのだ。チラシについて考えるにあたって、まずは萬年社コレクションに残されたスクラップの性質について見ていきたい。

3 「大型古資料」の中のスクラップ

「大型古資料」にはスクラップブックが収められた多くの箱があり、この順番は残されていたときと変更が生じないように留意して整理されている。そのため、新聞のスクラップが連続している部分や、海外の広告がスクラップされている場所など、スクラップを作った人のその時々の関心が見えることがある。

このようなスクラップブックはどのような用途で作成されていたのだろうか。熊倉一紗は第三七回大阪メディア文化史研究会で「図案係の仕事に就いて」という「社史資料」の中の講習会の記録(4)を元に萬年社コレクションの新聞広告のスクラップの用途について分析している。熊倉によれば、これらのスクラップは、ニューヨークの代理店に倣い新規の顧客やお得意の広告主などに見せる見本として収集したもののようだ。おそらくは、広告主はこれを見ながら「こんな感じで広告を作って欲しい」といった注文の手がかりにしていたのだろう。

しかしスクラップブックの中には、新聞広告だけでなくおそらくは作成担当者に私信としてきたハガキや封書の便せん、商品のラベル・パッケージや、弁当の包み紙などまでが含まれているものがあることに気づく。また、中にはそのまま貼り付けてあるのではなく、切り取って加工された跡があったり、書き込みがあったり、完成前の広告が含まれている部分もある。つまり、これらの中には直接広告だったとは言いづらいようなものも多数含まれているのだ。書き込みがされていたり切り取って加工されたような広告スクラップは、広告主が見てもあまり意味が無いだろう。このスクラップブックに関しては、広告主だけではなく、制作者が新しいデザインを制作する際の参照としていた可能性があるのではないだろうか。

さて、これらが作られた時期と、前述の『広告論叢』でのチラシ広告への言及の時期とをあわせ考えると、以下のような興味深い予想が出来る。

竹内幸絵は、本書六四頁で、萬年社が一九二〇年代以降、広告理論の研究に傾倒していったと述べている。上記した昭和一二年（一九三七）に刊行された『広告論叢』「新聞広告の動態的研究」での「屋外広告、或はチラシ」を「補助的な広告媒体」とみなす発言が、竹内が指摘したことを踏まえて書かれたとすれば、非常に納得がいく。『広告論叢』は広告研究の雑誌であるということ以上に、日本の広告代理店の草分けとしての萬年社の自己規定の場という側面があったのだろう。「新聞広告の動態的研究」を含む『広告論叢』での数多くの論考は、チラシや屋外広告には目を向けず新聞広告に注力するという萬年社自身の代理店業としての自負であり自己規定であったのだと予想できる。

ところが「補助的」とされたチラシ類のスクラップが、萬年社でこれ以降も盛んに作られている。例えば、こうしたスクラップが多数収録されている箱番号二八一を覗いてみよう。この中には「第十五回中等学校選抜野球大会」の懸賞広告がある。これが昭和一三年であることから、すべてが同じ年代に作成されたと断定はできないものの、このスクラップブックは一九三〇年代に作成されたと考えてよいだろう。

「補助的」とされたはずのチラシ類が先の発言から十年後も大量にスクラップされ続けているのである。これはどういうことか。これらからは、自己規定の場でことさらに表明された新聞広告重視という社の方針、新聞広告への価値意識の偏向と、制作の現場での実作業での価値意識の間にはギャップがあった、つまり会社としての志向と実制作のプロセスに乖離があったという予想を立てることができるのではないか。

以上の予想のように、制作者が参照していたのだとすれば、「補助的」であるところのチラシが多く「大型古資料」に含まれることも理解できる可能性がある。次節では、一つの業種のチラシに的を絞ってその意味を考えてみたい。

4　百貨店広告のチラシ

百貨店はいうまでもなく戦前の花形業種である。「大型古資料」にもたくさんのチラシが所蔵されている。その中でも、特に箱番号三三六〜三三七は小さな呉服店から百貨店までの広告が集中的にスクラップされている。

とりわけ目を引くのが、箱番号三三七に集中して存在する複数の百貨店の店内案内図の広告である。広告というよりもパンフレットとしての性格が大きかったのかもしれない。そごうのものは飛び出す仕掛けがついていたり、大丸の全館完成案内も表はきれいに彩色されていたりと、趣向が凝らされている。このような店内案内図が多数製作されたことは、すでに橋爪節也が明らかにしている(5)。ここでは、スクラップブックの特徴を踏まえて少し角度を変えて見てみたい。

まず、店内案内図が含まれるスクラップブックでは、パンフレットのようになったそごうと大丸の全館完成案内は離れた場所に位置しているものの、残りの店内案内図のビラやチラシとして通常配付されていたようなタイプのものは固まってスクラップされている。中には、東京三越のものもあり、このような店内案内図が作成されていたのは大阪に限らないということもわかる。

これらの店内案内図の特徴は、売り場が図案化されるのではなく、文字によって示されていることだ。スクラップされている売り場案内の広告は、各社の社史などを参照するとすべて一九三〇年代の初頭より後であることから、文字レイアウトが広告の主力になった後の制作物であることがわかる(6)。

また注目したいのは、この店内案内図の広告がずらっと九つほどスクラップされている途中に、大阪市役所が配付した「大阪市観光ルート」なるパンフレットもスクラップされている点だ。これは、路線案内図のような形で名所が記載されている。文字は活字ではなく、大阪城や四天王寺のような名所が図案化されていることから、少し古い時代のものであると予想できる。しかし、名所の記載はすべて文字によって行われており、「文字を利用する」という関心の連続がうかがえる。その他、この並びには「タテに文字が配置された広告」が活字・図案文字を問わず並んでいるところからも、同様の関心が透けて見える。

さらに、店内案内図広告は一九三〇年代のものだが、百貨店の広告を中心としたこのスクラップブックには一九二〇年代後半のものも含まれており、時期別に随時スクラップしたのではなく、関心に沿って古いものでもスクラップをしたのではないかという予想ができる。

これらの点はもちろん、特に百貨店の広告主に、百貨店広告の見本としてそれを見せるという点では大きく機能していただろう。しかしそれと同時に、制作者たる萬年社が一九三〇年代以降、どのような関心でもって広告を眺めていたか、について有力な情報が得

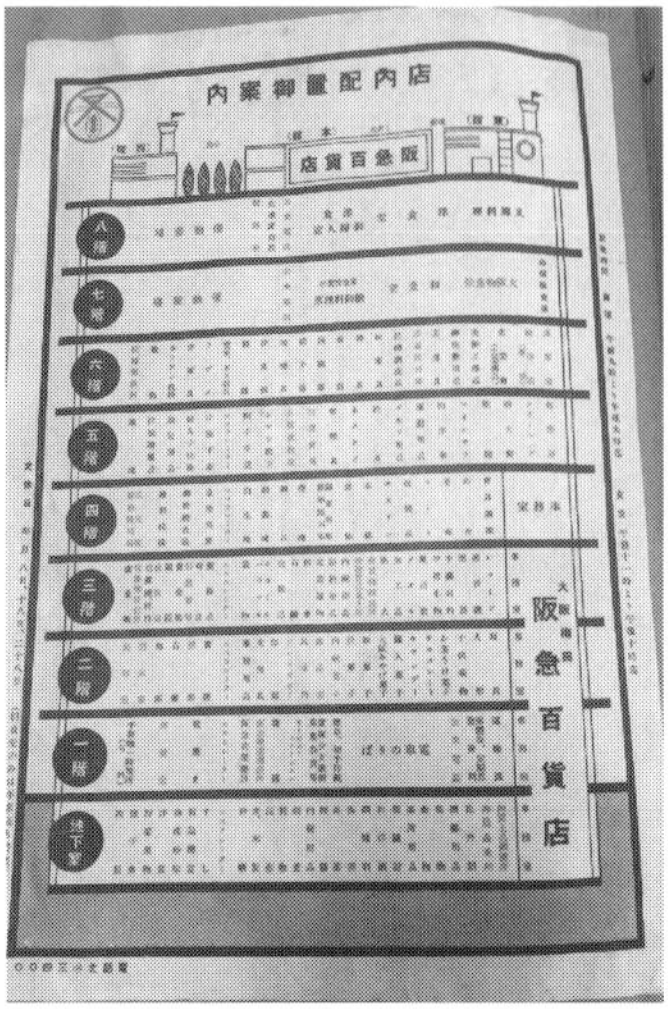

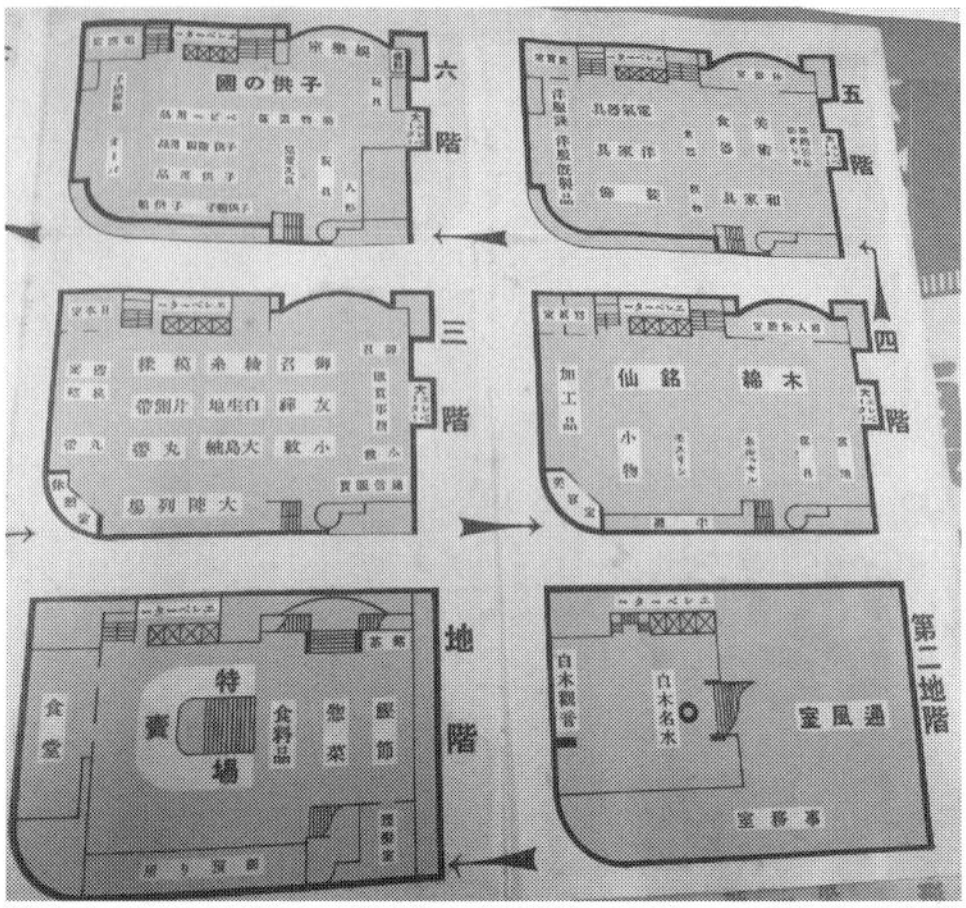

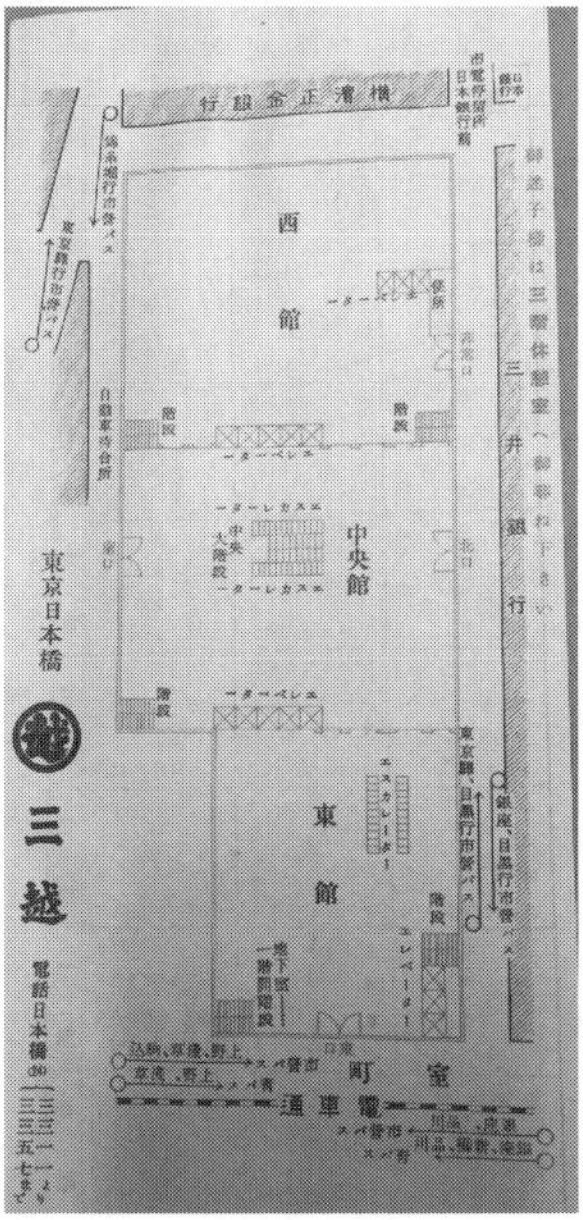

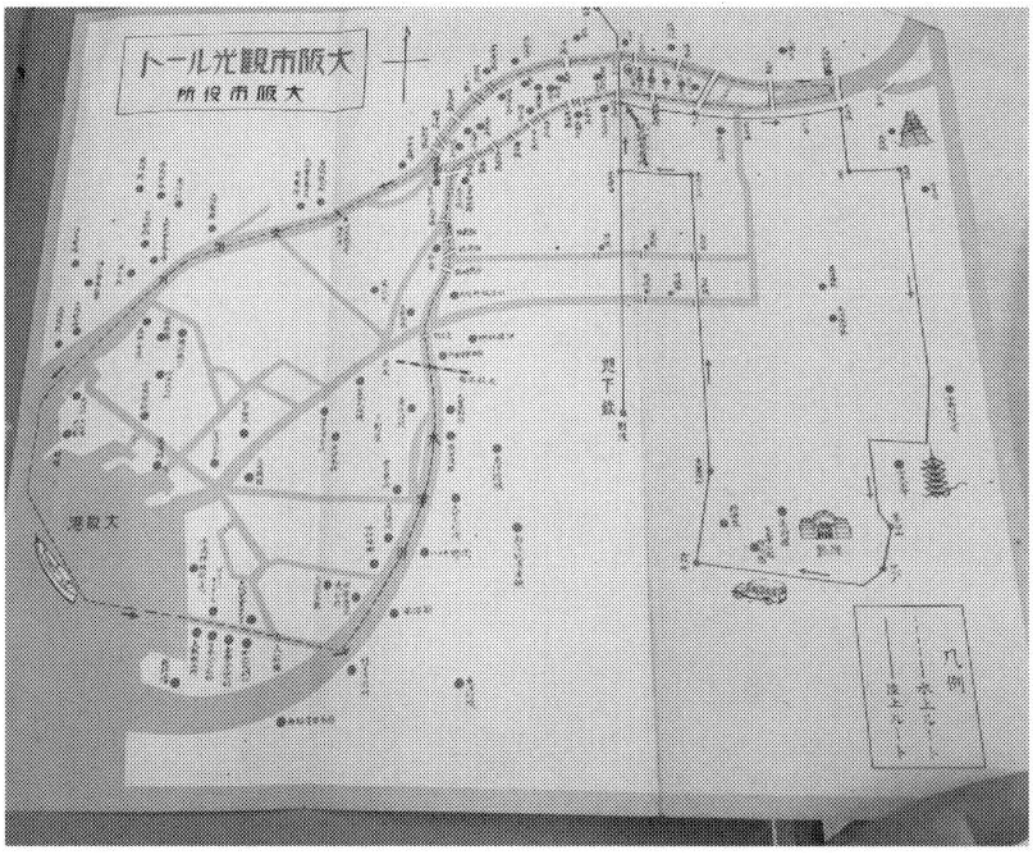

スクラップされた図案広告
（萬年社コレクションより）

られるということも言えるのではないだろうか。ビラやチラシは、代理店経営という面から見れば「補助的」なものであった。しかし媒体広告を作る人たちが、その「補助的」な広告を参照していたのだとすれば、そこからこれまでに見えなかったビラやチラシの社会的な意味を見出すことができるだろう。

おわりに

百貨店の広告はほんの一例である。しかし、萬年社コレクションにおける「大型古資料」の一番の魅力は、先に述べた制作者の関心の跡をうかがえるような「連続性」をもって、当時の資料が眺められる点にある。ここには、断片的にそれらを眺めるだけでは想像もできないようなヒントが隠されている。それは、すぐに捨てられ、無くなってしまうようなチラシ広告が当時持っていたさまざまな意味合いを、現代のわたしたちが知ることができる大きな手がかりとしての、コレクションが持つ可能性の一つが示されているということでもある。

（1）研究助成の名称については本書「はじめに」付記を参照。
（2）ビラ・チラシの一部を本書の装丁に使用している。
（3）津金澤聰廣・山本武利ほか『近代日本の新聞広告と経営――朝日新聞を中心に』（朝日新聞社、一九七九年）などを参照のこと。
（4）古田昭「図案係の仕事に就いて」『執務講習会記録図案文案』昭和二年四月二三日於執務講習会、『萬年社コレクション調査研究プロジェクト　旧萬年社・社史資料集』二〇一五年、一一五頁。
（5）橋爪節也『モダン心斎橋コレクション――メトロポリスの時代と記憶』（国書刊行会、二〇〇五年）には、大丸やそごうの店内案内図や百貨店のチラシが掲載されている。
（6）この点については、竹内幸絵『近代広告の誕生――ポスターがニューメディアだった頃』（青土社、二〇一一年）の第四章「文字は広告の主役だ――広告という媒体へのめざめと「文字」」に詳しい。

第三章　萬年社における連合広告
——歴史・意匠・企画を中心に

熊倉一紗

はじめに

「連合広告」というと、多くの人にとって聞きなれない言葉かもしれない。しかしながら、昔も今も新聞や雑誌において盛んに行われている広告形態であり、私たちは日常それをよく目にしている。例えば、一頁あるいは二頁全面をいくつか分割し複数の企業がまとまって広告を出すことがある。連合広告とは、「新聞社（出版社）・広告会社が一つのテーマのもとに広告特集紙（誌）面を企画し、関連企業の参加を募集する形の広告」のことである。(1)

広告代理店・萬年社が集めてきた膨大な資料のなかに、新聞に掲載された連合広告のスクラップが多数存在する。本章では、一九二〇年代から三〇年代後半の萬年社取り扱いが明らかな資料に焦点をあわせ、当時の連合広告の実態を明らかにしたい。具体的にいえば、連合広告はいつごろ始まったのか、その種類にどのようなものがあり、営業はどのようになされたのか、そして紙面の意匠や企画においてどのような工夫がなされていたのかを明らかにしていく。一九二〇年代から三〇年代後半に限定するのは、ちょうどこの時期に『大阪朝日新聞』や『大阪毎日新聞』といった大手新聞社の発行部数が伸び、それに伴い広告収入が増加して様々な連合広告が盛んに行われていたからである。つまり、この時期は、新聞広告全体における成長期、さらに最も活況を呈した戦前のピーク期を映し出しており、萬年社コレクションは連合という広告形態の特性を探るのに最適だと思われるのである。戦前における連合広告については、新聞史や広告代理店の社史などにおいて言及されている以外[2]、その実態に関する研究はほとんどなされていない。

そこで、本章では、萬年社取り扱いの連合広告を中心に、その歴史や種類、営業実態、意匠について包括的に明らかにしていく。まず第一節では、初期連合広告の様相や分類、および連合広告の営業や取引について明らかにする。第二節では、連合広告のなかでも意匠に関連する三タイプの懸賞広告に注目し、紙面の構成を辿っていく。そうすることによって、萬年社における懸賞連合広告の創意工夫の様相について述べる。続く第三節では、新聞社の企画事業と密接に関連した連合広告について考察していく。

1　連合広告について

(1) 歴史

まず、最初期の連合広告についてみていきたい。新聞における連合広告の源流として引札《ひきふだ》の存在がある[3]。吉田曠二によれば、明治一〇年代と思われる大阪廣名社が発行した引札に、六社の売薬の連合広告が掲載されているという。新聞による連合広告が誕生した背景に、引札のアイディアがあったことを示唆している[4]。

新聞紙上における最初期の連合広告は、明治二六年（一八九三）一〇月二九日付『東京朝日新聞』における呉服売り出し広告である。白木屋呉服店や松屋呉服店など一〇を超える呉服店がまとまって、一一月からの冬物売り出しを告げる広告を掲載している。広告代理店による扱いかどうか不明ではあるが、連合広告の最初期の一つと考えられる[5]。

広告代理店取り扱いによる連合広告で早いものは、明治三三年（一九〇〇）一〇月の『大阪朝日新聞』に掲載された「営業案内連合広告」である。[6] 大阪の広告代理店・金水堂が一手で取り扱った。さらに連合広告に図柄が挿入されたものは、翌明治三四年一〇月一一日付『大阪朝日新聞』にみられる。三星社扱いの「煙草問屋特約品案内」がそれである。二七の商店がいろは順に並べられ、紙面下の約三・五段にわたり掲載されている。そのいくつかの商店において煙草の箱をイラスト化したものが見受けられる。同年一一月二〇日付の『大阪朝日新聞』において、萬年社による最初期の一頁全面にわたる連合広告が掲載された〔図1〕。二一の商店が正方形の枠内におさめられている。図柄をみれば、レースを広げた女性や商品そのものなどが具体的に描かれている。とはいえ、この時点での女性像は浮世絵の美人画に影響を受けたもので、商店は異なっていても表情は類似している。背景を黒塗りにして商品の図像を目立たせようとするなどの工夫はあるものの、女性像については違いを出そうという意識は見られない。ほかにも同日の『大阪朝日新聞』に三星社扱いの連合広告、一一月二二日には同じく三星社によるもの、翌二三日には金水堂による連合広告が掲載されている。

図1　『大阪朝日新聞』（明治34年11月20日付）

　明治三三年（一九〇〇）から大正六年（一九一七）の『大阪朝日新聞』による連合広告の年間段数および分類（朝日新聞大阪本社広告局調べ）をみると、[7] 明治四〇年にその種類および段数が急増していることがわかる。この時期は、ちょうど日露戦争が終わって間もない時期であり、戦況を知ろうと新聞の購読者が激増、発行部数は大幅に伸びたといわれる。

新聞社間の販売競争は激しさを増し、夕刊紙の発行、地方版の開始、ページ数の増大、色刷りや号外・付録のサービス、各種の人気投票や博覧会などの事業といった企画が実施されて、新聞の企業化が確立された時期であった(8)。こうした戦争による部数の伸びが、新聞広告の媒体としての価値を高め、連合広告が増加する要因となったといわれている(9)。

内容においては、第一次世界大戦期（一九一四〜一八年）になると、新聞社の事業と密接に連携しはじめる。例えば、大正五年（一九一六）に大阪朝日新聞社の社屋が新築落成した際に、一一月二〇日から一二月はじめにかけて「祝新築落成」の全頁広告が連日掲載、二八頁にも達したという(10)。他にも大小の祝賀広告が数多く掲載されていたようだ。

（2）連合広告の種類

連合広告と一口にいってもそこに含まれるものは多種多様である。そこで、萬年社取り扱いの連合広告を中心に分類を試み、その種類と特徴を明らかにしていきたい。

はじめに、連合広告を大別すると①祝賀・記念、②懸賞、③企画、④業界、⑤時局、⑥その他と、およそ六つに分類できる。

まず、最も多く見られるのが①「祝賀・記念」に関する連合広告である。なかでも多いのは、正月という特別な時期を利用したもので、紙面上部に「賀正」や「謹賀新年」と書かれ、枠の背後や上下のスペースに正月にふさわしい図柄——松竹梅や波に旭日、干支の動物など——が描かれている。その他は、皇族に関するものがある。皇太子（のちの昭和天皇）が結婚した際には「奉祝御成婚」、来阪の際は「行啓記念」、即位の礼が行われた昭和三年（一九二八）一一月六日には「御大典記念」といったテーマの連合広告が出された。新聞社に関連するものとしては、先述したように社屋新築をテーマにしたもの、あるいは『大阪朝日新聞』や『大阪毎日新聞』が一五、〇〇〇号に達したことや『大阪朝日新聞』の創刊五〇周年を祝うような連合広告が含まれる。その他にも「祝〇〇」というものは数多くある。特に興味深いのは、外地の新聞社と萬年社との取引が認められるものである。これについては本書所収の土屋論考（一四二頁〜）に詳しいが、大正一二年（一九二三）四月九日の『釜山日報』（土屋論考の図10参照）には「関税撤廃紀念」というテーマの連合広告が看取され、同一四年六月二〇日の『台湾日日新報』には「祝始政三〇年」とあり、昭和七年（一九三二）四月一六日の『満洲日報』には「祝満洲国独立」というテーマによる連合広告が見られる。

次に、②「懸賞」に関する連合広告である。細かく分類すると図案・意匠に関係するもの[11]、毎日新聞社主催の「全国選抜中等学校野球大会」および朝日新聞社主催の「全国中等学校優勝野球大会」の優勝校を当てるもの、ゲーム性に富むものの三つに分けられる。図案・意匠に関係する連合広告の数は多く、さらに三つに細かく分類できる。これについては次節で詳しく述べることにしたい。優勝校を当てる懸賞連合広告には、例えば、昭和五年（一九三〇）八月一五日の『豊洲新報』のようなものがある〔図2〕。各商店の枠内に出場校の名前が書き込まれ、応募者は優勝すると思われる学校名、その学校名と同じ枠内にある商店名や商品名、掲載紙の名前を書いて萬年社本社に送るというものだった。野球大会の連合広告は人気を博し、この年の萬年社取り扱いによる野球連合広告の応募総数は四五、〇〇〇点ほどにのぼるという[12]。萬年社以外の代理店による野球連合広告も多かった。ゲーム性に富むものとは、ジグソーパズルや迷路、五目ならべといったものが含まれる〔図3〕。

③「企画」とは、本論では特に新聞社の事業に関連する連合広告を指している。これについては第三節にて詳述するが、例えば、大正一二年（一九二三）一月の「空中宣伝デー」、同一四年の大阪朝日新聞社による事業「訪欧大飛行」、昭和一二年（一九三七）のやはり大阪朝日新聞社による「亜欧連絡大飛行」などに連動したものが挙

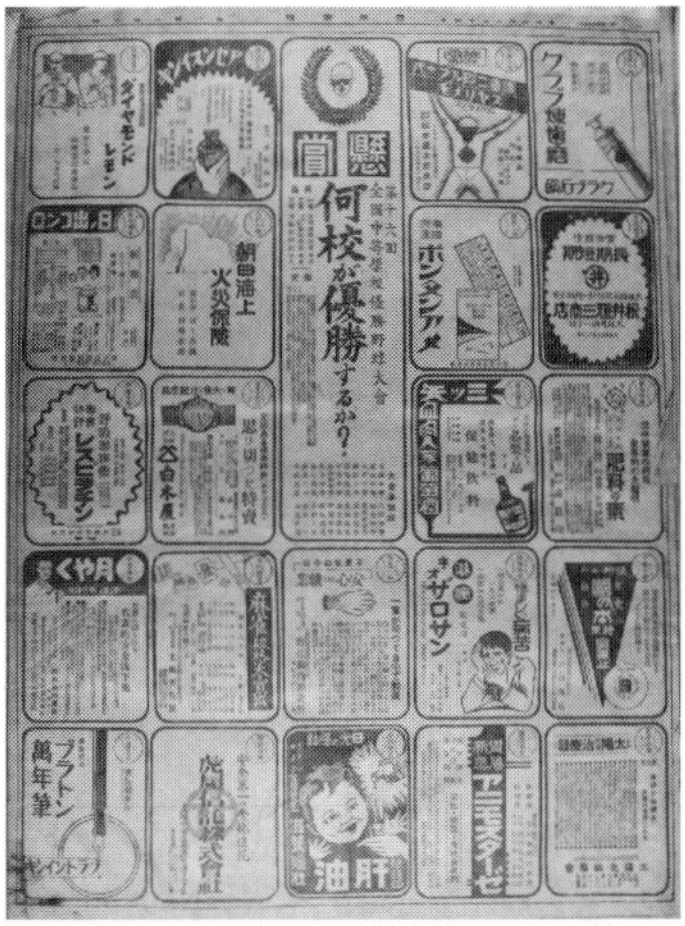

図2　『豊洲新報』（昭和5年8月15日付）

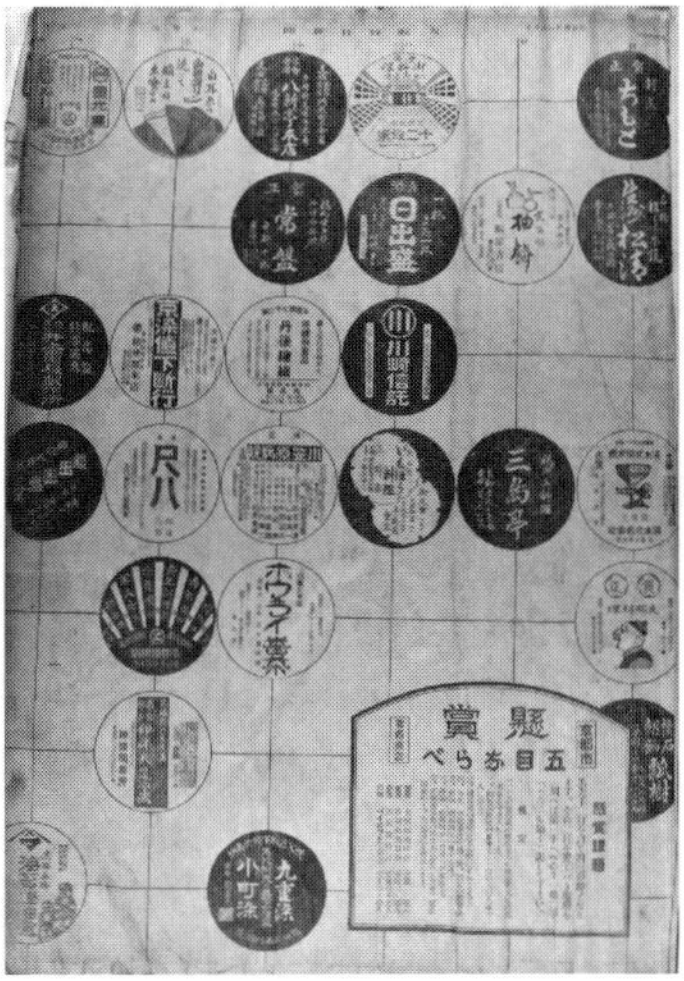

図3　『大阪朝日新聞』（昭和4年1月3日付）

げられる。またこの「企画」連合広告については、懸賞広告ではないものの野球大会に関連するものも含む。

④「業界」は、織物問屋や大学の学生募集など、同じ業界のものでまとめられた連合広告である。例えば、大正一〇年（一九二一）四月二日の『山陽新報』では、紙面上部に「織物問屋」とあり、大阪市内における一二の織物問屋の連合広告となっている。他には、ある一つのテーマで多様な業界の広告をまとめたものも含まれる。**図4**は、大正一二年九月一八日付の『上州新報』である。「関西優良商品案内」というテーマによる羅紗やモスリン友仙といった大阪の繊維業を中心とした九社の連合広告となっている。紙面上部には「関東曠古の天災に対しては極力挙国一致の救済を要すること節なり／関東の生産力絶滅に基く地方必需品の欠乏を補うも亦刻下の必要也」とある。つまり、同年九月一日に発生した関東大震災によって商品の生産・流通の機能がストップせざるをえなかった関東地方において、その地域の新聞社にいち早く大阪の商品をアピールする広告を出したわけである。萬年社コレクションのスクラップ資料をみると、同一フォーマットのものが多数見受けられる。大正一二年

関西優良商品案内
羅紗
首巻・肩掛
ツバメ歯ブラシ
帽子
羅紗製品奉仕的廉売
前田清太郎商店
電球買ふなら
ハオーランプ
冬物荷揃
兎メリケン針
サンエス針
秋向
モスリン友仙
縞モスリン

図4　『上州新報』（大正12年9月18日付）

（一九二三）九月二二日付『北門日報』、九月二五日付『上州新報』、九月二六日付『函館毎日新聞』、九月二七日付『日刊山形』、九月二八日付『山形新聞』、九月三〇日付『河北新報』、一〇月一日付『山形新聞』『小樽新聞』『富山日報』、一〇月三日付『岩手毎日新聞』といった具合である。翌日一〇月四日付の『秋田魁新報』からは「関西信用商店案内」と文言が変化するも、そのフォーマットは先ほどの「関西優良商品案内」と同じである。これも少なくない数があり、例えば一〇月六日付『函館毎日新聞』、一〇月七日付『上毛新聞』、『函館日日新聞』、一〇月八日付『河北新報』、『名古屋新聞』、一〇月一六日付『静岡新報』などがある。生活必需品の生産や流通が滞らざるをえなかった東日本地域の状況に萬年社が素早く反応し、スピードを高め費用を節約するために同じ版を流用して関東や東北、北海道における複数の地方新聞に連合広告を出稿した様子が見て取れる。

他に、一九三六年のベルリン・オリンピックや西日本自転車チームレースといったような⑤「時局」に応じたもの、新婚旅行といったなんらかのテーマを設定した⑥「その他」の連合広告がある。もっとも、これら六つの分類は明確に分けられるものではなく、例えば①「祝賀」と②「懸賞」が入り混じったものも存在する。

（3）連合広告の営業・取引

では、連合広告への広告主集めの際、営業はどのように行われていたのだろうか。広告代理店および新聞社広告部の外交係――萬年社では外務員と呼称――の仕事は二つに分かれる。一方は、すでに取引関係が成立している広告主を担当するもの、もう一方は、取引がない広告主の新規開拓を担当するものである。特に、後者は「硬派」と呼ばれていた。新聞社における広告部では、一定の企画をたててお得意以外の広告主を説得し、企画に賛同させて一頁ないし二頁の連合広告にまとめる仕事を担当していたのが連合係だった(13)。新聞社や広告代理店の外交係が相手をする広告主のなかには広告に無関心な者も多く、こうした広告主を納得させるため、独自の企画立案と熱心な営業活動が必要だった(14)。朝日新聞東京本社広告部長であった新田宇一郎は「新聞社の広告部が、外交係の一部に連合広告を専門とする係員を設置して、その募集に努力したものであるのみならず、新聞広告に経験のない新しい広告主を対象として立案せられることが多く、是等の広告主がこれによって新しく広告主として普段広告を利用するように育成せられる場合が多い」と述べている(15)。

普段から取引関係がない広告主を新規開拓して連合広告に出稿してもらうのはなかなか困難な仕事であった。大阪朝日新聞社広告部に所属していた木村巳之吉は、大正一三年入社当時に担当した育児をテーマとする連合広告の営業の様子を回想して次のように述べる。

「伸びていく育児」やったろう思うてね。さあごたごた計画たててもって行っても、一件、二百二十円ほどの広告ですからなかなかはいってくれない。

――ページいくつ割りくらいですか。（インタビュアーの発言）

だいたい十二割りくらいです。そして一つの大きなサブジェクトをつけてね、それにふさわしいものを集めてくるわけです。なかなか集まらん。しまいには大阪の心斎橋、かたっぱしから個別にあたるんです。のってきません。うちは広告いりまへんってなもんや。そしてついに丸善に飛びこんで「育児の本はありませんか」といって買ってきて大阪辺で出した著書をみまして、それでいってみた。すると出してくれよった。ところがおもしろいもんで一つでけたらほかもできだして、とにかく一か月たってやっと十二はね、まとまった。[16]

このように、連合広告のスポンサー集めは苦労が多かったようであるが、そうまでして連合広告を出すにはいくつか理由があった。その一つが広告量減少への保険とするためである。先ほどの新田によれば、連合広告とは「広告料率の改訂によって広告の量が減少を予定せられる時や、定期的に広告申込量の減少する夏や冬に於ける安全弁として、新聞広告部が、極めて重要視する広告拡張の手段である」としている。[17] また、味の素や中山太陽堂の広告部を経て、昭和五年（一九三〇）に大阪毎日新聞社東京支店広告部に入社した飯守勘一は、その多くが広告の不況時期において、月極広告の募集難に対する一種の対策的手段であるとする。[18] こうした新聞社や代理店の都合、慣例的性格があったことにより広告効果が期待できないといった認識もあった。[19] 広告主がしぶしぶ「義理」で出すということもあったようだ。[20]

とはいえ、連合広告の役割・意義はそれだけではない。飯守は先の引用に続いて次のように述べる。

従来の比較的無意義な形式的な連合広告から進んで、創作的意義を有する連合広告が、増加して来た観があるのである。

即ち多くの広告主は、連合広告に対しては、従来甚だ乗気が薄かったものであるが、今日ではその斬新な趣向、効果的に創作された連合広告等に対しては、寧ろ広告主の方から、進んで参加すると云った傾向が少なくないのである。
斯ようにして、連合広告がたゞ漫然と、一頁を作り上げんが為めの手段でなしに、その全体の意匠趣向に於て、商品等の組合、配置等に於て、最も合理的に取扱われ、加えるにその組合された各々の小広告が、一頁の大広告として統一された力が、その個々のものに働きかけると云うことになって、始めて連合広告としての意義があるのである。(21)

つまり、趣向を凝らし、意匠＝デザインや合理的配置次第によって効果的な広告になるというわけである。確かに、新聞社としては原稿が不足した際の対応策、代理店にとっては利益をあげるための手段としての意味合いが大きかったかもしれない。しかしながら、すべての広告主が「おつきあい」で出稿していたわけでもないだろう。読者を広告に惹きつける工夫や広告主にとってのメリットが見込まれたからこそ、広告主は連合広告に出稿していたと考えられる。新聞紙面上には常に少なくない割合で連合広告が掲載されていたことからもうかがえる。(22)

さて、具体的に萬年社では、連合広告をめぐって広告主とどのようなやり取りをしていたのか。学生募集の連合広告を例にみてみたい。

同志社大学には学生募集の広告出稿のために、萬年社京都支店との間でやりとりされた資料が残されている。これについては本書樋口コラム（二四六頁〜）が詳しく述べているが、例えば、**図5**は、昭和七年（一九三二）における連合広告の申込書である。「私学の権威」という見出しタイトルの見本が冒頭にあり、続いて掲載希望の新聞や大きさを広告主が指定するための欄がある。大きさが「イロハニホヘ」とカタカナで書かれている（その見本については樋口コラム図1、二四八頁参照）。**図6**は昭和六年（一九三一）一二月八日の見積書だが、行数の欄をみると、「一五×二」のうえに「別紙ハ」と書かれている。これは「イロハ」と付された別紙見本を示している

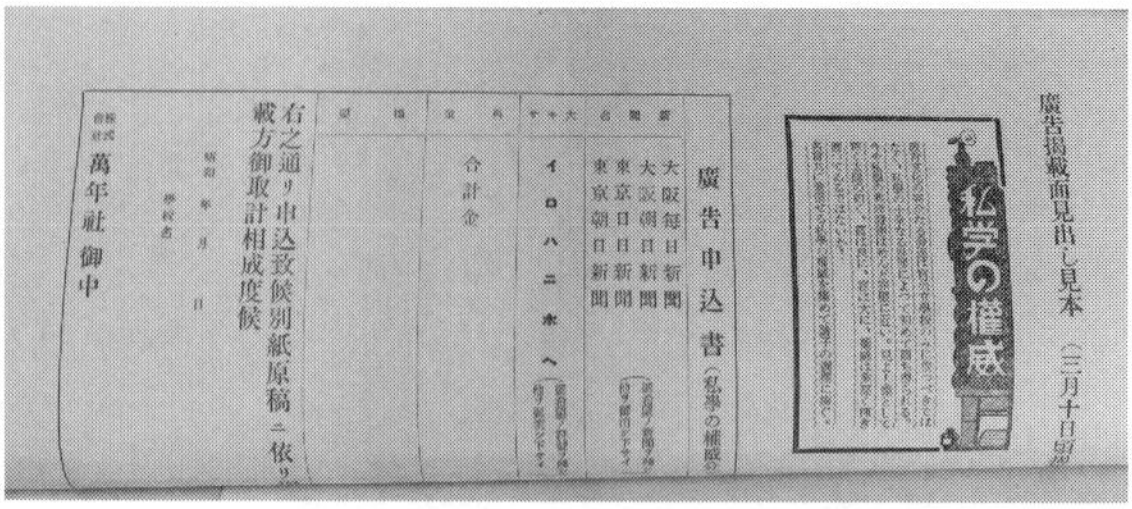

図５　『広告掲載書類綴昭和七年度』（同志社社史資料センター所蔵）

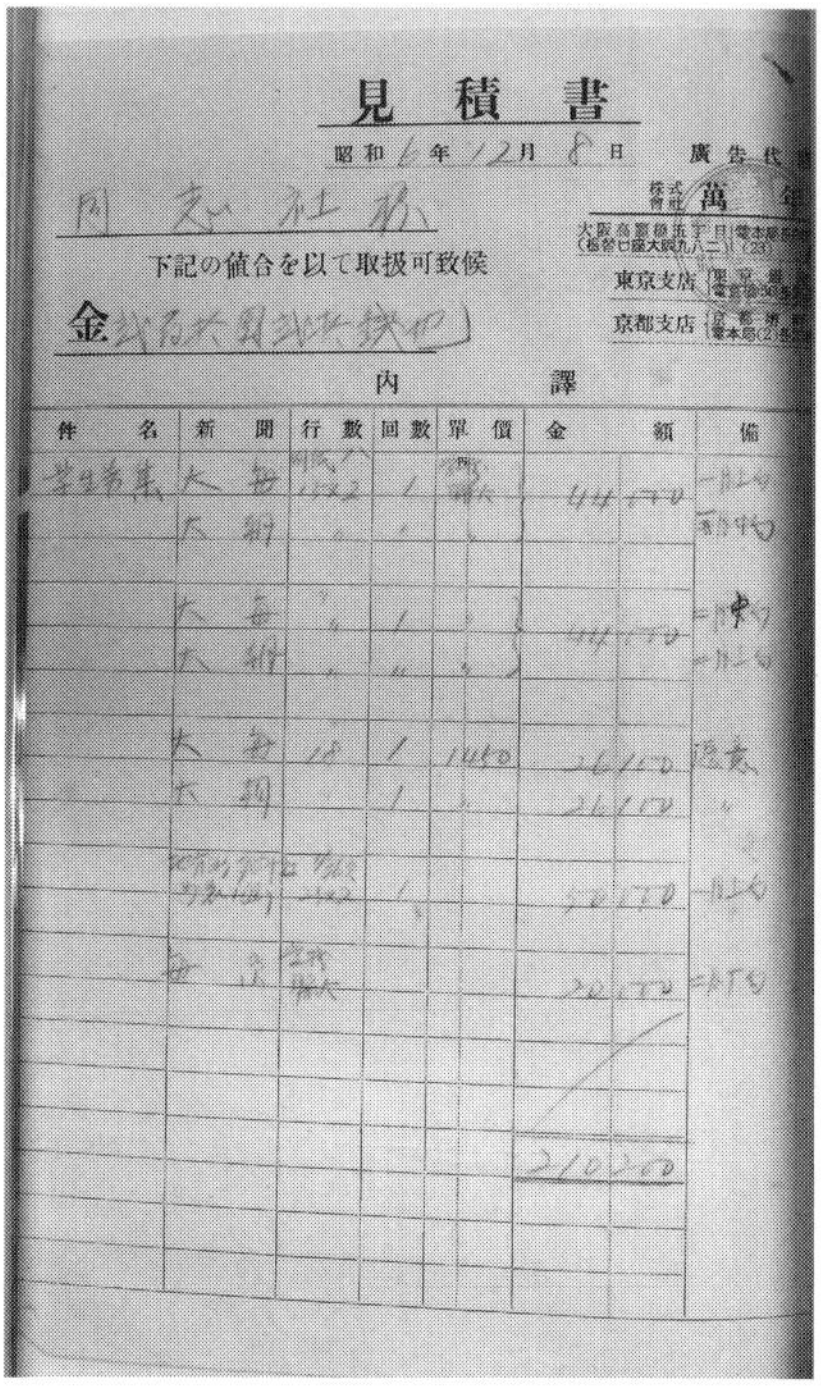

図６　昭和６年12月８日付萬年社見積書
（同志社社史資料センター所蔵）

と思われる。昭和七年一二月二一日の見積書では、上から三行目の「大毎」（大阪毎日新聞）「大朝」（大阪朝日新聞）に「私学ノ権威（イ）」とのみ書かれる。例として昭和七年三月一二日付の『大阪朝日新聞』をみれば〔図7〕、先にみた「私学の権威」の見出しがあり、一段目左から七校目に置かれた同志社の広告のサイズは見本の（イ）のように行数が少ない。これは見積書の前年にあたるものだが、昭和八年度も同様であったと考えられる。

こうした見本の存在は、広告代理店にとってサービスの一つであったと考えられる。本論にみる萬年社取り扱いが明確な新聞スクラップ自体、見本としての役割を果たしていた。助役の古谷昭が、昭和二年（一九二七）四月二三日に行った「図案係の仕事に就いて」と題する講演のなかで「当社でも近頃一頁の連合は当社扱と他社扱の二種の貼込み帳が出来て居りますが、之れなども非常によい参考でありまして勧誘上にも大に便利な事と信じます」と述べている。[23] つまり、スクラップが多数残存しているのは、新規顧客ないしお得意の広告主などに見せて勧誘の際に役立てようとしていたからである。このように外交係は工夫を重ねて営業活動にいそしんでいた。

2　図案懸賞広告の様相

(1)　意匠奨励広告

では、新聞紙面のデザインや企画においては、どのような工夫がなされていたのであろうか。本節では萬年社が取り扱った意匠に関連する懸賞連合広告についてみていきたい。

この種の連合広告は三つに分類できる。まず一つは意匠を促進するもの、二つ目は優れた図案を募集するもの、三つ目は隠され

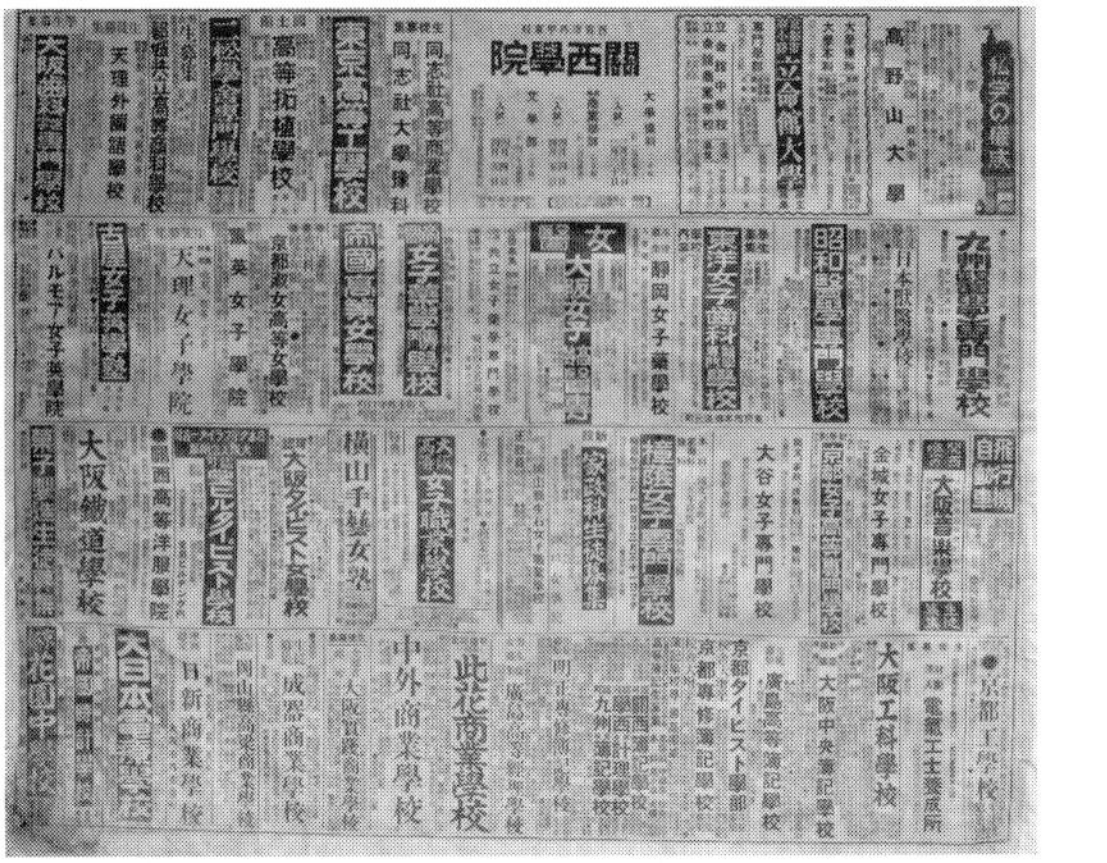

図7　『大阪朝日新聞』（昭和7年3月12日付）

た商店名や商品名を当てるものである。

まずは意匠促進タイプをみてみよう。その端緒は明治三七年（一九〇四）にさかのぼる。図柄を取り入れた連合広告は明治三四年の『大阪朝日新聞』に複数見られることは前節で指摘したとおりである。それらには商品を描いたり、様々な図形の枠内に店舗名を書き入れるなど工夫されていたが、素朴な描写にとどまっていた。記事中《なか》の意匠広告を促進するねらいで初めて行われたのが、明治三七年の『大阪朝日新聞』による「意匠奨励広告」である。[24] 日曜付録二頁の記事のなかに、一二の意匠図案を差し込んでランダムに掲出し、斬新巧妙な意匠を競わせるものだった。一つのサイズは縦約八センチ、横約九センチと比較的大きく、広告料は一つ一五円。明治三七

年一月三日に第一回が開始され、審査には大阪朝日新聞社長・村山龍平自らがあたった。三か月を区切りとして「面白き趣向を凝して人目を惹きたる最優等の広告主」に対し、金看板と金時計を贈った。第一回当選者は九重孺子・日乃出煙草である〔図8〕。この「意匠奨励広告」の広告主募集などを一手に取り扱っていたのが萬年社だった。新聞広告デザインの技術向上に好影響をもたらしただけでなく、萬年社の業態の進歩を促した[25]。まず明治三七年二月二〇日、「意匠奨励広告」一手取扱いをきっかけに、社内に初めて「意匠部」が設置され、同年四月一日、図案家である太田新四郎が入社する。意匠部では、新聞雑誌の広告、屋内外掲示看板、書籍雑誌の表紙や口絵、カット、絵葉書、ビラ、レッテル等の意匠図案を低料金にて引き受け、萬年社取り扱いの新聞雑誌の広告用であれば無料で制作した[26]。

「意匠奨励広告」は連合広告ではなかったが、その後の意匠を競わせる懸賞連合広告の起源となった。明治四二年(一九〇九)七月からは意匠広告の懸賞投票を開始。新聞一頁に一定の形で広告二〇数個を掲げ、その中のどれが良いかを投票によって選定し、その投票数の多少によって入賞の等級を定めた[27]。大正二年(一九一三)頃には萬年社東京支店における地方新聞社二〇社に対する懸賞募集が開始される。こうした萬年社の試みは、センセーションを喚起し、全国諸紙ならびに一般広告主から多大の協賛を得て話題を呼んだ。最も優れた意匠を読者が選ぶ懸賞連合広告は、その後二〇年代から三〇年代にかけて頻出する〔図9〕。

さて、この時期大正二年に、意匠部の機能を拡大した部署「顧問部」が設置される[28]。つづいて大正九年(一九二〇)一〇月には「考案部」が設置されるにいたる。この「考案部」の仕事とは、意匠図案および文案の作成、外国文書の翻訳、広告設計や広告に関する調査研究、図書・雑誌の発行、図書・参考品の陳列と保管など多岐にわたっていた。

このように、一九〇〇年代初頭における萬年社の動きをみると、萬年社が他社にさきがけて広告の意匠・図案に対する重要性をいち早く認識し、新聞広告への取り入れを積極的に行っていたことがわかる。萬年社は、新聞の広告媒体としての価値が高まっていた時期に意匠や様々なアイディアによって広告効果を上げることに意識を向け、研究し、実際にそれを行っていた。図案部から考案部設置の流れに見られるように、研究と実践の両面から広告と向き合っていたことに萬年社の特異性がある。

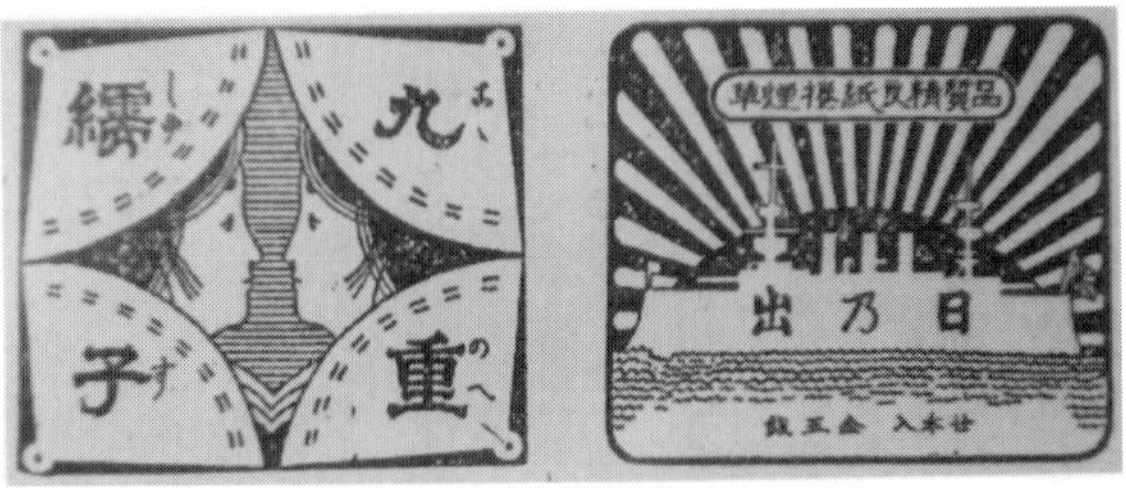

図８　明治37年第１回意匠奨励広告入選作品

図９　『徳島毎日新聞』（昭和４年10月14日付）

（2）図案懸賞募集

さて、次に、萬年社が取り扱っていた、優れた図案を募る懸賞連合広告について詳しくみていきたい。図10は昭和二年（一九二七）四月二一日の『大阪毎日新聞』に掲載された「図案懸賞募集」の連合広告である。応募規定を見てみると「四月二一日より五月五日迄の間に左記新聞掲載の図案募集広告は何れも著名の商店商品のみです。今回広告主の御希望により左の規定で新聞広告図案（黒一色）を募集します。大阪毎日／大阪朝日／山陽新報／福岡日日／高知新聞／松陽新報／新愛知／信濃毎日／河北新報／北国新聞／北海タイムス／京城日報／一各広告にはABC等の符号を付してありまして同符号三個を一組といたします。応募者は必ず其一組三個を取揃えて送付して下さい。但し幾組応募せらるゝも差支ありませぬ。尚広告に要する字句の記入は随意です」とある。他に大きさは自由であること、応募図案は広告主に寄付することが明記されている。審査員は大阪朝日新聞社広告部長今村宗太郎、大阪毎日新聞社広告部長重本長次郎、京都高等工芸学校教授霜鳥正三郎の三名。賞金は一等が一名で二〇〇円、二等は三名で三〇〇円、三等は五名で二五〇円、選外佳作は一五名で一五〇円であった。

広告代理店や新聞社が主催する図案懸賞募集において、図案が広告主に与えられたことに注目したい。連合広告の出稿を各商店に勧誘する際、優れた図案が手に入るから広告を出しください、というわけだ。つまり、こうした図案懸賞募集は、広告主に出稿を促す役割を果たしていたといえよう。この「図案懸賞募集」でユニークなのは、『大阪朝日新聞』の他、一〇社の地方新聞に同一の連合広告が出されている点である〔図11・12〕。広告主は一部重複しているもののそれぞれ異なる。他の連合広告でもあったように、同じフォーマットを使用することによって紙面制作の節約を図り、多くの広告主の出稿を促したものと考えられる。広告主にとっては優れた図案を入手でき、代理店や新聞社にとっては広告主を確保できるという、双方にとってメリットがあるものだった。

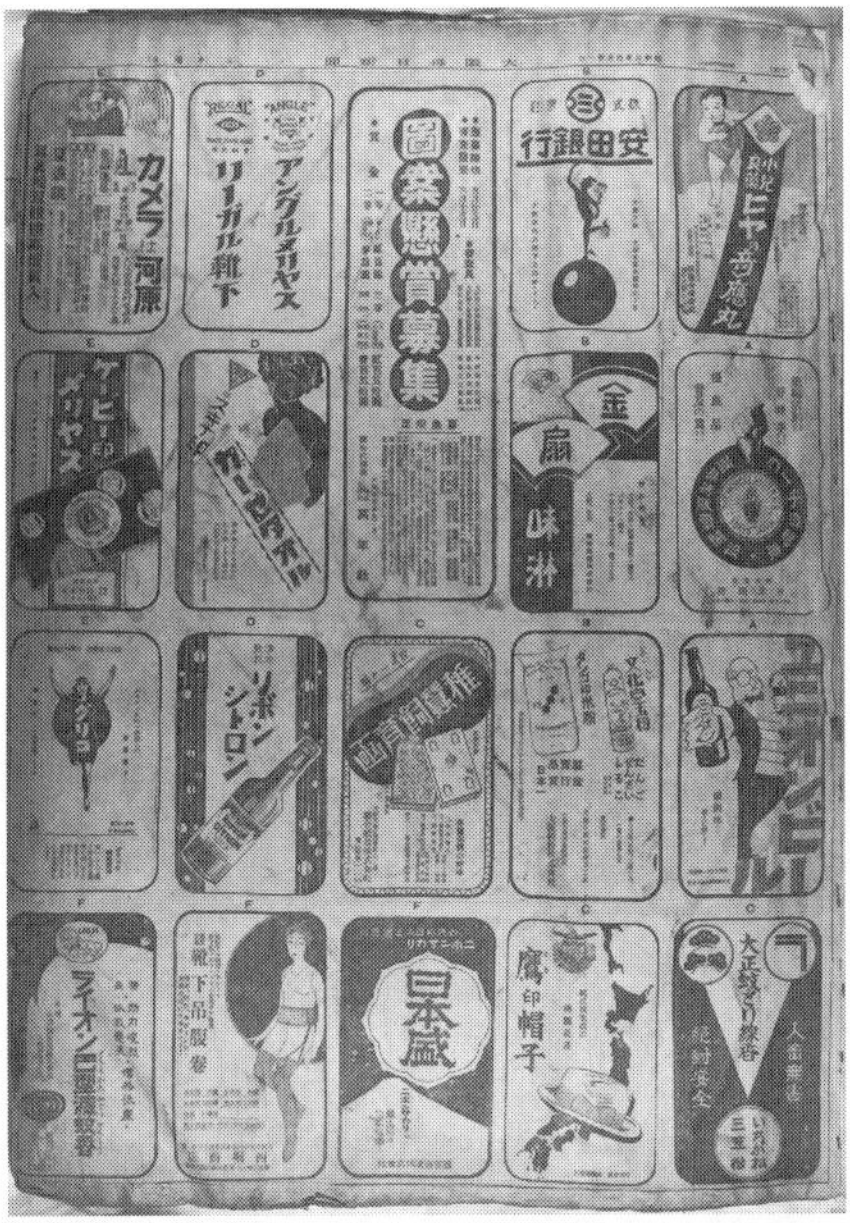

図10　『大阪毎日新聞』（昭和２年４月21日付）

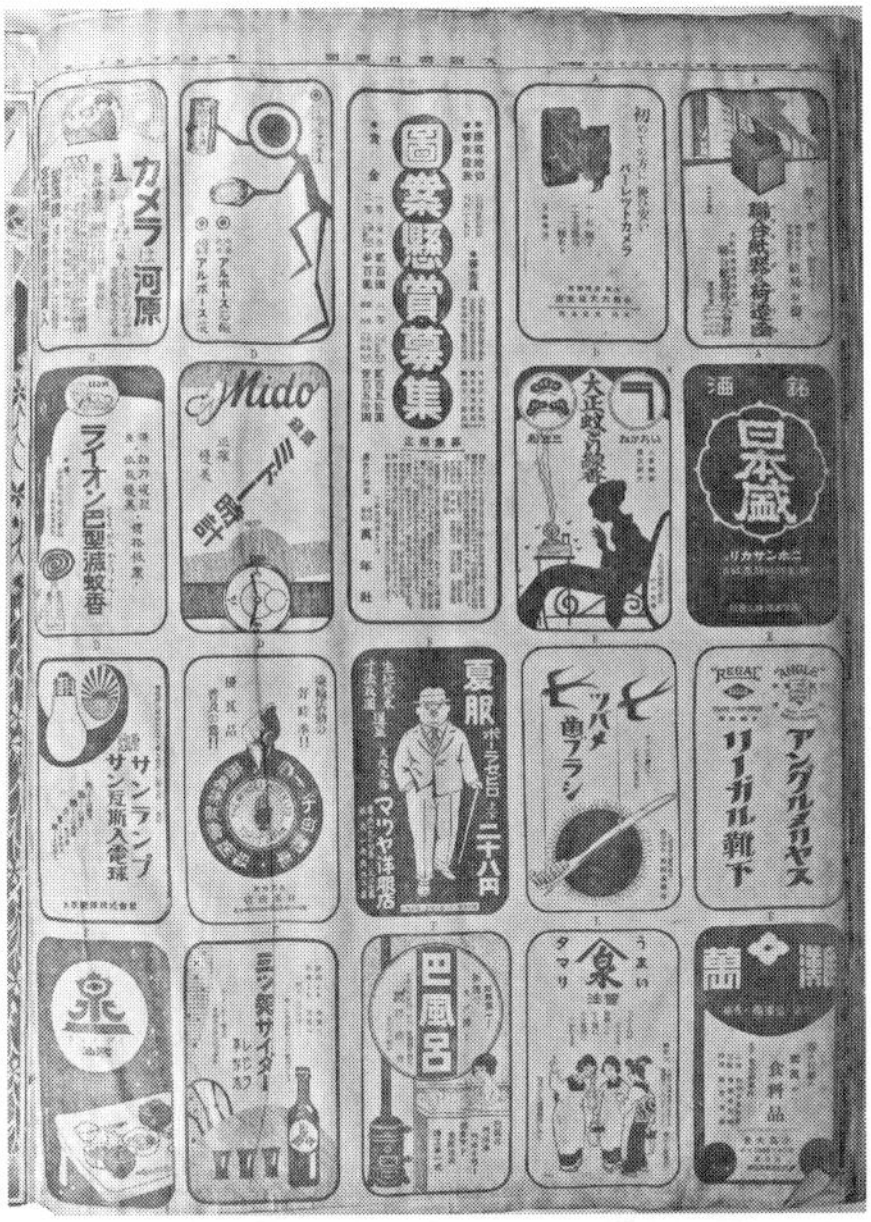

図11　『大阪朝日新聞』（昭和２年４月22日付）

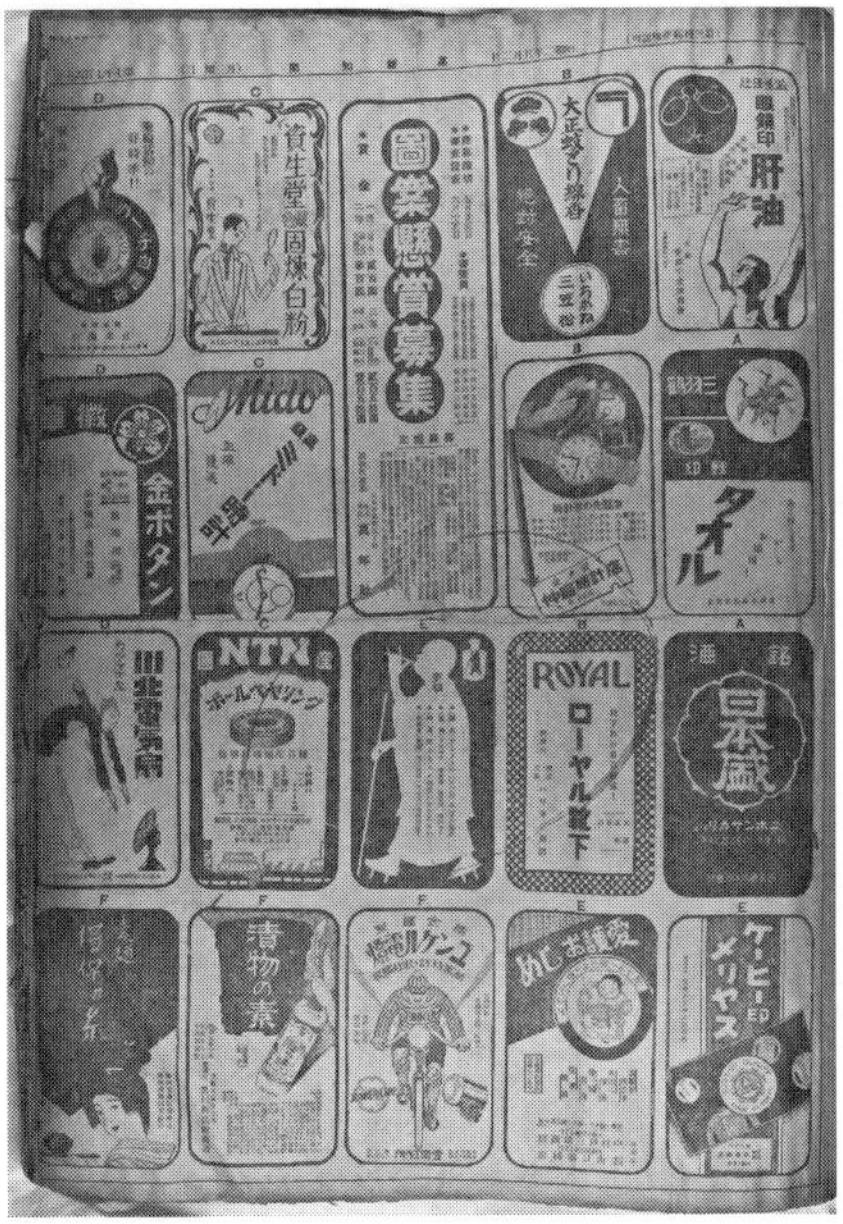

図12　『高知新聞』（昭和２年５月２日付）

図13　大正15年掲載紙不明の懸賞連合広告

（3）商店名・商品名を当てる懸賞広告

隠された商店名や商品名を当てる懸賞募集広告とは、例えば、萬年社大阪本社取り扱いの前掲図13が挙げられる。発行年月日および掲載紙は不明だが「懸賞」とあり、下に一五の商標や図柄が描かれている。ただし、商店名などは書かれてない。「商標の実際化」に続けて次のようにある。「良い商品を購うためには、先ずその商標を確実に知って置かねばなりません。即ち、商標の正確な記憶が、現代生活上至要な経済的要件の一たる所以であります」。「懸賞方法」として、「ここに掲げた商標は孰《いづ》れも有名なもののみですから、平常広告なり実物なりで、其の商品名又は店名を充分御記憶の事と思います。そこで……一、この十五種の商標に就て一から十五迄各商品名（商品無きものは其店名）を書くこと（中略）二、この広告を見た新聞名と解答者の住所氏名とを必ず明瞭に記載すること」、他に宛先や締切日などが示されている。賞品は一等が三人で金側腕巻時計、二等は五人で金一〇円復興債権、三等が二〇人で金五円復興債権であった。

では、こうした「懸賞広告」の広告主のメリットとは何だったのか。この図13の懸賞広告について、萬年社に残された資料に記載がある。昭和二年三月一〇日の執務講習会にて社員の出口郁郎が「商標宣伝懸賞広告の結果に就いて」という内容の報告をしている。その記録によれば、この懸賞広告は大正一五年（一九二六）一二月はじめに地方有力七〇新聞に掲載されたものであった。出稿した広告主は右上から仁丹、三越呉服店、亀甲萬醤油、アングルメリヤス及びリーガル靴下、ラーヂ自転車、アイデアルカラー、クラブ化粧品、大丸呉服店、金鶴香水、健脳丸、ブルトーゼ、つちや足袋、菊正宗、高島屋呉服店、ライオン歯磨。解答数は、一〇七九六通にのぼった。出口いわく、

此の種懸賞広告の連合は例えば新聞社の新築記念連合だとか何とかの連合などと云う所謂お付合に出す広告

と違って、広告主にとつて極めて有益有意義なものだと思ひます。必ず読者を引き付ける、読者はペンをとつて解答を出さないまでも一家うちそろつて興味を以て、これは何、これは何と云ふ風に記憶を喚起してわからないものがあれば調べて見たりなどして印象を深くするものであります。更に広告主は懸賞の結果から作製された各種の表によつてその広告作戦上の好資料を得ることが出来るのであります。新聞の有力さ、頒布区域などを知ることが出来ます。又自家の商品が何処には余り知られてゐないとか、どんな風に間違つて記憶されてゐるかなどを知ることが出来るのであります。(29)

例えば、仁丹を間違った人は少ないが、三越百貨店については、「越後屋」「三井呉服店」といった古い名前を書いた者、「丸越」「水越」「三越商店」のように誤った名前を記入している者や知らないといった者が四七三人いた、亀甲萬醤油については味の素とまちがえた者、不回答者が一四四四人いるといったように、細かく統計をとっている。すなわち、広告主にとってのメリットとは、読者の興味関心を引き出し、自らの名前を記憶させること、そして広告施策に利用できる各種データを取得できることだった。萬年社は、今日の企業のロゴマーク、さらにはマーケットリサーチの重要性についていちはやく認識し、そして活用していたといえよう。これらを効果的にアピールすることで広告主の出稿を促していたと考えられるのである。

もちろん、こうした意匠に関連する連合広告を扱っていたのは萬年社だけではない。新聞社も直扱いで行っていたし、広告主自らが行う意匠懸賞募集——連合広告ではないが——もあった。しかしながら、萬年社はこうした連合広告を、二〇年代初頭から三〇年代にかけて毎年のように行い、そのバラエティも豊富であった点で独自性を有していた。

3　企画連合広告

大正末期から昭和初期にかけて、新聞社の事業と関連した連合広告が頻出する。なかでも、民間航空事業と連動した企画連合広告は話題を呼んだ。

大正一二年（一九二三）一月二一日、空中から二〇万枚のビラを撒くという試みが行われた。それが、空中宣伝デーである。大阪朝日新聞社が主催したもので、東京と大阪を結ぶ東西定期航空路の開設を機に、飛行機の商業利用を促進するためであった(30)。日本航空輸送研究所の二機が午前一一時一〇分、堺より飛び立ち、大阪朝日新聞社本社のあった中之島をはじめ、心斎橋、堺筋、新世界の上空より黄、赤、緑、白、藍など色とりどりのビラを散布した。そのなかには、大阪府警による交通宣伝ビラや東京、大阪、京都、神戸各市の商工業者による広告ビラが含まれていた。このイベントに大阪市民はたいそう盛り上がり、市内至るところに集まるだけでなく屋根などに登って歓迎したという。なかには、ボートを漕いで長い竿や網で川に落ちたビラを拾い、また電車をわざわざ降りて拾う者もいたようだ。撒かれたビラを必死で拾うのには理由があった。二〇万枚のビラのうち、五千数百枚に景品引換券が混ざっていたからである。引換券を運良く得た者は、広告ビラ掲載の商店が提供した時計や商品と引き換えることができた。

この空中宣伝デーは、第二回が同年一月二五日、さらに翌年一月二四日にも行われている。関連して新聞紙面に連合広告が出稿されているのだが〔図14〕、それをみると萬年社扱いであることが明記されている。この空中宣伝デーというビック・イベントに参加する広告主集めに大きく関与したのが萬年社だった。というのも、第二回の空中宣伝デーにおいて散布されたビラ掲載の商店と連合広告掲載の商店に一致するものがあり〔図15・16〕、イベント当日の『大阪朝日新聞』をみても他社の連合広告はみあたらないからである。おそらく、空中からビラを撒くという日本で最初の大規模なイベントの連合広告は、萬年社一手扱いだったと考えられる。

これ以降、大阪朝日新聞社は本格的に航空事業に取り組みはじめ、その規模も大きくなる。大正一四年（一九二五）正月元旦号で発表された「欧州訪問大飛行」は朝日新聞社あげての大事業であった。これまでに日本から海外に飛行した例はなく、まさに日本初の挑戦だった。ちょうど前年正月、発行部数百万部を突破した朝日新聞社は、こうしたスペクタクル的事業によって、自らの勢力の大きさをより鮮明に印象づけようとしたのである(31)。三月に二機の飛行機名を募集し——初風と東風《こちかぜ》と命名される——、ついで飛行士名を発表するなど、徐々に読者の興奮を高め、七月二六日に出発、九月にはベルリンに到着、以後パリ、ロンドンなど欧州各地を訪問した。

記事で連日報道されたのと連動し、広告面でも「欧州訪問大飛行」と直接結びついた企画連合広告が紙面に掲載される。出発直前の大正一四年（一九二五）七月二一から二三日の三日にわたり「訪欧大飛行の成功を祈りて空中から宝撒き」「天から宝が降る」と題した二頁連合広告が載った（図17）。さきほどの空中宣伝デーと同じように空中からビラを散布するもので、数十万枚のうち約一万枚に景品交換券が混じっていた。この訪欧飛行と関連させた三回連続の二頁連合広告を一手に扱っていたのが萬年社だった。おそらく前々年、前年と試みたビラの空中散布や連合広告が好評を博し、その実績があったために「欧州訪問大飛行」と飛行機でつながる広告イベントを企画したと思われる(32)。

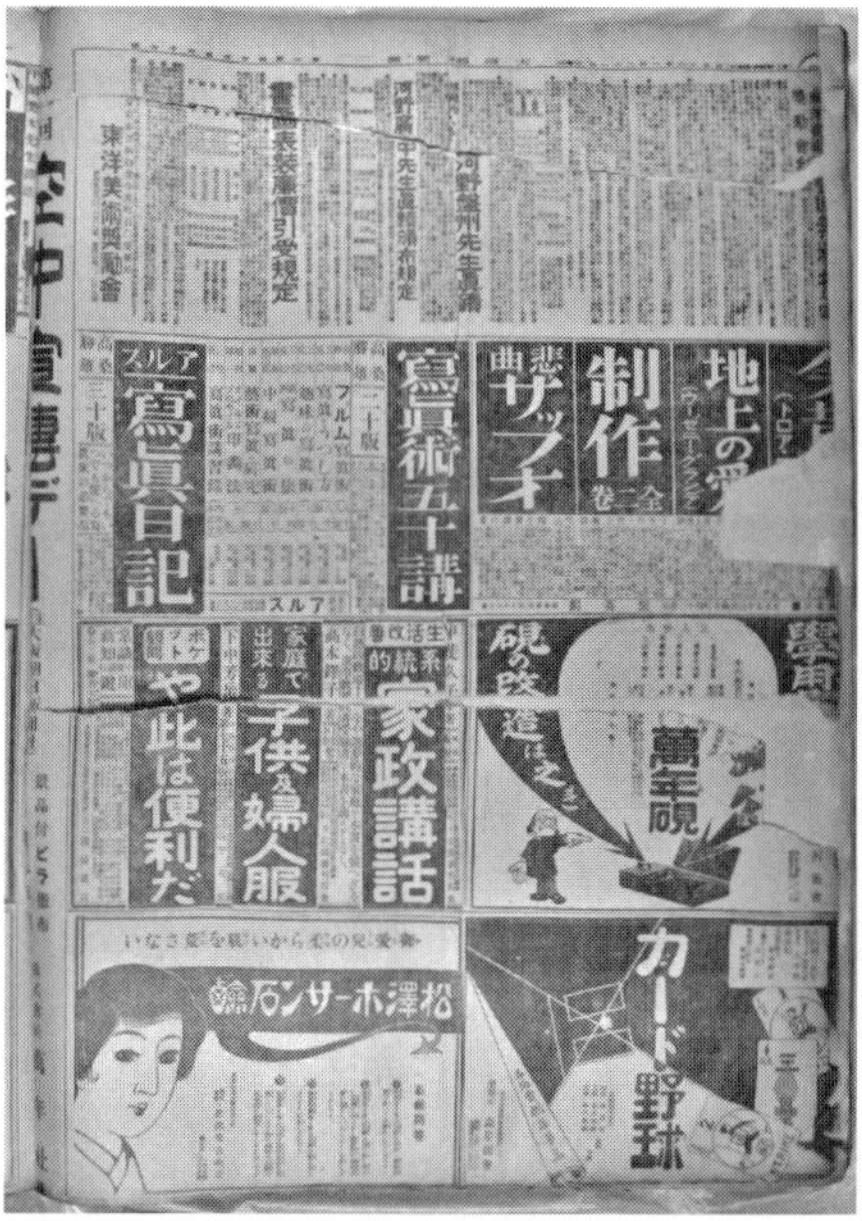

図14　『大阪朝日新聞』（大正12年１月21日付）

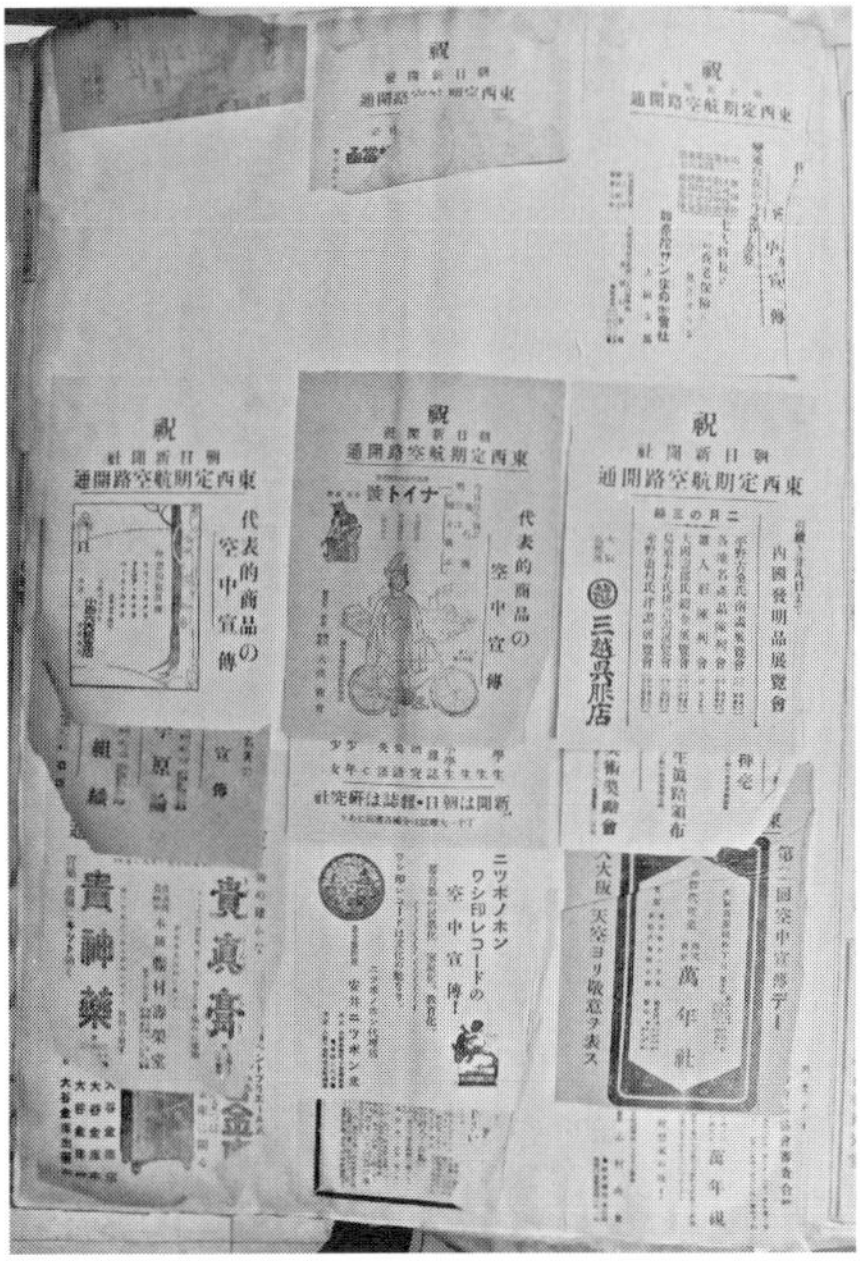

図16　第２回空中宣伝デーにて散布されたビラ
（大正12年１月25日実施）

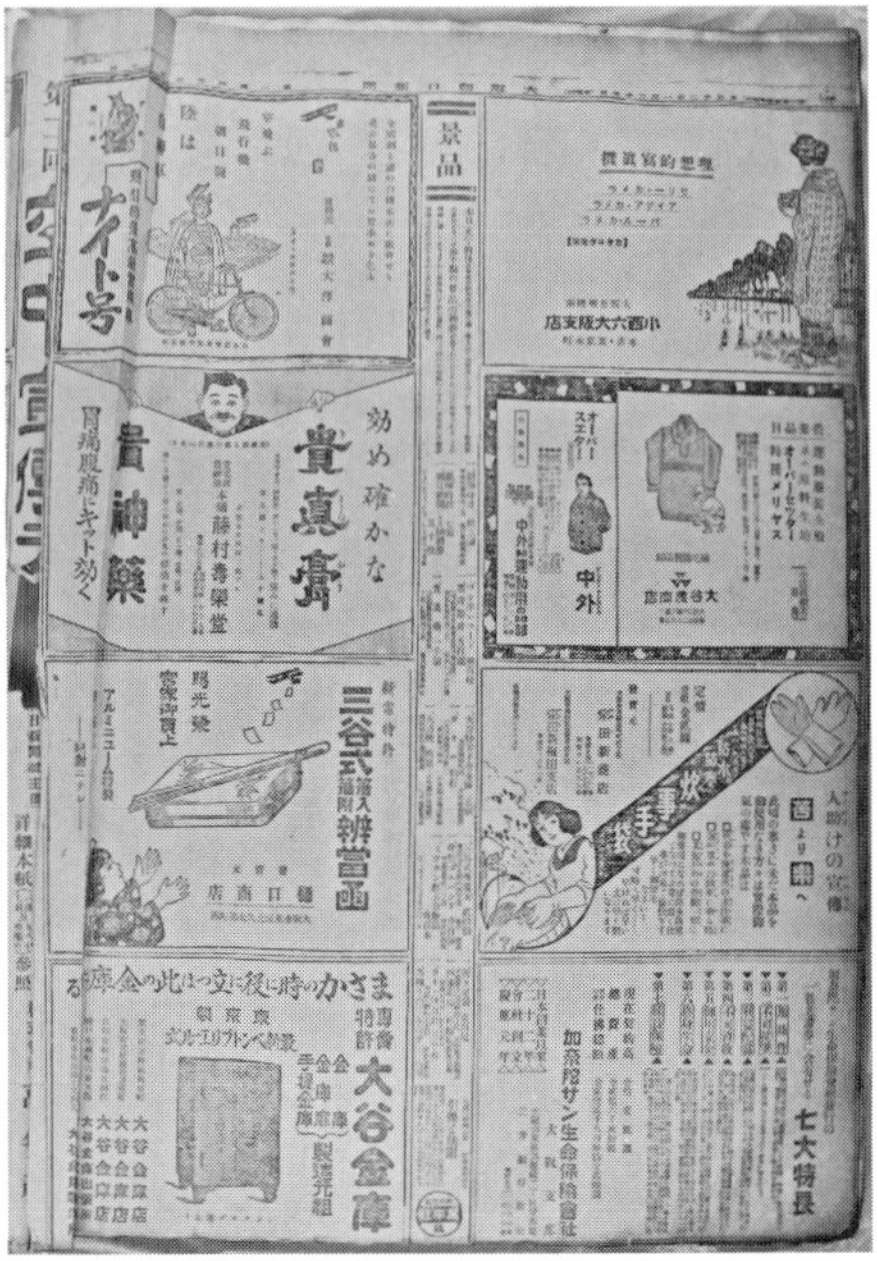

図15　『大阪朝日新聞』（大正12年１月25日付）

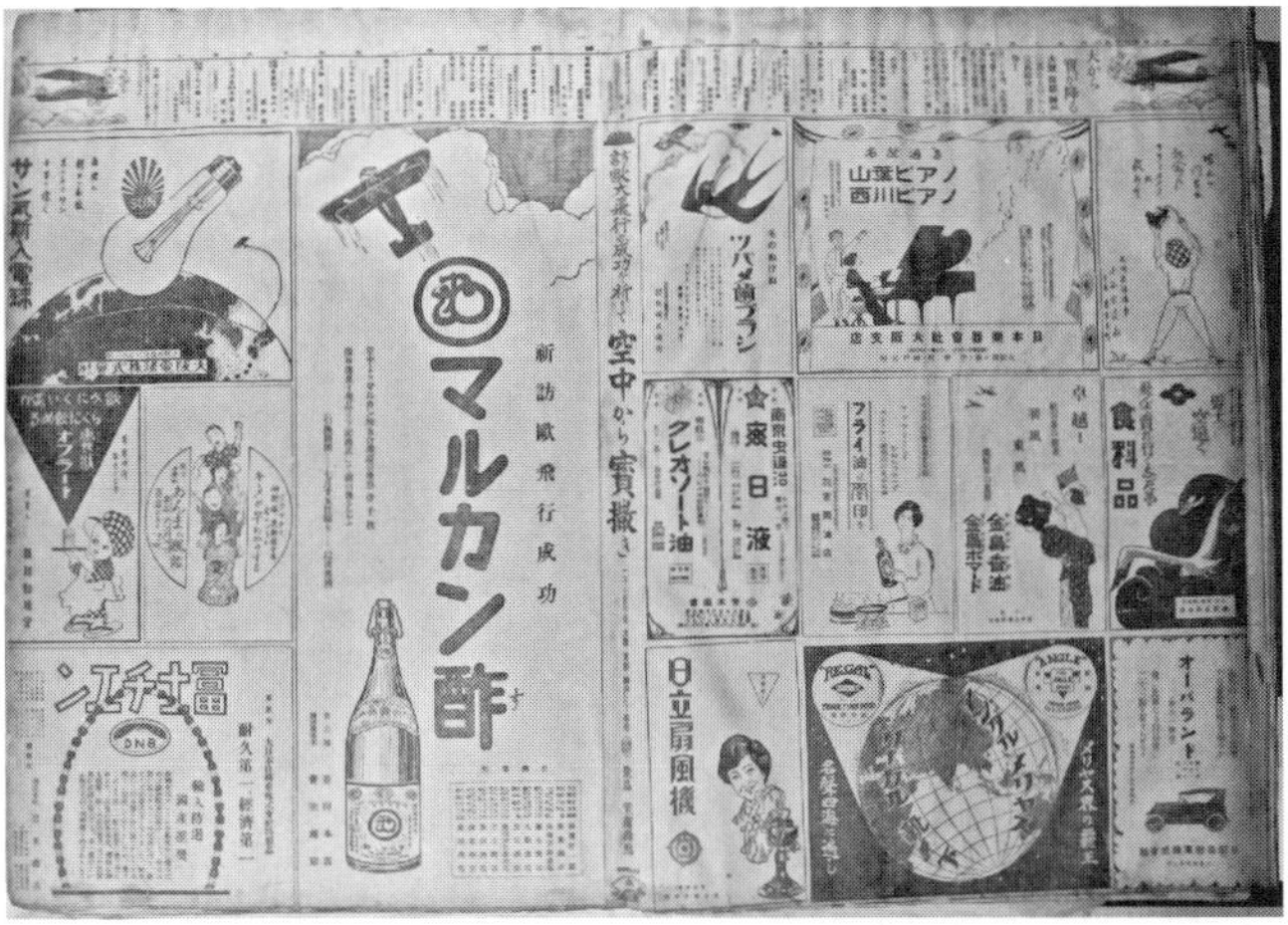

図17　『大阪朝日新聞』（大正14年７月21日付）

図18　『大阪朝日新聞』（昭和12年４月２日付）

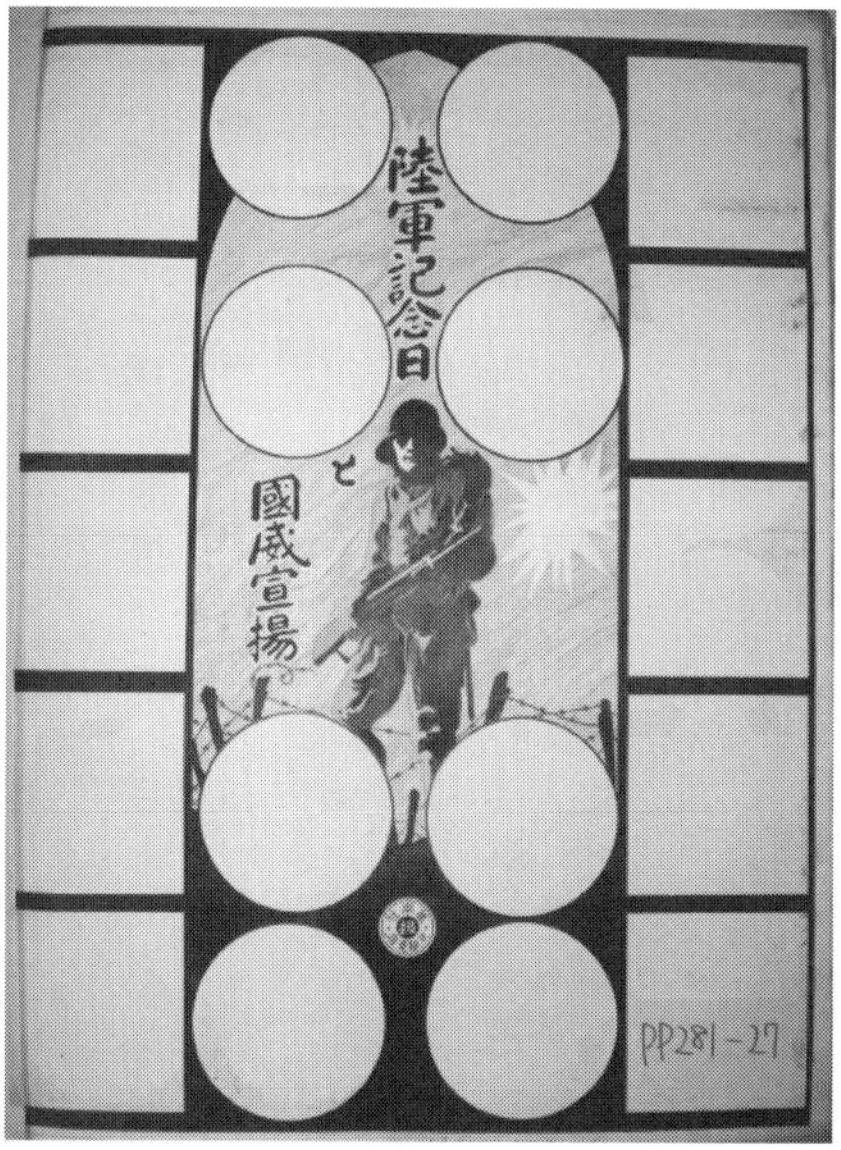

図19　萬年社京都支店による連合広告下絵

こうした新聞社の民間航空事業と関連した連合広告は、昭和一二年（一九三七）の神風による「亜欧連絡大飛行」[33]（図18）、昭和一四年の毎日新聞社によるニッポン号世界一周飛行など、さらに盛んに行われるようになる。当時の飛行機といえば、人々の冒険心を掻き立てる大きな関心事だった。新聞社は話題を創出し、人々の関心を引きつけるために民間航空事業に力を入れていた。萬年社は、こうした人々の興味や新聞社の事業を利用しつつ、奇抜な広告イベントを考え、たくみに広告主を集めることに成功していたといえる。

おわりに

本章では、萬年社取り扱いを中心に、多彩な連合広告が紙面を賑わせていたことを見てきた。しかしながら、一九三〇年代後半以降、広告をめぐる環境は大きく転換していく。用紙統制が強化され、新聞の建て頁減少に伴って、広告スペースの縮減や小型広告化が始まり、総行数で見た新聞広告量は落ち込みはじめる。[34]さらに、国民精神総動員運動が全国的に繰り広げられるなかで、広告の表現も時局に即した兵士や軍隊の表現が多くなり、偏りをみせるようになる。萬年社の連合広告も例外ではない〔図19〕。「陸軍記念日と国威宣揚」と書かれたタイトルの下には、銃剣を握る一人の陸軍兵士が描かれており、戦争に突き進む当時の様子を端的に示している。ほかにも、年始の連合広告のタイトルに「祝聖戦新春」と戦争を意識させる文言が入り込む。このように、一九三〇年代後半以降、量的にも質的にも広告は統制されていくのである。

本章でみた一九二〇年代から三〇年代後半の連合広告は、制限される以前の、種類や表現、内容において最も豊かであった時代の状況を映し出している。とりわけ萬年社による連合広告は、様々に趣向を凝らし、独自の工夫を重ねることによって、新聞社や広告主のもとめに応じようとするものであった。まさに「斬新な趣向、効果的に創作された連合広告」が実際に行われていたことがわかる。顧問部や考案部を設置して研究と実践の両方を重視し、それらが両輪となって有効に機能していた萬年社だからこそ可能であったと思われる。

（1）電通広告用語事典プロジェクトチーム編『改訂新広告用語事典』（電通、二〇〇一年、五六頁）。なお、連合広告は、企画連合広告、連合企画とも呼称されるが、本論では連合広告という用語で統一する。
（2）連合広告に言及している新聞史、広告代理店社史は以下のとおり。津金澤聰廣・山本武利ほか共著『近代日本の新聞広告と経営』（朝日新聞社、一九七九年）、羽島知之編『写真・絵画構成新聞の歴史　一～三』（日本図書センター、一九九七年）、朝日新聞社編・刊『新聞広告一〇〇年　上・下』（朝日新聞社、一九七八年）、『大広百年史』（一九九四年）、『萬年社広告100年史』など。
（3）引札とは、商店の宣伝や広告、開店や売り出し披露を目的として配布された一枚摺を意味している。江戸末期から明治初期にかけては広告活動を意味していた。広告という言葉が誕生する前までは「引札」＝「広告」であったようである。なお、正月に限定して配布された引札は正月用引札と呼ばれ、極彩色の図柄が特徴となっている。詳しくは拙著『明治・大正の広告メディア――〈正月用引札〉が語るもの』（吉川弘文館、二〇一五年）を参照のこと。
（4）「座談会　新資料が語る朝日新聞広告史　その三」（『広告月報』一九七八年三月号、二九頁）。
（5）朝日新聞社編・刊『新聞広告一〇〇年　上』（一九七八年、七五頁）にその一部が掲載されている。
（6）前掲注（2）津金澤・山本ほか書、一九六頁。
（7）山本武利「経営基盤確立期における広告」（同前書、二〇六頁）。山本によれば、金水堂が連合広告の取次業者として最も多く扱い、次第に萬年社や京華社などの扱い量が増加すること、大阪朝日新聞社による直扱いの比率が最も高いことが指摘されている。
（8）羽島知之編『写真・絵画構成新聞の歴史　一新聞の誕生』（日本図書センター、一九九七年、九二頁）。
（9）羽島、同前。
（10）前掲注（7）山本論考、三二四頁。
（11）このなかには「文案」の懸賞募集も含められる。
（12）「新聞興信所報」一九三〇年九月九日付。
（13）有山輝雄「「朝日」「毎日」寡占の進行と広告」（前掲注（2）津金澤・山本ほか書、四九四〜四九五頁）。
（14）有山、同前。萬年社においても広告部外務員であった松島清之は、勧誘が外務員の仕事の主なもので、連合広告はもちろん、そのほか一般の広告もほとんど勧誘をせずに扱っているものはないとしても過言ではないと述べる。萬年社コレクション調査研究プロジェクト編『萬年社コレクション調査研究プロジェクト旧萬年社・社史資料集』（二〇一五年、一〇九頁）。
（15）新田宇一郎『新聞広告論』（日本電報通信社、一九五一年、一二一〜一二二頁）。
（16）日本新聞協会編・刊『聴きとりでつづる新聞史七　別冊新聞研究』第七号（一九七八年、一八〜一九頁）。
（17）前掲注（15）新田書、一二二頁。
（18）飯守勘一『生きた新聞広告論』（新聞之新聞社、一九三一年、四四〜四五頁）。
（19）飯守勘一『広告巡礼』（日本広告学会、一九二七年、六五〜六六頁）。飯守によれば「元来、連合広告なるものは、どちらかと云えば、一種の「おつきあい」広告に過ぎなかった。広告主が、進んで連合広告に参加する如き例は、極めて、稀であったと思われる理由が多い。之れは、取りも直さず、従来の連合広告の形式方法等が、あまりに蒐集上の自己便宜と、因襲等に余儀なくされていた事によるのであろうと考えられる。恁う云う理由の下に、新聞社や代理店はもとより、広告主に於ても、広告効果の上にあまりに、期待することが薄かったと見られるのである」と述べている。

(20) 梶田和一「連合広告の是非」(大阪広告倶楽部編・刊『新聞広告の研究』一九二九年、一〇六〜一〇七頁)。

(21) 前掲注(18)飯守書、四五頁。

(22) 前掲注(13)有山書、四九四頁。昭和八年(一九三三)の『大阪朝日新聞』における連合広告掲載高の割合は、年平均五・四%で、多い月には九%近くにまで及ぶデータが挙げられている。

(23) 前掲中(14)萬年社コレクション調査研究プロジェクト編、一一六頁。

(24) 「意匠奨励広告回顧」(『広告論叢』第二九輯、一九四〇年、一四一頁)。

(25) 「意匠奨励広告回顧」において、営業部顧問(明治三七年当時外務員)であった二宮鐵は「結局あの時代は意匠図案のある広告は新聞広告面に載つて居らなかつた。朝日新聞が唱道して、わが社が之を引受けて且つ非常に力を入れて一般広告主の注意を喚起し、広告に意匠を用ひることの先鞭をつけた訳ですな。さうして今日の広告界に誘導して来た導火線になつた訳ですね」と述べる。前掲注(24)、一五六頁。

(26) 『萬年社創業録』上巻第三編第一章、四頁。

(27) 「本邦広告五十年史」(『広告論叢』第二九輯、一九四〇年、九〇頁)。

(28) 顧問部の仕事は「広告全般の計画、文案、意匠図案、新聞雑誌の撰択、屋外掲示場撰定、経費予算等広告に関する一切の要件に対し種々の材料を提供し親しく御相談に応ずべし」というものであった。『萬年社創業録』上巻第三編第一章、四頁。

(29) 前掲注(14)萬年社コレクション調査研究プロジェクト編書、一二八〜一二九頁。

(30) 『大阪朝日新聞』朝刊(大正一二年一月一二日)に空中宣伝デーの様子を報告する記事が掲載されている。

(31) 前掲注(13)有山書、四一一頁。

(32) 同前書、四一三頁。有山によれば、飛行機がロンドン着、ローマ着などのたびごとに「祝〇〇飛行」等の祝儀広告が紙面を飾り、四人が帰国した大正一五年(一九二六)以降には広告が一層活発となる様子が述べられている。

（33）亜欧連絡大飛行と連合広告については、津金澤聰廣「戦時統制下における新聞広告」（前掲注（2）津金澤・山本ほか書、五一九〜五二四頁）に詳しい。

（34）内川芳美『日本広告発達史・上』（電通、一九七六年、三八九頁）。

＊コラム

広告漫画と萬年社

松井広志

はじめに

現在、マンガやそのキャラクターが使われた広告は、とりたてて強調されることがないほど〝当たり前〟のものとなっている。例えば、私たちは「ドラえもん」が登場するトヨタ自動車のテレビＣＭや、ファッションブランドのグッチと「ジョジョの奇妙な冒険」がコラボレーションした雑誌広告など、さまざまなマンガやキャラクターを用いた広告を日常的に見かける。

しかし、こうしたマンガと広告の結びつきの起源には戦前期の広告漫画があったことは、それほど知られてはいない。そこで本コラムでは、広告漫画と萬年社の関わりについて論じていきたい。はたして、広告漫画とはいかなるジャンルであり、それは萬年社とどのような関係にあったのだろうか。

1　マンガのジャンル

ジャンルは、あらゆるメディア文化に見られる。メディア文化への人々の理解を方向付け、またその理解によって不断に再構成されていくジャンルというあり方は、文化研究の領域では一九九〇年代から強調されていた(1)。

近年、日本のマンガ研究においても、ジャンル論へのアプローチは活発である。例えば、ジャンル論に特化した論文集(2)が出版されたり、教科書・キーワード集でもジャンルに注目した項目が多数設けられている(3)。

そこでは、戦後のマンガ文化が、冒険もの・ＳＦ・スポーツ・ギャグ・学習マンガなど、さまざまなジャンルを抱えもつことが注目される。それに対して戦前のマンガは、一コマや四コマで新聞や大人向けの雑誌に掲載されることが多く、内容的にもストーリー性より風刺やユーモアが強かった(4)。

このことは、「漫画」に至る歴史が関わっている。明治時代に入って新聞や雑誌は、読者獲得のために風刺画を掲載するといったビジュアル化を進めていた。明治期には「ポンチ」と呼ばれる一枚絵が主流であったが、大正期に入ると徐々にタイトルに「ポンチ」を使う例は少なくなる(5)。代わってこの時期には、岡本一平が「漫画」という用語を積極的に用いるようになる。昭和期には、子ども漫画なども人気を得ていき、その結果、「漫画」という言葉は日常語になった(6)。

では、こうして日本社会に定着した「漫画」のなかで、「広告漫画」というジャンルはどのように形成され、いかなる特徴をもっていたのだろうか。

2　広告漫画というジャンル

広告漫画について言及された同時代の資料は、昭和の最初の一〇年間（一九二〇年代後半～三〇年代前半）に集中している(7)。それ以前の時期は、前項で見た通り、まだ漫画という言葉自体が定着していなかった。そのため、「広告漫画」は漫画の一般化とともに登場したジャンルであり、昭和のゼロ年代にある種のブームを迎えていたと考えられる。その広告漫画は、いかにして誕生したのだろうか。

まず、この時期には大部の『現代商業美術全集』が刊行されたが、そのひとつの巻が「写真及び漫画応用広告集」と編集されていた。そこでは、「広告手段の拡張」として「近時商業戦の激烈さはその競争とともにあらゆる手段」を用いるなかで、「今日最も注目されつつある……二大広告手段」として「写真広告」と「漫画応用広告」が出てきた、と説明されている(8)。

また、東京にあった通信制学校の芸術学院で漫画講座の生徒に向けた非売品として発行されていた『漫画講義』においても、広告漫画が論じられている。同書では、「新聞や雑誌に掲載される広告の種類が次第に多くなり、生活がスピード化してくると、余程目立った特徴のある広告でないと読者の注意を惹かなくな」った状況のもと、「出来るだけ人眼を惹く変つた広告法をと、日夜苦心している」なかで、漫画が用いられるようになったと述べられている。そうした新しい広告の手段としての広告漫画は、漫画業界の側にも「将来に一つの新生面を開くもの」とされていた。(9)

このように、広告漫画は、広告業界と広告手段が急速に発展していく昭和前期において、同時期に定着しつつあった漫画という新たなメディア表現を活用するという発想のなかで登場したと考えられる。

それでは、そうした広告漫画と、当時の広告業界の雄であった萬年社は、いかに関わりあったのだろうか。

3　萬年社と広告漫画

昭和初期における萬年社扱いの広告には、漫画を用いたものが多く見られる。現在ウェブで公開されている「萬年社コレクション」(10)の大型古資料（スクラップブック）は、萬年社が営業のために作成したものであり、萬年社扱いが明らかなものに限定されているが、(11)そこにもいくつもの広告漫画が収められている。

萬年社の広告漫画への注目の背景としては、前項で見た当時の広告漫画の位置に加えて、萬年社内部の事情もあるだろう。

山本武利によれば、「日本の広告業界における萬年社のピーク」は昭和五年（一九三〇）あたりである。(12)また竹内幸絵は、萬年社が、大正末期（一九二〇年代）を境に、それまで力を入れていた屋外広告事業を断念し、広告理論と広告表現の研究へと舵を切っていったことを指摘している。(13)

このような事情を考えると、東京の経済界と広告業界の台頭のなかで、広告の研究を行っていた萬年社が、同じくこの時期に勃興しつつあった漫画という表現を取り入れたと考えられる。では、萬年社が関わっていたと思われる広告漫画の実例には、どのようなものがあるのだろうか。

昭和初期において、福助足袋と森下仁丹はともに、萬年社扱いの広告を積極的に出していたことが知られている。(14)以下、これらの企業が出稿した二つの広告漫画について論じていく。

第一に触れたい広告漫画の作品は、漫画という言葉を定着させた岡本一平による、昭和二年（一九二七）

の『東京朝日新聞』に掲載された「福助足袋の生ひ立ち見物」である〔図1〕。本広告は、「萬年社コレクション」のスクラップブックにも残されているため[15]、萬年社扱いだったと考えられる。これは一頁全面を使って、タイトルの通り「福助足袋の生い立ち」を漫画で描いたものだ。先述した当時の商業美術全集や広告漫画を描くための教本[16]、今日の広告史の概説にも挙げられたことから[17]、広告漫画のなかでも特に有名な作品だと考えられる[18]。この作品は大当たりして、広告漫画の流行のきっかけになったと言われている[19]。

4　広告漫画とキャラクター

第二に挙げるのは、昭和八年（一九三三）の『東京朝日新聞』に連合広告として掲載された、麻生豊「只野凡児君の一日」である〔図2〕。この作品について は、作者である麻生自身が広告漫画について書いた文章のなかで言及している[20]。そこで麻生は「最近漫画広告、乃至は漫画的広告が新聞刊行物の中に目立ってきた。当然のことではあるが吾々にとっては一つの新しい分野を獲得した嬉しさだ」と、当時の広告漫画の状況を確認した後、しかし「商品と漫画の関係」について注意を喚起する。それは、広告漫画において、「商品自体の持つ内容と漫画に現わされた表現の如何がこの試みにとっては成功或いは失敗の岐路」となるため、「形式のみではなく内容も共にこれを忘れてはならない」ことである[21]。

こうした観点から見た広告漫画の良し悪しについて、麻生は、自ら描いた作品をもとに論じている。そこで、良い広告漫画とされていた作品こそが「只野凡児君の一日」なのである。そもそも「只野凡児」は当時の『東京朝日新聞』誌上で連載されていた漫画だが[22]、半煉仁丹、煙出片脳油、オリジナル香水、ポリタミンを用いた広告漫画を書くことを要請され、「四つの商品を貫いた筋に私は先ず苦心した」という。しかし、完成した作品は「広告部からは広告主から絶大の賞賛を得たと御報告があつた」ほどの良い結果を生んだ[23]。

その理由を麻生自身は、「それが直ちに広告と知りつつも読者は夕刊に登場しつつある凡児の一断面と見

図1　岡本一平「福助足袋の生ひ立ち見物」『東京朝日新聞』1927年6月13日付

図2　麻生豊「只野凡児君の一日」『東京朝日新聞』1933年８月30日付

て必ずつり込まれる」ことにあったと解釈している。(24)

この解釈の前提には、竹内オサムが同時期の漫画に見出した「実際にいるかもしれないと思われるキャラクター(25)」の存在があるだろう。この「只野凡児君の一日」では、広告であるにもかかわらず、実作者自身が、漫画の個々のエピソードを超えたキャラクターというあり方を強く認識している様子がうかがえる。つまり、麻生は、〝読者が只野凡児を、通常の朝刊での連載内の存在ではなく、特定の物語世界を生きる自律的なキャラクターとして認識している〟ことを前提に、この広告が同じ「只野凡児」に属する世界の「一断面」を（商品の宣伝を組み入れつつ）うまく描けたがゆえに読者の共感を呼んだ、そう考えられる。

ここには、今日まで続く〝個々の作品内容から独立していることを前提とした、漫画のキャラクターの広告への利用〟というあり方の萌芽がみられる。

おわりに

以上、広告漫画というジャンルの生成、萬年社と広告漫画の関わりと代表的な作品、さらに広告漫画におけるキャラクターについて論じてきた。

だが、大手新聞に掲載され、萬年社などの広告業界からも注目を集めていながら、その後、広告漫画というジャンル自体は消滅していく。それは、戦後におけるマンガというメディア文化自体が、ストーリーマンガを中心に発展していく流れと関係していると思われる。

だが、「マンガやそのキャラクターを用いて広告にする」という手法自体は、新聞以外の雑誌広告やテレビCMなどに拡大しつつ残り続け、次第に当たり前のものとして定着していったのである。

（1） Hartley, J. 1994, "Genre" (O'Sullivan T., et al. *Key concepts in communication and cultural studies*, Routledge).

（2） 茨木正治編『マンガジャンル・スタディーズ』（臨川書店、二〇一三年）。

（3） 竹内オサム・西原麻里編著『マンガ文化　55のキーワード』（ミネルヴァ書房、二〇一六年）。

（4）竹内オサム「ジャンルの多様性」（同前書）。
（5）清水勲「ポンチ」（同前書）。
（6）清水勲「漫画」（同前書）。
（7）『現代商業美術全集一四　写真及漫画応用広告集』（アルス、一九二八年）、池部鈞『すぐ出来る漫画の描き方』（崇文堂、一九三一年）、『広告漫画集』（誠文堂、一九三四年）、須山計一郎『漫画投書の手引』（日本漫画研究会、一九三六年）。
（8）濱田増治「写真及漫画応用広告の概念」（前掲注7『現代商業美術全集一四　写真及漫画応用広告集』三頁。
（9）中根孝之助『漫画講義』（芸術書院、刊行年不明、二頁）。
（10）「大阪広告史データベース　萬年社コレクション」ウェブサイト。
（11）本書所収の熊倉論考参照。
（12）本書所収の山本論考、四一頁参照。
（13）本書所収の竹内論考参照。
（14）『萬年社広告100年史』、一一九頁。
（15）『大阪朝日新聞』一九二七年六月一三日付の広告スクラップが、「萬年社コレクション」に収められている。このように、同広告漫画は『東京朝日新聞』『大阪朝日新聞』の両方に掲載されていた。
（16）前掲注（7）『現代商業美術全集一四　写真及漫画応用広告集』三五頁。
（17）岸本水府「広告読者の要求する漫画」（前掲注（7）『現代商業美術全集一四　写真及漫画応用広告集』）。
（18）『日本広告史』（日本図書センター、二〇〇八年）。
（19）同前書、一二三頁。
（20）麻生豊「私の試みた広告漫画」（『広告漫画集』誠文堂、一九三四年）。
（21）同前書、八〇頁。
（22）麻生豊は、昭和八年（一九三三）に朝日新聞社に入社し、同年五月から翌年七月までの夕刊に「只野凡児」の漫画を連載した。
（23）前掲注（20）書、八三頁。
（24）同前書、八三頁。
（25）竹内オサムは、『子どもマンガの巨人たち――楽天から手塚まで』（三一書房、一九九五年）において、一九二〇年代半ばにおける「漫画太郎」と「正チャンの冒険」に対する読者投書の分析から、キャラクターが子どもたちの日常空間に、リアルに存在したことを明らかにしている。

〈付記〉本稿の執筆にあたっては、竹内オサム氏の助言を得た。ここに記して、感謝を示したい。

第四章　萬年社コレクションにみるアジアの新聞と広告

土屋礼子

はじめに

萬年社が一九九九年に倒産した時に残した萬年社コレクションの中には、台湾や朝鮮、中国、インド、フィリピン、シンガポールなどアジアで戦前に発行された珍しい新聞が多数含まれている。これらの新聞はどのような目的や経緯で集められたのか、それは萬年社の広告活動とどのように結びついていたのだろうか。特に、植民地となっていた台湾・朝鮮・満洲・樺太といった、いわゆる帝国日本の中で「外地」と呼ばれた地域において、日本の広告代理店がどのような活動をしていたのかについては、実はあまりよくわかっていない。社史や回想録などで簡単に触れられており、外地における新聞については近年研究が進んでいるものの、広告の分野ではわからないことが多い。本章では、萬年社コレクションの新聞資料を手がかりに、戦前期における萬年社のアジアでの活動を探ってみたい。

まず萬年社コレクションの戦前期の資料を概観しておこう。萬年社コレクションには、時代的には明治から平成までの百年以上にわたる、印刷物や音楽テープ、ビデオテープなどさまざまな形態の資料が含まれているが、そのうち戦前期の資料は全体で約一三、三六〇点ある。萬年社コレクションのデータベースで検索すると、一八七三年（明治六）に発行された『横浜毎日新聞』が最も古い所蔵資料である。一八九九年以前の、すなわち一九世紀の資料は、このような後から収集したと思われる新聞資料を含めて一五一件ある。この中には、一八九〇年（明治二三）に創立した萬年社の「広告台帳」や「広告取次年次契約書」など、会社の内部資料が含まれている。それ以降、二〇世紀前半の資料の点数を年代別にみると、一九〇〇年代は八七二件あり、英語の新聞雑誌や地方紙が多数ある。一九一〇年代は七九六件で、地方紙とともに植民地の新聞、アジアの新聞も多く残されている。最も多いのは、一九二〇年代の二、七七八件で、国内外の新聞集と新聞広告のスクラップ集が多数ある。一九三〇年代も二、二九七件と多く、一九三四年の菊正宗のＰＲフィルムのような珍しい資料もあるが、大半は新聞広告のスクラップが占める。また、一九四〇年代は八三四件とやや少なめだが、新聞広告のスクラップのほか、社史資料など興味深い資料がある。本章ではこれら戦前期の資料のうち、広告史の上でも新聞研究においても資料的価値のある、アジア関係の新聞及び新聞広告スクラップを取り上げて紹介し、そこから萬年社の広告活動を考察してみよう。

１　萬年社コレクションにおける戦前期の新聞広告資料

本節では、これら萬年社コレクションの戦前期資料の大半を占める新聞及び新聞広告のスクラップを綴じた「大型古資料」として整理されている資料の性格を、前提としてまず検討しておこう。(1)「大型古資料」は、サイズが横四〇×縦六〇センチぐらいの大型の冊子の綴りが大半を占め、全部で一五二冊ある。戦前に特別に注文して製本されたものらしいが、現在は背表紙が欠けたり、表紙の皮の部分がとれたりと劣化しているため、特注の箱に入れて保管している。各冊子ごとにPP201～PP352という整理番号を振ってあるが、この番号は単に整理作業の順番に付けていっただけで特に意味はない。これらの多くには「株式会社萬年社書蔵庫本」のシールが背に貼ってあり、かつて萬年社の本社内にあった図書室に置かれていたものだと推定される。

この大型古資料は、大きく三種類に分けられる。

一つ目は新聞広告のスクラップ集である。これは、実際の広告の切り抜きや図案などを台紙に貼り付けたもので、新聞広告の見本集である。五〇冊以上の綴りがあり、ポスター集や装飾プレート集などとあわせて大型古資料の三分の一以上を占める。実際の広告デザインの参考にしたのであろう。

二つ目は、『大阪朝日新聞』『大阪毎日新聞』や米国の雑誌『The House Wife』など、ある程度継続的に新聞雑誌がまとまって綴られているものである。このうち、『大阪朝日新聞』は一九四二年（昭和一七）のものが四冊、『大阪毎日新聞』の一九四二年及び四三年の綴りが各一冊あり、その中には背に「登録番号四四二六八」「登録番号四四二七」「登録番号四四八〇」と記された冊子があり、おそらく書庫に多数あった新聞綴りの一部が残されたのだと思われる。

三つ目は、海外及び国内の新聞を集め綴じたものである。そのほとんどは一号分のみ綴られている。大大阪記念博覧会や関東大震災など特別な日の新聞を集めて綴じたものもある。時には付録である週刊出版物や政府広報なども織り込まれていたりする。おそらく新聞という媒体そのものを研究するための参考資料としたのであろう。五〇冊以上ある綴りの多くはイギリスとアメリカの新聞であり、先進国の新聞雑誌の状況を把握するために集められ保存されていたと思われる。その一方で、インドや中国、オセアニア、アジアの新聞も収集され綴られており、こうした海外の新聞集には、もともと二桁の登録番号が記されていたようである。また、地方紙や植民地などの新聞を集めた綴りには、二〇〇番台の登録番号が付されていたようである。

本稿では、このうち三番目の新聞集の綴りを中心に、アジア関係の新聞資料に焦点を当てることにする。萬年社コレクションの「大型古資料」に収められているアジアで刊行された新聞及び新聞広告はおおよそ三〇〇点ほどある。「おおよそ」というのは、アラビア語やシンハラ語と思われる言語で記された新聞があって、題名が不明のまま、データベースに入っていないものが何点かあるからである。このうち、同一紙名で複数の号があるものを省くと、約二〇〇種類の新聞がある。これらを発行地別に整理してみると、朝鮮半島、中国大陸、および台湾において発行された新聞が大半を占める。以下、新聞が発行された都市別に新聞紙名を列挙してみる。なお、(漢)は漢文・中国語、(韓)はハングル・韓国語、(英)英語、(仏)フランス語、(独)ドイツ語、(蘭)オランダ語、(マ)マレー語（現在のインドネシア語を含む）、(西)スペイン語、(シ)シンハリ語による新聞を示し、無印は日本語を主体とする新聞である。

●台湾（七種類）

【台北】『台湾日日新報』『台湾日日新聞』
【台中】『中部台湾日報』『台湾新聞』
【台南】『台南新報』『全台日報』『台澎日報』

●樺太（二種類）

【豊原】『樺太日日新聞』
【真岡】『樺太時事新聞』

●朝鮮南部（二〇種類）

【釜山】『朝鮮時報』『釜山日報』
【木浦】『木浦新報』
【全州】『全北日日新聞』『湖南新聞』
【群山】『群山日報』『群山新報』

【大邱】『大邱日日新聞』『朝鮮民報』
【大田】『湖南日報』
【仁川】『朝鮮新報』『朝鮮タイムス』『大韓日報』
【京城《ソウル》】『京城日報』『朝鮮日日新聞』『京城新報』『朝鮮新聞』『毎日申報』(韓)『国民新報』(韓)
【龍山】『朝鮮日之出新聞』

●朝鮮北部(七種類)

【平壌】『平壌新報』
【鎮南浦】『鎮南浦新報』
【元山】『元山毎日新聞』『元山時事新報』
【新義州】『新義州時報』
【清津】『北韓新報』『北鮮日報』

●中国北部(三七種類)

【大連】『遼東新報』『満洲日日新聞』『泰東日報』(漢)『The Manchuria Daily News』(英)
【安東】『安東新報』『満韓日報』『満洲実業新報』
【営口】『満洲新報』
【遼陽】『遼陽新報』
【奉天】『奉天毎日新聞』『奉天日日新聞』『奉天新聞』『日刊内外通信』『大陸日日新聞』『盛京時報』(漢)
『亜洲報』(漢)『東三省公報』(漢)
【長春(新京)】『北満日報』

【哈爾浜《ハルピン》】『哈爾浜新聞』
【鉄嶺】『鉄嶺新聞』『鉄嶺時報』
【青島】『青島新報』
【芝罘】『芝罘日報』
【済南】『済南日報』（漢）
【天津】『天津日報』『天津日日新聞』（漢）『天津益世報』（漢）『白話晨鐘報』（漢）『北方日報』（漢）『時聞報』（漢）『The China Advertiser（公聞報）』（漢）『Peking & Tentsin Times』（英）『The China Critic』（英）
【北京】『新支那』『日刊新支那』『順天時報』（漢）『日知報』（漢）

●中国南部（五五種類）
【上海】『上海日報』『上海経済時報』『上海経済日報』『上海日日新報』『申報』（漢）『時事新報』（漢）『商報』（漢）『新聞報』（漢）『亜洲日報』（漢）『天韻報』（漢）『民強報』（漢）『商務報』（漢）『中華新報』（漢）『時報』（漢）『旭報』（漢）『新申報』（漢）『神州日報』（漢）『民国日報』（漢）『覚悟』（漢）『The China Gazette』（英）『Deutsche Zeitung in China』（独）『Celestial Empire』（英）『The China Press（大陸報）』（英）『L'echo de Chine（中国新彙報）』（仏）『The Shanghai Times』（英）『Shanghai Mercury』（英）『North-China Daily News』（英）
【南京】『大江南日報』（漢）『南方話報』（漢）
【漢口】『漢口日報』『漢口中西報』（漢）『The Central China Post』（英）
【重慶】『正論報』（漢）『重慶商報』（漢）
【長沙】『湖南新報』（漢）

【広州】『開新公司羊城新報』（漢）『天職報』（漢）『広州共和報』（漢）『南越報』（漢）『総商会新報』（漢）

【香港】『香港日報』『南支那新報』『大光報』（漢）『香港華字日報』（漢）『循環日報』（漢）『中国新聞報』（漢）『Hongkong Telegraph』（英）『Hong Kong Daily Press』（英）『The China Mail』（英）『South China Morning Post』（英）

【杭州】『之江日報』（漢）『全浙公報』（漢）

【福州】『閩報』（漢）

【寧波】『時事公報』（漢）

●東南アジア（五一種類）

【シンガポール】『南洋日日新聞』『南洋新報』『振南報』（漢）『国民日報』（漢）『叻報』（漢）『新国民日報』（漢）『総滙新報（The Union Times）』（漢）『The Malaya Tribune and Shipping Gazette』（英）『The Straits Times』（英）『Utusan Malayu』（マ）『題不明』（アラビア語?・）

【ペナン】『光華日報』（漢）

【バンコク】『The Bankok Times』（英）『The Siam Observer』（英）『Siam Free Press』（英）『題不明』（タイ語?・）

【サイゴン】『L'opinion』（仏）

【ハノイ】『L'avenir du Tonkin』（仏）

【バタビヤ】『爪哇日報』『Pemberita Betani』（マ）『Perniagaan』（?・）『Sin Po（新報）』（マ）『Pantjaran Warta』（マ）『Bataviaasch Handelsblad』（蘭）『Bataviaasch Nieuwsblad』（蘭）『Het Niuws Van Den Dag』（蘭）『Java Bode』（蘭）

【スマラン】『Sinar Djawa』（マ）『Warna-Warta』（マ）『Djawa Tengah』（マ）『De Locomotief』（蘭）

【スラバヤ】『Tjahja Selatan』（マ）『Palita』（マ）『Bintang Soerabaia』（マ）『Soeranbaiasch Nieuwsblad』（蘭）『Soeranbaiasche Handelsblad』（蘭）『Soerabaja Courant』（蘭）

【スラカルタ】『Taman-Pewarta』（マ）

【マカッサル】『Makassaarsch Courant』（蘭）『Pemberita Makassar』（マ）

【ジョクジャカルタ】『Nieuwe Midden Java』（蘭）

【メダン】『De Sumatra Post』（蘭）

【マニラ】『El Debate』（西）『El Ieal』（西）『The Philippine Herald』（英）『Manila Daily Bulletin』（英）『The Cablenews American』（英）『The Manila Times』（英）『The Manila Cable News』（英）『Ag Mithi』（タガログ語）『公理報』（漢）

●南アジア（二四種類）

【コロンボ】『The Ceylon Observer』（英）『The Ceylon Morning Leader』（英）『The Times of Ceylon』（英）『The Ceylon Independent』（英）『The Ceylonese』（英）『The Suditi Widara』（不明）『The Satapatrika』（不明）『Swadesa Mitraya』（シ）『The Sinhala Jaliga』（シ）『The Sarasavi Sandaressa and Sinhala Samaya』（シ）『The Lahmina』（シ）『The Dinaminar』（シ）『The Akhbar-i-Am』（アラビア語?・）『Dhesa-Baktan』（タミール語?・）

【ラングーン】『Rangoon Gazette』（英）『The Friend of Burma』（ビルマ語）『Rangoon Times』（英）

【カルカッタ】『The Empire』（英）『The New Empire』（英）『The Bengalee』（英）『Amerita Bazar Patrika』（英）

【デリー】『The Morning Post』(英)
【マドラス】『Madras Times』(英)
【ボンベイ】『The Times of India』(英)

以上の六一都市一〇以上の言語にわたる約二〇〇種類の新聞のうち、日本国内の国立国会図書館や大学図書館などの公共図書館でまとまって所蔵のある新聞は、マイクロフィルムでの所蔵を含めても、『台湾日日新聞』『京城日報』『満洲日日新聞』『新支那』『上海日報』など二〇紙程度で、全体の約九割が珍しい貴重な新聞であるといえる。

では、これらの新聞は何のために集められたのであろうか。どのように収集され、また利用されたのであろうか。戦前期における萬年社のアジアでの活動とつきあわせながら、以下では時系列にこれらの新聞が持つ意味を考察したい。

2　明治期における萬年社のアジアにおける活動

『萬年社広告100年史』によれば、萬年社は創業から八年目の一八九七年(明治三〇)五月二日に『台湾新報』の広告一手取扱の契約を結んだ。日清戦争に勝利して、台湾が日本の植民地になってから三年目である。『台湾新報』は一八九六年六月一七日に創刊され、九八年五月一日に『台湾日報』と合併して『台湾日日新報』となったので、萬年社は合併前の『台湾新報』がまだ創刊一年も経たない頃に広告代理店としての契約を結んだことになる。

萬年社コレクションには、この『台湾新報』は残念ながら含まれていない。残されているアジア関係の新聞で最も古いのは、一九〇〇年（明治三三）一月一日付の新聞四紙である。そのうち二紙は台湾で刊行されたもので、『台湾日日新報』と『台澎日報』、残りの二紙は韓国で刊行された新聞で『朝鮮新報』と『木浦新報』である。すでに述べたように『台湾日日新聞』は、『台湾新報』の後継紙で、台湾総督府に最も近い新聞と言われ、一九四四年（昭和一九）の新聞統合による合併まで長く続いた日本語の新聞である。日本が帝国として台湾における植民地統治を開始してすぐに、萬年社もまた植民地での広告活動を始めていたのである。『台湾日日新報』との取引関係はずっと継続したようで、萬年社コレクションには『台湾日日新報』が一〇点あり、その数はアジアの新聞の中で最も多い。残されている『台湾日日新報』の広告には、赤い斜線の印が書き込まれたものが六件あり、これが萬年社の扱った広告ではないかとみられる（図1）。

一方、『台澎日報』は、一八九九年（明治三二）台南で創刊された新聞で『台南新報』の前身である。日本人が創刊した新聞であるが、和文版と漢文版があり、編集局の漢文部では台南出身の歴史家・連横（一八七八〜一九三七）が筆を執っていたことで知られている。コレクションにある一三一号には、社員一同の中に「連雅堂」という彼の字が見出せる。この新聞には、赤い印はなく萬年社の扱いはなかったようである。

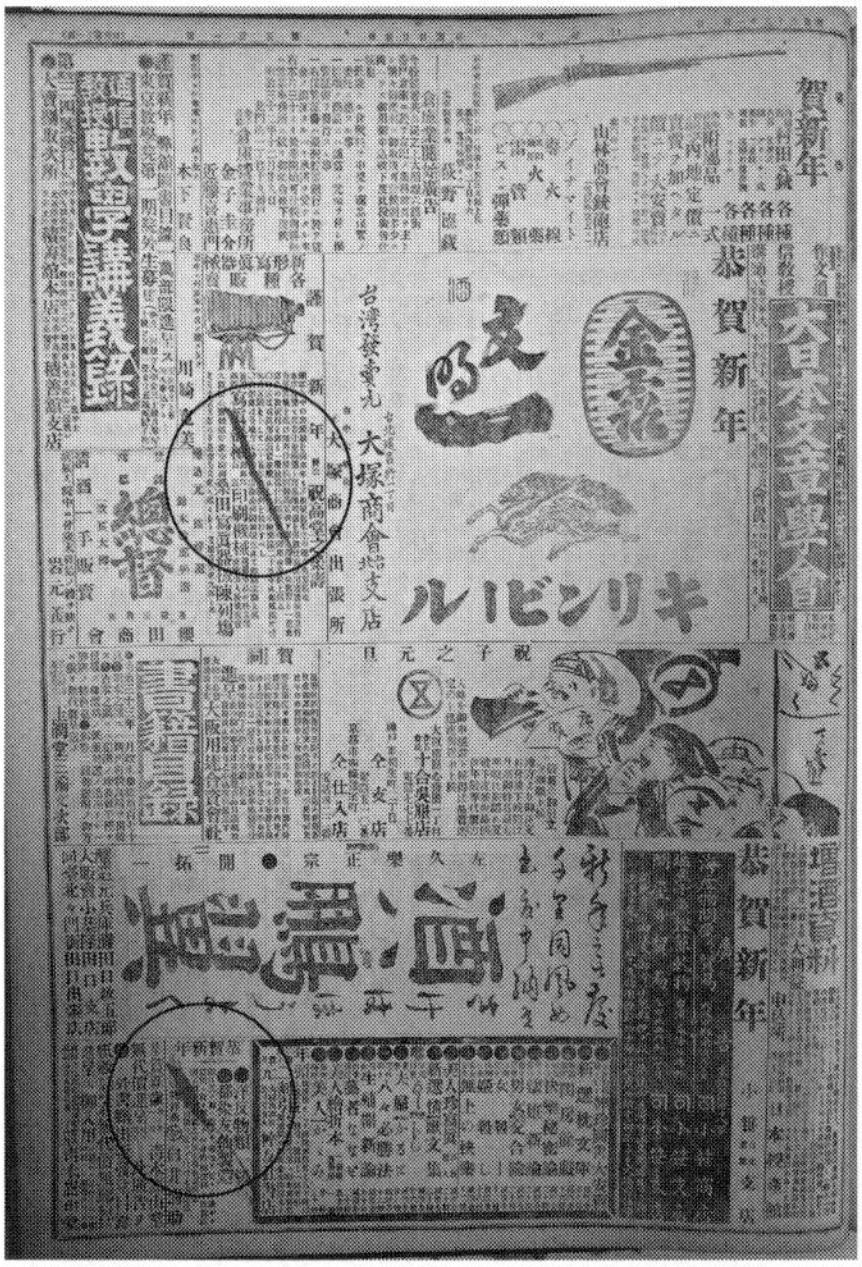
恭賀新年
キリンビール

図1　『台湾日日新報』広告（1900年元旦号）
※○囲み部分に赤い斜線あり

萬年社は次いで、一九〇一年（明治三四）五月七日に「支那各地の新聞社」に引き合いの通信を発送したという。その結果が具体的にどうだったかは分からないが、日露戦争開戦後まもなくの、一九〇四年四月二一日に順天時報社と広告一手取引の契約を結んだ。順天時報社が発行する『順天時報』は一九〇一年一二月に創刊された中国語の新聞で、日本人の中島真雄が持ち主だったが、一九〇四年三月に外務省が買収して直接運営する新聞となり、ロシアの機関紙と報道合戦を行った。(2) 萬年社は日本政府の動きに乗じて営業活動を広げたものと思われる。しかし、萬年社コレクションには、『順天時報』は一九一六年六月四日付の号しか見あたらない。同紙には「本報分局」として大阪支局の住所が記されており、そこと萬年社で交渉があったのかもしれないが、推測の域を出ない。

日露戦争が終わった翌年、一九〇六年（明治三九）九月一〇日から萬年社の創業者・高木貞衛社主は朝鮮・満洲を一か月にわたり視察した。だが萬年社コレクションには、この時に収集したであろう新聞類は全く残されていない。ただ、同年九月二一日に京城日報社との間に関西地区広告一手取扱を契約しているので、これは視察旅行の途上での成果であろう。京城日報社が一九〇六年九月一日に創刊した『京城日報』は、朝鮮統監府の機関紙であった。それ以前に日本の外務省は、一八九五年二月に創刊された『漢城新報』に補助金を与えて御用紙としていたが、一九〇五年一二月に統監府が置かれると、伊藤博文統監の下で『漢城新報』と『大東新報』が買収されて再編され『京城日報』が機関紙として創刊されたのである。社長の伊東祐侃は『大阪朝日新聞』の主筆を務めた人物で、元『大阪朝日』記者だった服部暢が主幹であり、初代編集長には『日本』にいた丸山幹治が就任した。のちに丸山が『大阪朝日』へ移ることも含めて、『京城日報』には『大阪朝日』の人脈があり、それが萬年社との契約を推進したのかもしれない。(3)

『京城日報』との関係の深さを示すように、萬年社コレクションには『京城日報』が九点含まれている。この中で最も古いのは、一九〇八年一月一日の号である。実は、萬年社コレクションの中にあるアジアの新聞は、発行年月日によって大きく四つのグループに分けられる。その一つは、この一九〇八年一月一日に発行された新聞を収集した三冊の綴り（PP202, 257, 268）である。ここには北海道から九州・沖縄までの日本の各地方紙が合計一四三紙集められ、その中に「外地」で発行された日本語の新聞二一紙が含まれている。

これらの新聞は一九〇八年一月一日という限定された日付の新聞を集めている点で、当時の新聞の状況を知るための共時的な資料として重要である。なぜなら日本の新聞における元旦号というのは、付録や頁数が特別に多く、一年中で最も広告が多く掲載されているため、新聞広告の状況を知るには最も適しているからである。それだけでなく、新聞社社員一同が新年挨拶のために氏名を列挙している場合が多く、その人員数や支社の記載などによって各新聞社の経営状況も推測できるからである。

萬年社では日本本土の地方紙と同様に、台湾や朝鮮半島など日本人が多く移住した場所で発行されている日本語の新聞を営業の対象としたのであろう。実際に、この一九〇八年元旦号の新聞広告にも、赤い斜線で印が付けられた広告があり、萬年社が扱った広告だと推測されるからである。では、具体的にどのような広告が当時の「外地」の新聞に掲載されていたのであろうか。

まず萬年社が「広告一手取扱」を契約したという『台湾日日新報』（二九〇一号）をみると、萬年社自らの広告が掲載されている。広告代理店が自らの広告を新聞に出す時には、その広告代理店が当該新聞と特別な契約を交わしている場合が多い。そこで和文四四頁・漢文一四頁ある同紙元旦号に掲載されている広告を数えると和文面には三六四件、漢文面には四一件、合計四〇五件の広告があり、その大半が台北および基隆にある商店や企業のものである。

これらの広告のうち、筆で赤く印が付けられた広告は全部で一六件あり、すべて日本本土の広告主による広告である。以下にその広告主、所在地、主要商品名を列挙してみると、①「竹原商店・大阪市東区平野町・両替商」、

②「常磐商会・大阪市西区土佐堀裏町・直輸出入業」、③「寺田清四郎・大阪市新町・蓄音機」、④「岡本文蔵・大阪北久太郎町・木綿縞繻」、⑤「十合呉服店・京都、神戸・呉服」、⑥「矢野テント商会・大阪市西区幸町・テント」、⑦「明昌堂兄弟商会・大阪市東区北久宝寺町、東京市浅草・眼鏡雑貨卸」、⑧「柳医院・大阪西区江戸堀橋北・産婦人科医」、⑨「猪飼史良薬房・大阪市江戸堀・ビッドル散」、⑩「本林丁子堂・大阪四つ橋・小児ドクトリ丸」、⑪「ハイデ商会日本代理店内田直二商会・東京市芝区桜田伏見町・靴クリーム」、⑫「伊藤千代太郎商会・大阪道修町・眼鏡印肝油」、⑬「澤井文具店・大阪・菊水インキ」、⑭「天寿堂・大阪今橋・肺病施本」、⑮「星野與兵衛・東京市日本橋・人造麝香」、⑯「丸善株式会社・大阪心斎橋大阪支店・書籍」となる。

雑貨と医薬品が多く、大阪だけでなく東京の広告も入っているので、これらは萬年社が本土から送った広告だと考えられるが、全体の広告件数からすると一割にも満たず、広告の面積としても小さい。台湾の地元企業である精糖会社や商店の広告が萬年社の扱いでなかったとしても、赤い印の付いていない広告で名古屋や大阪のものもあり、本当に「一手扱い」だったのか、やや疑問が残る。

台湾の新聞ではこの他に、台中市で刊行された『中部台湾日報』、台南市で発行された『全台日報』と『台南新報』がある。『中部台湾日報』(一九九五号)は和文三〇頁・漢文四頁の計三四頁で、広告は計一六六件、その中で赤い印の付いた広告は三件あり、うち二件は前述『台湾日日新報』の⑤十合呉服店、⑧柳医院の広告と同一で、あと一件は⑰「河原国造・大阪市西区南堀江・麦挽割機械」の広告である。『全台日報』(一三三九号)は和文二〇頁・漢文四頁の全二四頁で、広告は計二二二件だが、萬年社との関係を示すようなものは見られない。一方、『台南新報』(二五一七号)は漢文一頁を含む全二六頁で二三四件の広告が掲載され、その中に萬年社の広告があるので取引関係があったと思われるが、赤い印の付いた広告はない。

次に朝鮮半島の新聞を見ると、萬年社が「関西一手取扱」の契約をした『京城日報』はこの元旦号がちょうど

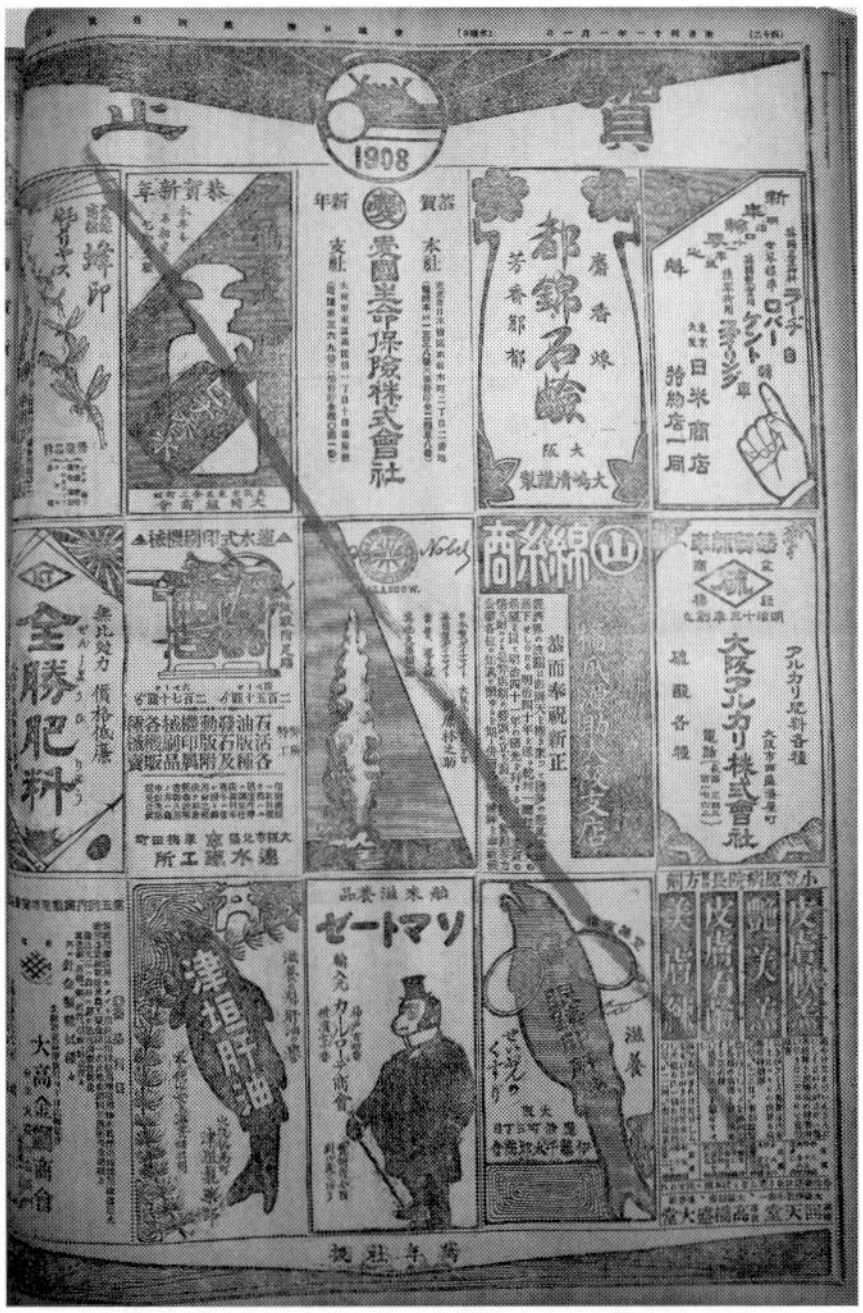

図２　『京城日報』広告（1908年元旦号）

四〇〇号で全五二頁、広告は計三〇八件、うち六六件に赤い印が付いており、うち三頁分の連合広告が「萬年社扱」と明記されている〔図２〕。これらには、前述した商店の一部が含まれているが、すべて大阪の関係である。全体の広告件数から見ると約二割を萬年社が扱っていたことになる。また、「東京弘業社扱」の連合広告が一頁あり、東京の出版関係や「命の母」「浅田飴」などの商品を宣伝している。

しかし、これ以外の新聞では萬年社の広告活動は目立たない。同じソウルで出されていた『朝鮮日日新聞』（一三三三号）は、四六頁で広告三九七件が掲載されているが、萬年社の関係した広告は見られない。またソウルに次いで日本人の人口が多かった釜山で発行された新聞としては、『朝鮮時報』（三三五八号）がある。全一六頁で一一七件のうち七件に赤い印があり、その内①竹原商店、⑤十合呉服店、⑦明昌堂兄弟商会、⑧柳医院、⑰河原国造が前述の広告と同一で、その他に⑱「藤原商店・大阪安堂寺・理髪道具」、⑲「三越呉服店・東京日本橋、韓国京城出張所・呉服」が掲載されている。しかし、紙面のうち見開き二頁を使った広告内字探し懸賞は、大阪の中外広告社によるものであり、また別の広告の企業ばかりを扱った一頁は神戸の勉強社の扱いと記されており、関西の広告会社が激しい競争を展開していたのがわかる。なお、『釜山日報』（五六八号）は全一二頁で八八件であり、発行部数約二二〇〇部だった『朝鮮時報』に比べて、一回り規模が小さかったようである。[4]

三番目に邦人の多かった仁川の新聞では、『朝鮮タイムス』『朝鮮新報』『大韓日報』がコレクションに残されている。『朝鮮タイムス』(一六四号)は一九〇七年五月に創刊されたばかりだが、五六頁で広告も四五八件と数が多い。このうち赤い印が付いた広告は二件あり、⑧柳医院と⑳「八木商店・大阪市・紡績絲商」である。紙面には萬年社自身の広告も出ているが、大阪の金水堂や勉強社の扱いを明記した連合広告の頁があり、複数の広告代理店が入っていた。『朝鮮新報』(二七三〇号)も同様で、四六頁で二九五件ある広告のうち、赤い印が付いているのは三件で、④岡本文蔵、⑤十合呉服店、⑲三越呉服店という、呉服関係の広告だけで、他に大阪の中外用達合資会社などが入っていたようだ。『大韓日報』(一〇六二号)も全四二頁で二〇五件の広告が掲載されているが、萬年社とは取引はなかったらしい。

仁川に次いで日本人が多かった平壌の新聞としては『平壌新報』(六四三号)が萬年社コレクションに残されている。全一八頁で広告が計一一五件あるうち、七件の広告に赤い印が付いており、そのうち五件は前述の⑧柳医院、⑳八木商店、⑤十合呉服店、⑲三越呉服店、⑱藤原商店で、他二件は㉑「内田直二商会・東京芝区・ゴム長靴」、㉒「関谷本店・大阪長堀橋筋・防寒用足袋装束類」である。

この他に萬年社と取引があったと思われる新聞は、『大邱日日新聞』(五三二号)で、全一四頁に掲載された広告九五件のうち、赤い印が付いた広告が一件あり、それは㉓「日本種苗会社・東京内藤新宿・農産種苗」である。また、『鎮南浦新報』(一七四号)全二〇頁に掲載された広告計七一件のうち赤い印の広告が三件あり、それは⑦明昌堂兄弟商会、⑧柳医院、⑱藤原商店である。それ以外に残されている、『木浦新報』(六五二号)、『群山新報』(三六三号)、『元山時事新報』(一九一号)は、地元商店の広告がほとんどで、萬年社とのつながりはわからない。

中国東北部で刊行された新聞としては、日露戦争後に租借地となった大連と、遼東半島の付け根にあり鴨緑江の河口に開港された安東の新聞が萬年社コレクションに残されている。まず安東で発行された『安東新報』(三四五号）は全一二一頁に広告一六六件が掲載されているが、そのうち七件に赤い印があり、前述の④岡本文蔵、⑤十合呉服店、⑱藤原商店、の他に㉔「大由商社・大阪市・欧米雑貨卸商」、㉕「小今井合資会社・大阪北区宮島町」、㉖「伊勢山田神宮・御神楽祈禱会」、㉗「栗谷園茶舗・大阪千代橋東詰・お茶」が萬年社の扱った広告らしい。これに対し、やはり安東で発行された『満洲実業新報』（一七号）には、萬年社が関係した跡はない。

一方、大連で発行された『遼東新報』（六〇〇号）は全三六頁で広告も四四六件と多いが、赤い印の付いた広告は、②常磐商会、⑦明昌堂兄弟商会、㉒関谷本店の三件だけで、取引は多くなかったらしい。大連市の「関東洲広告社」の広告があるので、ここが主な取り扱いをしていたのであろう。やはり大連で刊行された『満洲日日新聞』（六〇号）は、創刊して間もないにも関わらず、全四〇頁で計六五一件の広告が掲載されていて華やかであるが、神戸の勉強社と大阪の中外広告社が入っていて、萬年社は扱いがなかったようである。

これらの新聞が刊行されてから一〇日後の、一九〇八年一月一〇日に大阪の広告代理店同業者で料金協定が結ばれている。これは一八九九年に萬年社、勉強社、三星社、金水堂、日浩社（のち中外広告社）、倣蟻社の六社で広告同盟会が結成され、広告料金のダンピングに取り組んだ流れをくんでいるが、同年二月六日には、同盟会を中心に広告研究会の第一回が開催されている。その時にこれらの新聞は参考資料として供されたのではないか、と推測される。その前年の一九〇七年には日本電報通信社が日本広告を合併して、広告業と通信業の兼務を始めているが、日本での広告代理店はまだ近代化へと羽ばたく前であった。

翌年一九〇九年五月から高木貞衛社主は欧米広告界の実情を、約三か月にわたって視察に出かける。この時に収集したと思われる欧米の新聞は大量に綴られて残されている。アジアでの萬年社の活動で興味深いのは、一九一一年（明治四四）四月一日に『満洲日日新聞』と「関西一手取扱の特約」を結んだことである。社史によれば、期限は二か年だったというが、萬年社コレクションに残されている『満洲日日新聞』は九号分あり、『台湾日日新報』に次いで多く、『京城日報』と同数である。その後、『満洲日報』と改題した時期の号もあり、おそらく期限後も萬年社との取引関係は継続したのだと推測される。このように明治期の新聞資料からは、萬年社が大阪の企業の広告を中心に「外地」の新聞にも進出しようと苦闘していた姿が垣間見える。

3　大正期のアジアの新聞と新聞広告

萬年社コレクションに収められているアジアの新聞で、一九〇九年（明治四二）と翌一〇年に発行された新聞

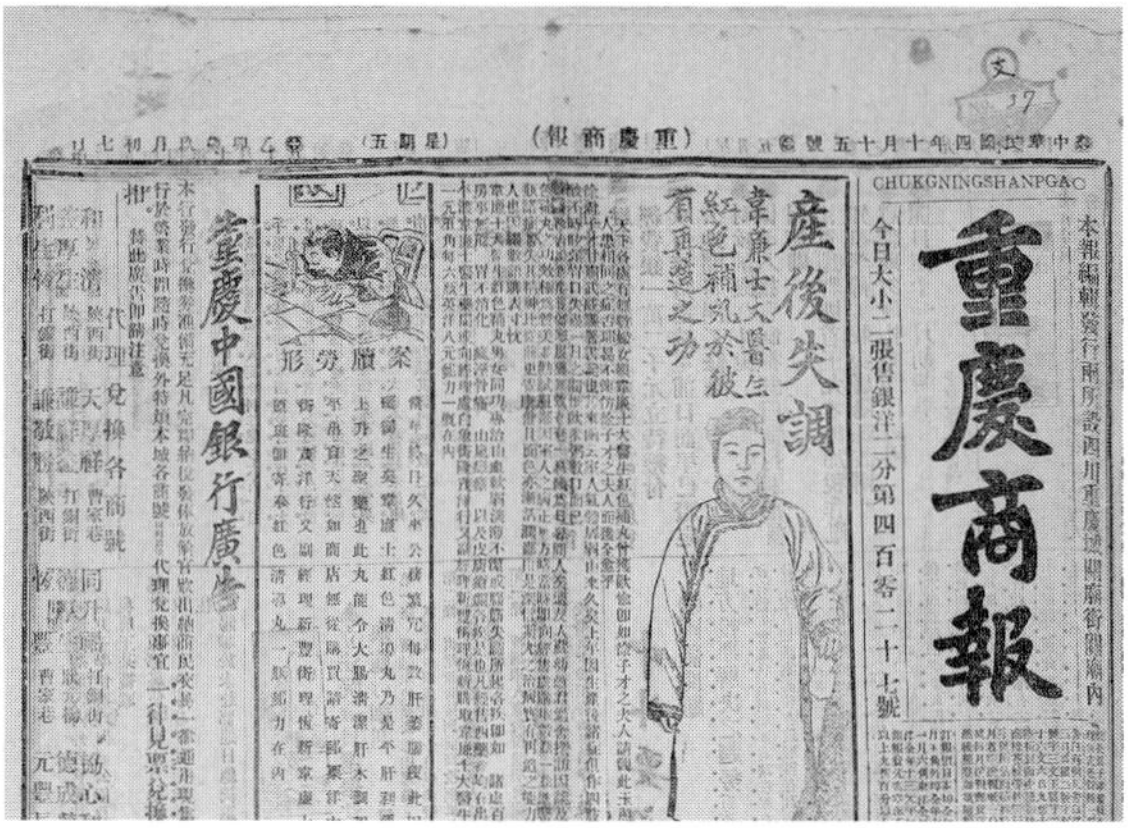
重慶商報
今日大小二張售銀洋二分第四百零二十七號
産後失調
重慶中國銀行廣告

図３　『重慶商報』（1915年10月５日付）

哈爾賓新聞
創刊の辭

図４　『哈爾浜新聞』創刊号（1919年１月12日付）

二九点は、PP270に綴られている。それらの新聞の日付はばらばらだが、そのうち一九一〇年六月一日付の『三南新報』から六月一四日付の『国民新報』『京城新報』までは、ほぼ毎日連続しているので、朝鮮半島・中国東北部から台湾を誰かが旅して集めたかとも思われるが、詳しいことは不明である。

それ以降の大正期にアジアで発行された新聞は、PP213とPP301の綴りにその大半が集中している。興味深いのは、これら大正期の新聞はほとんどが日本語以外の新聞で、その各号の第一面には、萬年社と刻まれた赤いスタンプが押され、地域別の区分と整理番号を示す書き込みがあることである。それによれば区分は四つほどあったらしい。すなわち、「支」＝支那、つまり中国、「印」＝印度、つまりインド、および「南洋」＝シンガポールやマレーシアなど当時「南洋」と呼ばれていた地域、そして英領セイロンだった「コロンボ」である。「支」の印が押されたものには、『重慶商報』（一九一五年一〇月一五日付）（図3）やサイゴンで発行された仏語紙『L'Opinion』（一九一六年六月七日）などの他に、非常に貴重な『哈爾浜新聞』創刊号（一九一九年一月一二日付）の和文版と露文版が含まれている（図4）。「印」にはラングーンやカルカッタ、デリーが含まれ（図5）、「南洋」には、バタビヤをはじめとするスマトラ島やジャワ島の各都市、マニラなどの新聞が含まれている[5]（図6）。おそらく、さまざまな機会と人によって集められた新聞を整理する時に、萬年社の図書室担当者が区分して捺印し番号を振ったのだと思われる。

社史によれば、一九一六年（大正四）四月一四日より南洋及び南支方面視察のため、大橋理事を派遣したとある。しかし、その旅程の範囲以外の日付を持つ新聞も多いので、それは含まれているとしてもほんの一部であろう。次いで同年七月一日『大阪朝日新聞』に「海外の市場及び外地新聞の諸資料を入手、利用されたし」との広告を萬年社は掲出しており、またこの年には、同志社で開催された広告展覧会に資料を提出しているので、これらの新聞の一部が展示に供されたものと推測される。

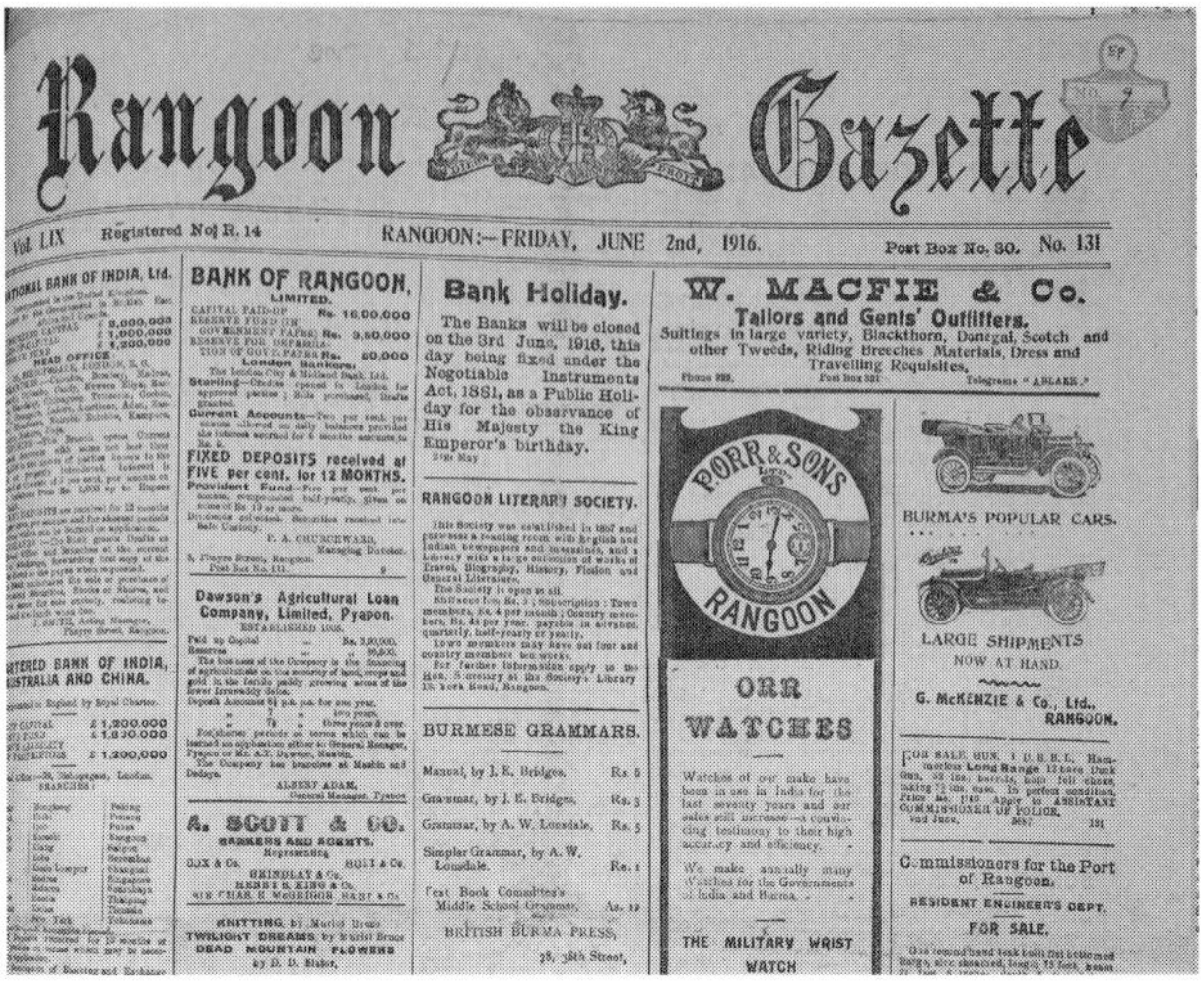
Rangoon Gazette

VOL LIX Registered No. R. 14 RANGOON:—FRIDAY, JUNE 2nd, 1916. Post Box No. 30. No. 131

BANK OF RANGOON, LIMITED.

FIXED DEPOSITS received at FIVE per cent. for 12 MONTHS.

Dawson's Agricultural Loan Company, Limited, Pyapon.

A. SCOTT & CO.

Bank Holiday.

The Banks will be closed on the 3rd June, 1916, this day being fixed under the Negotiable Instruments Act, 1881, as a Public Holiday for the observance of His Majesty the King Emperor's birthday.

RANGOON LITERARY SOCIETY.

BURMESE GRAMMARS.

W. MACFIE & Co.

Tailors and Gents' Outfitters.

Suitings in large variety, Blackthorn, Donegal, Scotch and other Tweeds, Riding Breeches Materials, Dress and Travelling Requisites.

ORR & SONS RANGOON

ORR WATCHES

THE MILITARY WRIST WATCH

BURMA'S POPULAR CARS.

LARGE SHIPMENTS NOW AT HAND.

G. McKENZIE & Co., Ltd., RANGOON.

Commissioners for the Port of Rangoon.

RESIDENT ENGINEER'S DEPT.

FOR SALE.

図５　『Rangoon Gazette』（1916年）

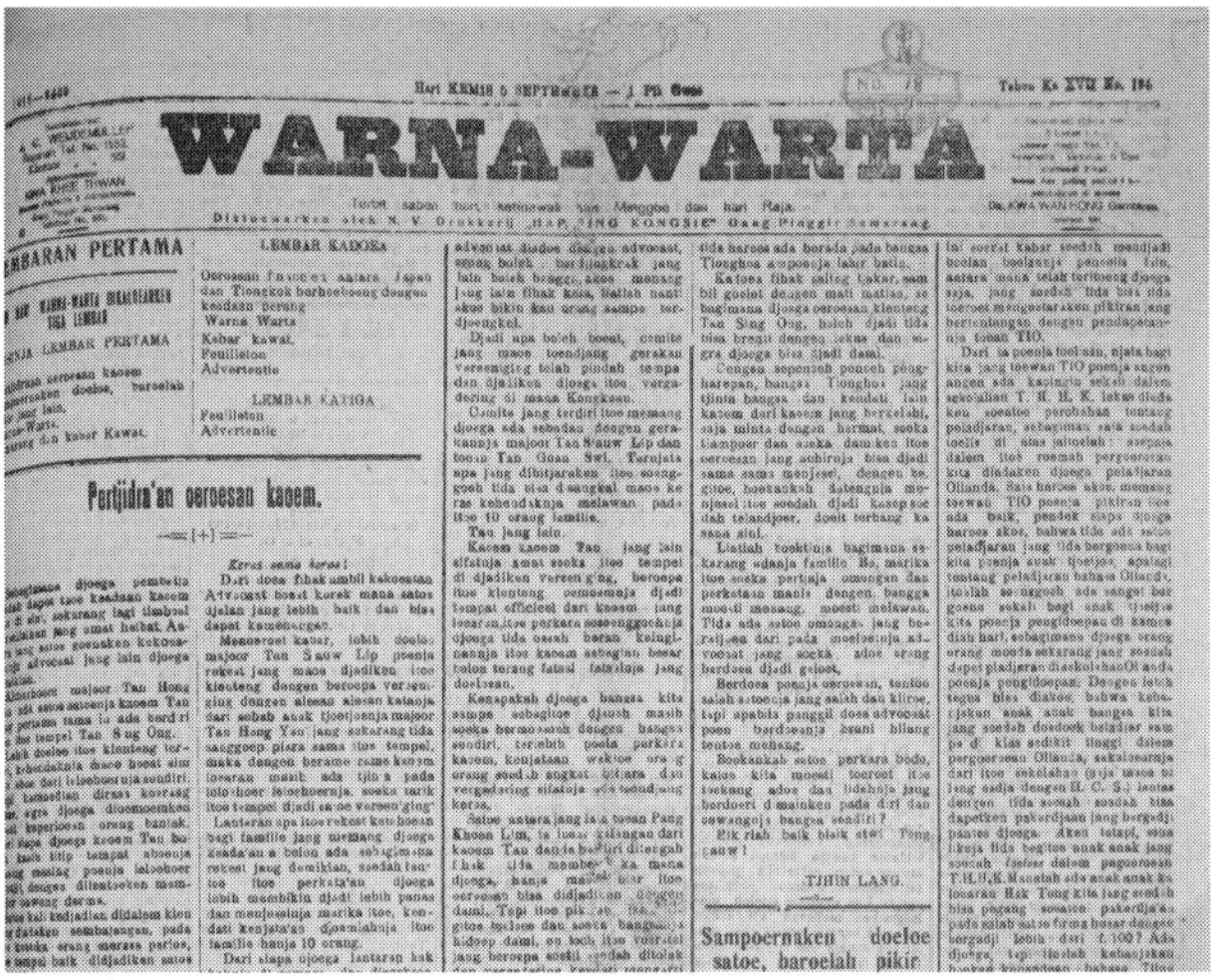
WARNA-WARTA

PEMBARAN PERTAMA

LEMBAR KADOEA

LEMBAR KATIGA

Pertjidra'an oeroesan kaoem.

Sampoernaken doeloe satoe, baroelah pikir

図６　『Warna-Warta』

これらの新聞とは別に、一九二〇年（大正九）一〇月一日に発行された地方紙が集められている中に、東アジアで発行された新聞が二七紙含まれている。これは前述した一九〇〇年元旦号と同様に、特定の日付の新聞を収集したもので、大型古資料PP258の綴りに収められている。この日付の意味は三つほどあると考えられる。一つは、この日が第一回国勢調査の実施日であり、広告代理店はその広報に極力すべく新聞広告を展開していたからである。例えば、『台湾新聞』（六二五七号）では、「火を噴くやうな宣伝の気分」と題した記事で、大阪市の各区で区長をはじめとした調査員や宣伝員、あるいは青年会などが、浪花節や浄瑠璃や活動写真などあらゆる方法を駆使して、調査用紙への記入を推進したことが紹介されている。こうした宣伝活動に萬年社をはじめとする広告代理店はおそらく積極的に協力したはずである。実際に、『満洲新報』（三八八四号）に「国勢調査大正九年十月一日午前0時！」「官民協心シ以テ国礎ノ堅キヲ努力メサル可ラス」との広告が掲出されているように、各紙では国勢調査の宣伝が何らかの形で行われていた。

同時に、この日付は朝鮮半島の各新聞にとっては、日韓併合により朝鮮総督府が置かれて一〇周年、すなわち「総督府始政十周年」を祝う記念日でもあった。京城の『朝鮮新聞』や『京城日報』、『元山毎日新聞』、『木浦新報』などでその祝意を掲げる新聞広告が掲載された。さらに、この日は萬年社が個人経営から脱却し、「株式会社萬年社」として発足した日でもあった。何重にも記念すべき日だからこそ、合計一八一紙もの新聞が収集されたのであろう。

先に検討した一九〇〇年元旦の新聞広告と、それから二〇年経った一九二〇年一〇月一日の新聞広告を数量的に比較することは難しい。なぜなら、当時の地方紙は通常四頁から八頁建てであり、それに対して元旦号は特別に二〇頁から五〇頁以上と増頁されているからである。ただし、ふつうの日の新聞の頁数と広告件数でも、当該紙の当時の勢力がおおよそわかる。例えば、朝鮮半島で刊行された新聞では、『京城日報』（四六六〇号）全八頁で広告一〇四件と最も多く、『朝鮮新聞』（六八八六号）全八頁で広告五二件、『釜山日報』（四六四七号）全八頁八四件、これに対して、『朝鮮民報』（四二九〇号）全四頁で二八件、『元山毎日新聞』（三五五四号）全四頁で五五件、大田の『湖南日報』（二九九八号）全四頁で二四件、『木浦新報』（四二八七号）全四頁で四九件、全州の『全北日日新聞』（二八二七号）全四頁で四九件、清津で刊行された『北鮮日報』（三八二九号）は全四頁で四九件、京城で出されたハングルの新聞『毎日申報』（四六一九号）は全四頁で三〇件と『京城日報』の半分以下だったことがわかる。

　また、中国東北部で発行された新聞では、大連の『遼東新報』（五一一八号）が全八頁で一三四件と最も多く、大連で刊行された漢文の『泰東日報』（三六二三号）は全八頁で五九件、奉天の『大陸日日新聞』（三五九九号）は全四頁で五七件、奉天で刊行された漢文紙『盛京時報』（四一七四号）は全八頁で四二件、栄口の『満洲新報』（三三四〇号）は全四頁で四〇件、長春の『北満日報』は全四頁で五八件、『安東新報』（四九二号）は全四頁で四〇件、『青島新報』（一九〇七号）は全六頁で九二件となっている。

　なお、台湾では、台北発行の『台湾日日新報』が新しく地方行政区が確定したことを記念して「祝新制実施」を掲げた全二八頁の特別号を組んでおり、広告も四六二件と多い。これに対し、台中市で刊行された『台湾新聞』は全一〇頁で広告三九件、台南市の『台南新報』は全八頁で五一件となっている。また、樺太の真岡で発行された『樺太時事新聞』（三五三九号）は全六頁で五七件である。

図７　『遼東新報』広告（1920年10月１日付）

　これらの新聞の広告を見ると、二〇年前とは広告内容が変化している。以前には、船の出帆広告、銀行、呉服、医薬品、日本酒、醤油、煙草、雑貨および地元の米穀商や旅館、遊郭などの広告が大半を占めていたが、一九二〇年のこれらの新聞では、「クラブ白粉」などの化粧品や「カテイ石鹸」などのトイレタリー商品、「森永ミルクキャラメル」「赤玉ポートワイン」「カルピス」など西洋風の新しい食品、また映画館・演芸・演劇の案内や書籍及びレコードなど趣味・娯楽に関わる広告が新たに登場し、大きな割合を占めるようになっている。植民地での日本人の生活水準が向上し、内地における大衆文化と大量生産による商品を受け入れ消費する余裕が出てきたことを示すものでもあろう〔図7〕。残念ながら、これらの広告の背後で萬年社がどのような活動をしたのか、具体的には不詳であるが、第一次世界大戦後におけるアジア各地で活躍する邦人の増加と産業の発展に伴って、営業の拡大を図っていたことは間違いないであろう。

おわりに

萬年社コレクションに残されているアジアで発行された新聞は、昭和期に入ると点数が少なく、また種類も偏っている。確認しただけで二五点しかなく、『台湾日日新報』『台湾新聞』『京城新聞』『朝鮮日日新聞』『朝鮮新聞』『釜山日報』『奉天毎日新聞』『奉天新聞』『満洲日報』『満洲日日新聞』の一〇紙に限られている。それらはほとんどが新聞広告の頁のみを台紙に切り貼りしたスクラップで、一九三二〜三四年（昭和七〜九）の一五点は、「祝満洲国独立」「満鮮貿易発展号」「万々歳満洲帝国」といった満洲国をテーマとした連合広告である[6]。興味深いことに、「万々歳満洲帝国」と題した図案の下書きが残されており、これは萬年社での広告制作過程を示す貴重な資料である〔図8〕。国策に協力する宣伝活動は、広告会社に

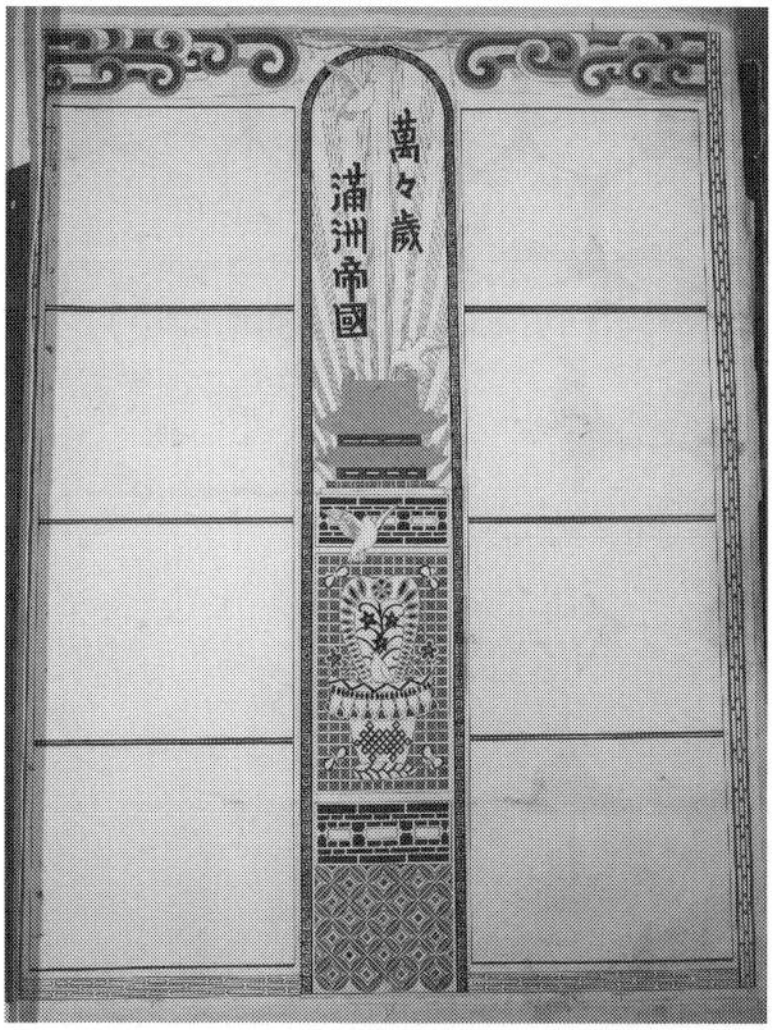

図8　連合広告図案（「万々歳満洲帝国」）

図９　大阪電通扱連合広告（『満洲日日新聞』1921年８月19日付）

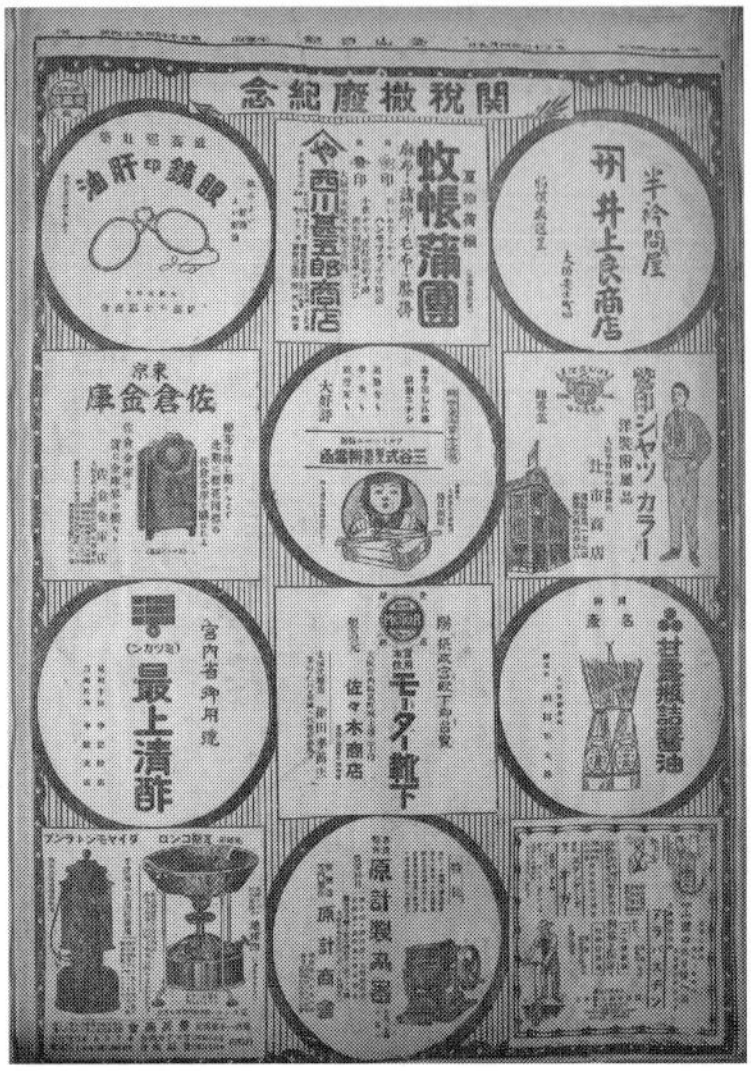

図10　萬年社扱連合広告（『釜山日報』1923年４月９日付）

とっては腕の見せ所であり、稼ぎ時であったのだろう。ただし、コレクションにある新聞広告のスクラップが全部萬年社の仕事というわけではない。コレクションの新聞広告のスクラップの綴りには、中央広告社や大阪電通、京華社、旭広告社など、むしろ萬年社以外の広告代理店の作品が多数集められていて、実務上で広告デザインの参考にしたのだと思われる。

その中で目を引くのは、大阪電通の連合広告である。例えば、大正後期の資料であるが、『満洲日日新聞』（一九二一年八月一九日付）の「大阪府商品陳列所優良品宣伝標語・大阪なるが故に優良なり」と題した「大阪電報通信社広告部扱」の連合広告〔図9〕と、ほぼ同時代の『釜山日報』（一九二三年四月九日付）の「関税撤廃記念」の萬年社扱いによる連合広告〔図10〕とを較べると、なんとなく萬年社の方が野暮ったく見える。こうした連合広告の競争は植民地だけでなく全国の地方紙でも同様に展開され、萬年社が『大阪毎日』との独占契約を基盤に強い力を持っていた関西でも、新たな流行を取り入れつつ大阪電通は次第に業績を伸ばしていったのであろう。

しかし、昭和に入って植民地における新聞に影響を与えた最も大きな変化は、日本の二大紙『毎日新聞』と『朝日新聞』の外地進出である。東京と大阪を地盤とする中央紙は、明治末から各地方に進出し、地方紙の基盤を侵食しつつあったが、その波が台湾、朝鮮にも及び始めたのである。『大阪毎日新聞』と『大阪朝日新聞』の朝鮮版は、大正半ばから大阪及び北九州門司に置かれた西部支社で制作が始まり、台湾版と満洲版は一九三三年（昭和八）頃から発行された。朝鮮総督府の統計によれば、一九二九年で内地から輸入された新聞では『大阪毎日』と『大阪朝日』が一、二位で各四万部台、それが三九年にはそれぞれ八万部から七万部に伸びている(7)。内地の地方紙が弱体化したように、外地の新聞も中央紙の攻勢によって弱体化したのではないかと推測される。おそらくそれが、昭和期の外地で刊行された新聞が当該コレクションにほとんど残されていない理由の一つであろう。

以上に見たように、萬年社コレクションに収蔵されている戦前期にアジアで刊行された新聞及び新聞広告資料は、日本の広告代理店が植民地を獲得したばかりの帝国日本と足並みをそろえて、台湾・朝鮮・中国へと活動を広げ、さらには「南洋」の東南アジアや南アジアへと羽ばたく夢を描いた明治から大正期の萬年社の志向を映し出しているといえる。特にアジアの各都市で発行された一九一〇〜二〇年代の新聞は非常に貴重である。しかし、実際に萬年社がどのような広告活動を展開したかについては、断片的な資料でしかない。コレクション以外のさまざまな資料と組み合わせて、今後探索していく必要がある。

特に昭和期の戦前及び戦中の日本の新聞広告資料の検討が、アジアにおける活動を明らかにする上でも重要であろう。なぜなら、日本帝国の主要紙が外地に進出した場合、萬年社は『大阪毎日』との従来の関係から、毎日新聞社の外地版の広告に協力したと考えられるからである。昭和期の『大阪朝日新聞』『大阪毎日新聞』および『読売新聞』の綴りが萬年社コレクションには残されており、大量の新聞広告スクラップもまだ十分に分析できていないので、この推測の証明は今後の課題である。

また、社史によれば、太平洋戦争が始まってからの一九四三年（昭和一八）に、萬年社は毎日新聞社経営の『セレベス新聞』の記事中広告を月一五回買い切りの契約をしたという。萬年社コレクションには『セレベス新聞』は残されていないが、『大阪毎日新聞』との関係から、毎日新聞社が進出したフィリピンの『マニラ新聞』（一九四二年一一月創刊）や『セレベス新聞』（一九四二年一二月創刊）の紙面における萬年社の活動を考察する必要もあるだろう。本稿では触れられなかったが、また機会を改めて論じたい。

（1）萬年社コレクションの全体に関しては、本書「はじめに」を参照。
（2）中島真雄と『順天時報』に関しては、本書所収の華コラムを参照。
（3）李相哲『朝鮮における日本人経営新聞の歴史』第三章（角川学芸出版、二〇〇九年）参照。
（4）当時の朝鮮半島における新聞の発行部数については、『統監府統計年報　第四次』（一九一一年）の明治四二年度分の統計を参照。
（5）なお、ハワイのホノルルで発行された『Honolulu Star-Bulletin』にも「南洋」の印が押されているが、本稿でのアジアという新聞の範疇からは外している。
（6）「連合広告」に関しては、本書所収の熊倉論考が詳説している。
（7）『韓国言論年表：1881–1945』（桂勳模編、一九七九年）による。

主要参考文献

李相哲『朝鮮における日本人経営新聞の歴史』角川学芸出版、二〇〇九年
李相哲『満洲における日本人経営新聞の歴史』凱風社、二〇〇〇年
中下正治『新聞にみる日中関係史――中国の日本人経営紙』研文出版、一九九六年

Ⅱ　「萬年社コレクション」から探る広告史

第Ⅱ部では「萬年社コレクション」から発掘した資料をもとに、視野を戦前の広告業界全体に広げ『広告の夜明け』を検証する。最初期のメディアイベントとしての博覧会や、広告業者らの思惑が見える業界地図、萬年社が発行した先駆的年鑑からひもとく雑誌広告、そしてコレクション新出資料によって明らかとなった戦時期に国家宣伝に協力した民間団体の活動。これら四つの章が、黎明期の広告業界にあった多面性を掘り起こす。

第五章　大阪の広告業界に生まれた「水曜会」百年の由緒

木原勝也

はじめに

広告や宣伝の原初の姿には、対面での商取引を活性化する、という目的があった。すなわち、向かい合う人への「買ってほしい」「立ち寄ってほしい」「知ってほしい」という直接的なアピールである。

これら広告や宣伝は、空間的また時間的に、メッセージの発信者と受信者との間で共有されることに意味があり、従って広告に関する商慣習は、もともと地域特性が強かったはずだ。広域を商圏とする商品・サービスが出現する以前、広告の発信者と受信者の距離は、感覚的にも、ビジネス上の経路も、限定された範囲に収まっていた。広告取引契約の条件や、広告セールスの方法、さらには広告業界のあり方や広告表現のトーン・アンド・マナーなども、地域により相応に異なっていたであろう。特に、発信者と受信者とを結ぶ、広告代理業者（現代の広告会社の一機能である、新聞などの広告媒体を広告主に代理販売する、または広告主の依頼に基づき広告媒体を買い付ける専業社）[1]のビジネスモデルは、地元媒体社との独特の緊張感や距離感に左右されるものだ。

ところが、かつて存在したはずの地域性や差異について、これまで比較が論じられたことはほとんどない。ひとつには、「これまで多くの広告史は、「東京に生まれた広告代理店の伸張の歴史＝広告史」という視点から描かれてきた」[2]という傾向から、東京以外の広告業界が「記述された歴史」となっていないこと、もうひとつには、東京以外での「研究対象としての広告史」に目を向ける者が少なかったことが理由に挙げられる。本章は、萬年社が存在した大阪（あるいは関西）の広告ビジネスの史的展開のうち、広告代理業者と広告媒体社（新聞社）との関係に焦点を当て、その比較を一考する。

もう一点、本章では、そのような広告ビジネスの地域性がもたらした、広告業界における広告代理業者団体のスタンスについて論考する。あらゆる業界団体は、それを取り巻く周辺環境との関係性により、その性格が決定付けられる。つまり、「どのような設立目的を持ち、どのような活動を行うのか」は、当該業種の置かれた立場によって異なり、上述の地域性によって変化するのだ。ここでは、萬年社が主導し、その倒産後も現在にその名を遺す「水曜会」に着目し、大阪の広告代理業者団体の、媒体社と広告主との間での位置付けや機能、また発言力やプレゼンスの実態とその変化を探り、萬年社が業界内で果たした（あるいは果たそうとした）役割や実績を紹介する。

１　大阪にみる広告ビジネスの地域性

（１）特徴付けにあたっての留意点

明治二三年（一八九〇）創業の萬年社が広告業界をリードしていた頃（明治中期～昭和戦前期）、大阪における広告ビジネスの進め方には、どのような特徴があったのだろうか。一般に「商都・商人《あきんど》の町」として過剰なイメージを付与されがちだが、商取引におけるコミュニケーションのあり方が、揶揄されつつも（「儲かりまっか」「ぼちぼちでんな」のフレーズが典型であろう）ある種の伝統として今に息づいていることは確かである。

但し、これらは常に「東京から見て」という視座によることに留意したい。特徴付けにあたっては、ことさらに東京との対比を強調すべきではなく、そもそも「大阪・東京・その他の地域」と三分割する便法は、「その他の地域」をひと括りにする点で、前提において適切ではない。ここでは、ステレオタイプなラベリングを一旦排し、広告ビジネスの経験者の言葉を、「もし大阪の広告業界に特徴的なことがあったとしたら」という視点から拾ってみよう。

　なお、大きな括りとして「大阪」と表現しているが、神戸・京都など、文化的・経済的な違いを持つ隣接地域を含むものなのか（その場合「京阪神」「近畿」「関西」などと表現すべきであるが、その場合も定義は難しい）、という点には踏み込んでいない（さらに「大阪」の中での地域ごとの特徴にも言及しない）。明治中期以降の広告ビジネスにおける「大阪」エリアのイメージ想起としては、「『大阪朝日新聞』『大阪毎日新聞』[3]などの大阪紙[4]が発行・販売部数で席巻し、読者や広告主企業もそれらにシンパシーを感じる地域」というのが、やや狭義の定義付けかと思われる。あるいは、「大阪紙が直接訪問して広告営業活動を行う、または、大阪の広告代理業者が取引契約を有する広告主が所在する地域」という、「日常の営業活動の接点」という観点からの定義も有効であろう。いずれにせよ、「大阪」の意味する範囲は、漠然としつつも、大阪紙や大阪の広告代理業者の〝守備範囲〟に近しいものだが、それは必ずしも地理的境界を定めるものではない。

　「大阪・東京」の比較や、「大阪・東京・その他の地域」という区分を軽率に用いるべきではないことを承知した上であっても、往時の大阪の広告ビジネスを回顧するコメントは、東京との対比で説明されがちで、それらを引用する場合には「大阪のみに絞って説明してよいのか」という点に注意を払うべきであろう。なお、そのような記録は、媒体社によるものが多く、広告主と広告代理業者によるものは見当たらない。大阪の広告主も東京紙と接点があったはずであるし、逆に、東京の広告主も大阪紙からの営業を受けたであろうが、その印象を記した資料は未見である。広告代理業者で、大阪（または関西）と東京の両地域に拠点を置いたのは、明治末年までは大阪の萬年社と京都が本拠の京華《けいか》社、東京の正路喜《しょうじき》社[5]・日本弘業通信社・帝国通信社・日本電報通信社[6]などで、大阪の一新社や神戸の東洋広告取次社・勉強社なども続いた。仲介者としての立場から見た地域性の違いは、客観的な証言として有効なのだが、そのような記録は少ない(7)。

媒体社、すなわち新聞社による典型的なものは、「大阪では、直接的・積極的な営業活動が盛んである」という証言である。東京との比較であることに留意すべきだが、次項以降にそのいくつかを並べ読み解くことで、その実態に迫る。

（２）広告ビジネスの環境面――新聞社

大阪の事情を概観するものとして、大正一一年（一九二二）に実業界から「大朝《だいちょう》」(8)広告部次長に迎えられ、二年後に「東朝《とうちょう》」（東京朝日新聞）広告部長に転じた北村榮二郎の言葉を挙げる。大阪と東京の違いについて、「東京は力の匹敵した新聞が幾つもあり、競争が多いので、取次店（広告代理業者）に足元を見られる。大阪は『大朝』『大毎《だいまい》』の二大紙が群を抜いており、むしろ取次店を圧迫している」「大阪の取次店は「水曜会」が広告料金を崩さないし、値切りの余地がない」「大阪は購買力が豊かな近畿・中国・九州と台湾・満鮮を勢力圏とするが、東京は関東を除き山間僻地が多く商圏が小さい」「大阪は打算的で採算が細かいが、東京は多少の高い安いは気にしない」「東京が圧倒的に進んでいるのは出版広告」という五点を象徴的なこととしている(9)。このうち、水曜会に関する検証は次節で述べる。

最初に挙げた東京紙の競合による乱売傾向については、大正一三年（一九二四）に「大毎」から「東日」（東京日日新聞）に移り、のちに毎日新聞社長を務めた奥村信太郎が、「（大阪に比べて東京は）広告のとり方も随分乱暴で、ある売薬店から新規の条件で六か月間の広告を契約すると、その単価を決める際にもう六か月継続してもらえれば更に単価を割り引いても良いと即座にこちらから単価の割り引きを申し出る。安い安い広告によって行数の多さだけを誇ろうとするのは不健全至極と言わねばならぬ」と評している。[10]

これに対し、大阪ではそもそも新聞社のスタンスが違っていて、「大朝」「大毎」の社会的リーダーシップが大きかった。阪急グループの創始者で、大阪の実業界の雄となった小林一三《いちぞう》は、大正五年（一九一六）に記した『新聞王國専制の大阪』の中で、「大毎、大朝の二大權威を度外視しては、知事も、市長も、府會議員も、いはんや實業家のごとき、何事も出來ないくらゐに勢力がある。いまや大阪は新聞紙専制の王國としてその暴威を振つてゐる」[11]と述べる。明治中期以降、大阪は「新聞王国」であり、例えば大阪の観光案内書には「大阪二紙」の社屋が紹介され、時代が下っても、昭和一二年（一九三七）に大阪市電気局と産業部が制作した映画『大《だい》大阪観光』では、景勝地や名所旧跡など従来の観光対象から工場群や建造物に価値観を見出す意図の中で、シンボリックな新聞社の本社ビルを大阪の機能を象徴する風景として描いている。[12]

時期により景況感が異なるため、新聞社・広告代理業者・広告主のパワーバランスを固定すべきではないが、例えば明治三六年（一九〇三）に萬年社が「大朝」と取り交わした覚書は、「当時の広告取引における同紙と取次業者の力関係が同紙にとっては売手市場的なものであったことを示して余りのあるもの」[13]で、大阪の新聞社（但し部数の少ない弱小紙はこの限りではない）側の、ビジネス面における相対的優位性を示している。

（3）広告ビジネスの環境面——営業スタイル

広告営業活動に限っての代表的な言及は、昭和八年（一九三三）に萬年社から「大朝」に入社し、その後「東朝」広告部長を経て、両朝日の統一後に西部本社（小倉）と大阪本社の業務局長や取締役を歴任した小田中幸《お だ なか》三郎[14]が述懐したコメントで、やや長いが引用してみよう。

大阪では、新聞社、媒体社の広告部員というものは、卑近な言葉でいうと、よく働く。人力車で朝から晩まで、小まめに広告主のところへ足をはこぶ。東京は、代理店相手にシリをたたくぐらいで、直接スポンサーのとこへ訪ねて行くことは少ない。（中略）『大朝』の広告部から『東朝』の広告部に転勤して、いちばんに感じたのはその点です。（中略）この傾向は、現在でも残っているし、朝日新聞だけじゃなく、他の新聞社や放送媒体でも同じで（大阪は）足がついた働き方をしている。東京はなんといっても、政治の都だけに、お役所式というか、政治的な動き、折衝や政治力で仕事をする、商売気が少なく、実際に足が地についた動きが少ない（中略）ということです。これは代理店でも同じで、体質が違う。大阪で100％働いて得られるものが、東京では80％働くだけで得られる。（中略）大阪だったら当然しなければならないぐらいのことをしておっても、東京では、よく働く、よく勉強するといわれる、（中略）東京で育った人には、それがわからないようです。（『大朝』広告部員が代理店に任せず自ら動いたことに対して）『東朝』広告部員は、主として代理店をいかにうまく掌握し、働かすかの方に重点をおいて、自分で直接広告主を訪問したり、広告主と接触、交渉するのは二の次だった。悪くいえば、東京の方は代理店の思うままに広告部が操縦されるようなきらいがなくはなかった。[15]

同様に、大正一四年（一九二五）に「大朝」に入社し、翌年「東朝」に転勤した立石泰輔[16]も、「（『大朝』出身の広告部員が東京で営業活動をするとき）直接東京の広告主のところへ行っても、大阪でのような権威はなかったし、スポンサーも気心が知れず、気持ちよく迎えてはくれなかった。むしろ代理店にたのんだほうがましで、代理店の方がいつも出入りして顔見知りで親しかったようです[17]」という印象を得ている。大阪では新聞社が主導権を握っていたことに対し、東京は広告代理業者が広告ビジネスをリードしていた、という実情がうかがえる。

「大朝」は昭和初期までは「東朝」を営業（販売収入および広告収入）面ではるかにしのいでおり、「東朝」から「大朝」への転勤が栄転とされていたほどだが、第二次世界大戦の戦時体制であらゆるメディアが東京中心の統制下に置かれるようになると、大阪の地盤沈下が生じた。「大朝」の広告部計算係主任の談によると、「昭和一六、七年ごろ東京で計算主任会議をやったことがある。まだ大阪がイバっていたころで、なぜ東京でやらんならんのやとイキまいたが、東京では大阪でやるんやったら行かんと言い出し、押しきられてしまった[18]」という。

ただ、このような〝大阪のプライド〟は、大阪での勤務経験がある者にのみ際立っていたようで、大正五年（一九一六）頃の、東京紙広告部長と地方紙や大阪紙の東京支局長との会議で、たまたま大阪紙の代表者が定刻に遅れた光景を、「「おい贅六、何をしていたんだ、皆の前に出て遅刻の詫をしろ」といきなり怒鳴りつけたものである。こうした傍若無人の振舞ひとつをみても、当時の東京側新聞社の鼻息の荒かったことがわかる[19]」との回想がある。しかし、その後関東大震災を転機として「災禍に見舞われなかった大阪の新聞社が急速な発展を遂げ、従来の地位が全く転倒するに至った[20]」ともあり、パワーバランスはその都度変化するにせよ、大阪と東京との関係は、常に緊張を孕んでいたようだ。

東京の広告業界からの大阪の〝贅六〟視は、飯守勘一[21]が大正末期から昭和初期のこととして記した、「代理店制限論だとか、契約段數不履行問題であるとか、下駄履き外交問題だとか、いろいろな問題は起つてゐた様だが、これは總て、東京廣告界に勃發した」のに対し、「大阪の廣告界は、喧嘩相手の無いばかりではなく（中略）議論をしてゐる暇があつたら、一行でも餘計に、原稿でも貰って來ると云ふ方寸《ママ》だ。東京人達が、贅六式だと罵らうが、くさそうが、そんなことは馬の耳に念佛だ[22]」という表現からもうかがえる。

（4）広告ビジネスの環境面――広告代理業者

そもそも、広告ビジネスにおいて、東京が〝中心〟となったのはどの時期だろうか。質的な側面は措き、量的比較で見ると、昭和八年（一九三三）に、「東朝」「東日」が「大朝」「大毎」を、それぞれ広告掲載行数で抜いており、「この年が東京と大阪の広告量逆転の年と見てよい」[23]。但し、広告収入で見ると、「東朝」は「大朝」の六割前後と遠く及ばず、これは広告単価の差（「大朝」が一行あたり一円八〇銭、「東朝」は一円五〇銭）で、正価からの平均割引率の差が大きかった（「大朝」は三七％前後、「東朝」は五三％前後）ためという[24]。これは、前項で見たように、大阪では二紙寡占体制が確立し、料金協定を結んだ両紙が過当競争による値崩れ防止に努めたが、東京では多数の新聞が競合し各紙とも広告料金の大幅値引に応じざるを得なかった、という事情による[25]。従って、表面上の広告量では東京優位となっても、売上額や利益といった金額面では大阪が高い水準を維持していたと言えよう。この傾向は、企業整備（後述）による新聞社統合[26]や、広告料金の公定化議論[27]まで続いたと推測される。

昭和一三年（一九三八）に「大朝」に入社し、終戦後東京に移った岡本敏雄[28]の次の証言も、当時の大阪の（というより大阪紙の）広告ビジネスの特徴を示すものとして貴重である。

（昭和一〇年代の）大阪の主要新聞社は、主要な広告主とは帳面上代理店を通すと通さないとにかかわらず、実質的には直接の取引をしていて、新聞社自体が十分の外交陣を持っていた。広告主の側でも、広告制作はほとんど自社のスタッフでやっていたので、外部に協力を求める必要がなかった。（中略）東京にきてみると状況がすっかり違っていた。広告主の数も媒体の数も相当多く、新聞社が自ら広告主にサービスをするにはとても手が足りなかった。広告主側とて同じことで中央、地方をあわせて数多くの新聞を相手に、広告主自ら事を処理するのは煩わしすぎるであろう、という事情がよくわかった[29]。あの狭い大阪で、外交（新聞社の広告営業担当者）が十数人もいて、毎日走り回っていれば代理店に頼む必要がない。広告主も新聞社と直接関係を持ちたがってましたね。代理店との関係が活発化したのは、大阪では戦後ですよ。（中略）代理店に頼んだ方が、支払い期日が伸びるし、手形で支払うこともできる。その他のことでいえば、代理店の必要はなかったですね。原稿は大手広告主ではすべて自社制作だったし、掲載の場所取りだって、新聞社の外交が毎日回っているから、本当に必要がなかったですね。しかし、東京の方はもうひとつ事情が違ってました。昭和二十二年、僕が東京朝日に転勤になったとき、広告部員は十数人しかいなくて、そのうち外交は三人だったから、どうしても広告代理店の手を借りざるをえなかったですね。(30)

すなわち、いくら〝大阪育ち〟が、東京において活発で直接的な営業活動を行おうとしても、ビジネス慣習の違いが大きく、また業務量の点で物理的にもエネルギーを費やすことが難しかった、ということである。

ちなみに、このような「大阪と東京との違い」は、二〇世紀の終わり頃まで、しばしば広告営業の現場で語られていた。「大阪は媒体社・広告主・広告会社の「距離」（地理的にも心理的にも）が近い」「そもそもそれら三者の数が（東京に比して）少ない」ことに加え、媒体社への社会的信用が高い（とされる）ことから「広告媒体の「力」が強い（広告効果が実感しやすい）」ため、広告主の側が媒体社や広告会社を「折衝すべき取引契約の相手方」ではなく「協調・共闘すべきビジネスパートナー」として遇する伝統があった、という説明もされる。

このような傾向を数量的に示すことは難しいが、昭和二五年（一九五〇）に出版された書籍に、「代理店扱ひと、新聞社扱ひの比率をみると、大新聞は殆んど代理店扱ひであり、新興紙は關東以北では代理店扱ひが九〇パーセント、本社扱ひが一〇パーセントとなつてゐる。地方では本社扱ひ三〇乃至四〇パーセント、代理店扱ひ六〇乃至七〇パーセントとなりやや本社扱ひが殖へるが、これは地元廣告の増加する關係からである。一方關西ではこの傾向は逆となり代理店、本社扱ひが夫々相半ばしてゐる。新興紙以外の既成地方新聞でも本社扱ひは三〇パーセント乃至四〇パーセントとなつてゐる[31]」と記したものがある。この著者は新聞記者出身であり、広告営業の事情をどこまで正確に知悉しているのかは疑問だが、この記述で注目すべきは、東京と比較して関西圏は広告代理業者経由の広告掲載が少なく、新聞社が直接広告主と折衝するケースが目立つ、という点であり、戦前の取引形態の名残りを留めている、と考えられよう。

この証言とあわせ、東京での広告代理業者の営業スタイルを端的に示す例が、昭和二四年（一九四九）に日本電報新聞社に入社した高橋一朗[32]の回想である。「当時の電通の営業部署では（中略）電通の広告主というよりも自分の広告主を持っており、新聞社から広告の掲載依頼があると、この広告を掲載するようにと言って、自分の机の引き出しから広告を取り出して判を押してやるという有り様でした[33]」。これは、「大外交」と呼ばれたベテラン営業担当者の姿で、大阪でも皆無ではなかったが、東京に多かった営業手法とされる。大阪に比べ新聞社が乱立し、「広告を取り合う」環境にあった東京で、広告代理業者の権限が強かったことの証左といえよう。

2　萬年社のリーダーシップ

（1）広告代理業者の団結

東京との比較ではあるが、第二次世界大戦以前の大阪の広告業界が、前節に挙げたような特徴を持っていたことを踏まえ、本節ではその環境のもと広告代理業者がどのように振る舞っていたのか、を考察したい。個々の活動を示す一次史料は、企業整備による広告代理業者の統廃合と、昭和二〇年（一九四五）の大阪大空襲時の罹災により、極めて少ない。しかし幸いにも、企業整備で誕生した近畿広告（のち大広）に統合前の主要業者の資料が残り、『大広百年史』（一九九四年）に記述されていること、あるいは空襲時に火災を免れた朝日・毎日の両新聞社の社内資料に基づく、津金澤聰廣ほか『近代日本の新聞広告と経営』（朝日新聞社、一九七九年）が、広告代理業者の消長に触れている。

なお、『萬年社広告100年史』（一九九〇年）のベースとなった「萬年社コレクション」として残る史料は、他業者の動向や営業活動についてほとんど記載していない。競合他社の営業方針や経営状況の分析を行い、自らの方向性や経営目標を定めることは、当然の経営ガバナンスであろうが、こと萬年社に限ってはその形跡が見られない。この点については様々な推測が可能だが、「正史」として昭和五年（一九三〇）に編纂が完了した『萬年社創業録』に残された、創業者の高木貞衛が社内会議や年頭などに訓示した明治四二年（一九〇九）以降の原稿にも、他社に触れた文言はまったく記されていないことから、ある種の社風や経営理念として、競争的なスタンスに立とうとしなかった、とも考えられる。あるいは、大阪の広告業界のリーダーとしての矜持が、他社と同じ土俵に立つ（ように映る）ことを潔しとしなかったのかもしれない。その一方で、広告代理業界全体にわたる話題を事細かに記していることは対照的ですらある。

残された史料が少ないことから、国内の広告代理業界の史的展開は、固定・通説化した理解が存在する。その典型が、昭和五六年（一九八一）に日本広告業協会が『日本広告業協会30年の歩み』としてまとめたもので、明治期の広告代理業草創期から企業整備までの業界団体について紹介しており、その流れを追うと次のようになる。

○広告業の発生と拡大により、明治二五年（一八九二）一一月、大阪で萬年社が中心になり広告従業者大会を開催し、同業者の和親と協同を目的とした協一会を結成した。[34]

○明治三〇年（一八九七）一〇月、東京の八業者が、正常な取引秩序を維持するために、東京新聞広告取次同盟会を結成した。[35]明治三五年（一九〇二）八日会に発展解消した。[36]

○明治三二年（一八九九）一一月、大阪の六業者が、会員の権益擁護のために、大阪広告取扱業同盟会を結成した。[37]

○明治三五年（一九〇二）六月、萬年社の高木が斡旋し、初の大阪と東京との親睦会と思われる、[38]全国広告取扱業者大会（名古屋）を開催した。

○大阪では広告業者の会合・協定がたびたび行われ、そのつど乱売・値引を自粛する覚書を作成したが永続しなかった。

○大正三年（一九一四）六月、東京の五業者が、協同会を結成した。[39]のちに拡大し、[40]群小の代理業者の不当廉売から利益を守り、正常な取引秩序を維持することを目的とした。[41]

○大正五年（一九一六）一一月、大阪で萬年社が主導し、九業者が水曜会を結成した。のちに一一業者（原文ママ。実際は後述の通り異なる）になり、大阪二紙に会員社以外との取引を認めさせないことや、協定した広告料金・割引率を守らなかった会員に制裁を加えるなど排他的な組織として機能した。

○大正一三年（一九二四）一二月、東京の協同会非加盟の中堅一二業者が、東京新聞広告協会[42]を結成した。[43]

右記は日本広告業協会のオフィシャルな発行物であり、業界の史的発展の概観には適していようが、どうやら、重要なトピックスに意識的に触れていない。それは、明治二〇年代半ば、「取次業の盛況斯くの如くなると共に、（中略）其勢力の増加するに伴ふて、營業團體の聯盟を見るに至り」、結成した東京の五業者が新聞社に対して「壟斷の暴威を揮ひ」、明治二八年（一八九五）にそのピークがあった、というものだ。出典は、日本電報通信社が明治四三年（一九一〇）に出版した『新聞總覽』（五四三頁）である。これは体系的な年鑑として最古の重要文献であり、[45]あるいは「暴威」の語を業界団体史に著すことに抵抗を覚えたのかもしれないが、この表現からうかがえることは、東京の代理業者団体の新聞社に対する強硬な姿勢である。それは前節に紹介した、東京の新聞社が広告スペースを「乱売」することに乗じたもので、新聞社の厳しい競合状況を見越して広告代理業者が値引圧力をかけたという事情が垣間見える。但し、その価格競争は逆に業者側の利益の減少を呼び（新聞社の広告掲載スペースに物理的限界がある以上、手数料率が変わらない限り、売上の総額低下に伴い手数料収入も減少する）、その対応の必要から、のちに価格カルテルとして協同会を結成した、と考えられる[46]。

（2）水曜会の結成

『日本広告業協会30年の歩み』は、大阪でも、東京同様に乱売や値引の自粛統制を目的とする団体が生まれては消え、最終的に水曜会が登場したことを述べる。前節に紹介したように、大阪では新聞社のポジショニングが高かったことから、この自粛統制機能は東京のそれと同一視すべきではないだろう。おそらくは、東京の団体は過度の値引による共倒れ防止、大阪では新参入業者の排除による既存業者の既得権確保を主目的としていたと思われる。そのことは、水曜会設立時の、次に挙げる『覚書』に記されている。

大阪市内ノ新聞廣告取扱ニ關シ代理業者相互ニ徳義ヲ尊重シ其共通ノ利益ヲ擁護スル目的ヲ以テ左ノ申合セヲナス

一、代理業者相互ニ廣告料金ノ亂割引ヲ以テ廣告主ノ爭奪ヲ爲サザル事

二、大阪府下、京都府下、兵庫縣下ニ於テ廣告ノ請負ヲ爲ス場合ハ名義ノ如何ニ拘ラズ別表以下ノ割引ヲ以テ請負ハザル事

三、直接間接ヲ問ハズ廣告主ニ對シ別表以下ニ割引シタリト確認シタル場合ハ當該新聞定價ノ一割ニ其廣告行數ヲ積算シタル金額ヲ違約金トシテ提供スル事　但シ右ノ確認ハ例會ノ決議ヲ以テ定ムルモノトス

四、此申合ヲナシタル同業者以外ノ代理業者ガ前記割引以下ノ料金ヲ以テ請負ヒタルコトヲ確認シタル場合ハ當該新聞社ニ對シ掲載中止ノ申込ヲナス事

五、相當ノ理由ナクシテ料金ヲ支拂ハザル廣告主ニ對シテハ同業者相互ニ通知シテ其廣告ノ取扱ヲ拒絶シ新聞社ニ對シテハ掲載中止ノ申込ヲナス事

六、毎月一回例會ヲ開催シ水曜會ト稱スル事

七、此申合セハ大正五年十一月一日ヨリ實行スル事

右ノ各項ヲ確守スル事ヲ約シ茲ニ署名捺印スルモノ也

大正五年十一月一日（水曜日）　　（署名押印）

この『覺書』は非公表の『萬年社創業録』に記録されたもので、末尾の署名押印は、萬年社・大阪電報通信社[47]・金水堂・帝国通信社大阪支局[48]・広知社・旭広告・倣《ほう》蟻《ぎ》社・京華社大阪支店（署名順）の八社である。ところが、高木が萬年社創立四〇周年を記念して昭和五年（一九三〇）に出版した『廣告界の今昔』（一二五～一二六頁）では、弘業社支店（日本弘業通信社大阪支店）の名が加わり計九社となっていて、萬年社のその後の刊行物や一般の広告史関連書籍でも、九社とする引用が繰り返されている[49]。定かではないが、水曜会の結成調印の直後に、何らかの理由で弘業社支店が加盟したように見受けられる。

なお、八社が署名した『萬年社創業録』の記録とは別に、大阪朝日新聞社に提出した『覺書』では、署名押印しているのは六社（萬年社・大阪電報通信社・金水堂・帝国通信社大阪支局・旭広告・京華社大阪支店）である。これは、水曜会のうち、大阪朝日と取引契約を結んでいた業者のみが調印したためであろう。なお、時代は下るが、大正一四年（一九二五）時点での、大阪毎日新聞社が直接取引していた大阪の広告代理業者は、大阪朝日と同じ六社[50]

に新興社を加えた七社だった。新興社は当時水曜会会員ではないが、その事情は次項に述べる。

東京の協同会との違いについて、新聞研究所『昭和二年版日本新聞年鑑』（第三篇七五頁）には、「同性質なるもこれ（協同会）に比し相当進歩せるものなり」とある。また、『日本広告業協会30年の歩み』（二五頁）は、水曜会を「大阪流の商魂に徹した排他的結束集団」、協同会を「江戸っ子風の気前のいい旦那集団」と比較しており、水曜会のほうが、より実務レベルでの協議や申し合わせが多かったと推測される。『萬年社四十年史要』（一五五頁）は、大正九年（一九二〇）のこととして、萬年社を退社（同社は辞表を受理せず解雇）した元社員約十人が新設した共同広告社について、「斯界の秩序を紊す不徳の行爲なりと認め、一切取引をなさざることとすとの決議をなす」と記している（共同広告社は一年余りで解散）。萬年社の私憤を感じないでもないが、このような決定が実務上の効力を持ち、業界ルールを定め価格維持に努めると同時に、新興勢力の台頭を抑えたことの証となる一件である。

萬年社が水曜会結成以前に主導した業界団体の目的は、新聞社側への圧力よりも、業界内での乱売防止にあった[51]。その点は前項で紹介した東京の例と大きくは異ならないが、さらに新参勢力の抑制による既得権益擁護という目的[52]が加わったのが水曜会だった、と考えられる。この点、東京の業界団体が、値引競争を回避し不良（料金不払い）広告主を排除することを徹底する過程で、新聞社に対して主導権を持つようになったことに比べ[53]、業界内の統制ルール確立と徹底に重きを置いていた。この点を評価した新聞社側は、「高割引率に悩む『大阪朝日』『大阪毎日』と中小業者の乱割引競争に手を焼く有力業者の利益が合致[54]」したこともあり、水曜会会員の特権を認め、むしろ協調体制をとったのである。

（3）水曜会のスタンス確立

結成後の水曜会のメンバー構成の推移を年鑑類で追うと、大正一三年（一九二四）前後に広知社が廃業し、昭和四年（一九二九）三月に帝国通信社の破産で同社大阪支店が消え（翌年、大阪帝国通信社[55]が加盟するが昭和一〇年（一九三五）に廃業）、一方で翌昭和五年（一九三〇）に新興社と第一広告社が加わった。新参勢力の抑制を目的としながら、この二業者が加盟したことにはどのような背景があったのだろうか。

まず、新興社は、大阪毎日新聞社の広告部助役の倉光喜代藏が大正一二年（一九二三）九月に創業し、「大毎」との間に特別な関係[56]があったと推測される。前項で触れた通り、「大毎」は、水曜会非加盟社との取引契約ができない規約の例外として、新興社を専属代理店[57]とみなして直接取引をしていた。その特例を正常化するために、第一広告社の加盟とあわせて、水曜会メンバーに入ることを働きかけたのであろうか。

もう一方の第一広告社は、新興社から袂を分かった岡田辰次郎[58]が大正一三年（一九二四）一〇月に創業し、松下電器や日本生命を主要取引先とした[59]。当時の業界紙[60]によると、「非水曜會員なるが故に、廣告界を掻廻すものなり」と業界内で問題視されていたのが、水曜会への入会（自発的か否かには踏み込んでいない）により「暴れ馬を繋いだ」ことになった、とする。第一広告社も水曜会の料金取り決めを遵守せざるを得なくなり、業界の混乱が収まった、というのである。第一広告社の入会時（七月一日付）、当番幹事の金水堂が新聞社に向けて発した『入會者御通知』が残っているが、相当のニュースとして伝えられたと想像される。

さて、水曜会が抑止しようとした、乱売や値引競争で業界秩序を乱したという中小・後発業者の振る舞いを明らかにしたいのだが、解明は困難でその社名すら定かではない。広告代理業そのものが、昭和一七年（一九四二）に商工省が企業整備の準備にあたり業界の規模や売上額（但し新聞・雑誌を扱う業者のみ）を調査するまで[61]、行政の統制下に置かれたことがない。水曜会結成の頃、大阪に広告代理業者が何社あり、就業者が何人いたのか、その疑問に答えることは難しいのだ。年鑑類の名簿には水曜会会員以外の名はあまり見られないが、大阪市商工課の編纂による『大阪市商工名鑑』など[62]には、交通（鉄道）、電柱、看板、銭湯、装飾などの専門業者が三〇社ほど名を連ねている。また、大正末期の大阪の事情として「各代理業者が、外交員を使役して居る數は約百數十名以上[63]」ともある。

管轄庁への登録や許可が不要で、資格や資本もいらないことから、広告代理業の起業は容易であった。東京での事情を記したものだが、明治後期の商売根問《ねどい》（起業・就業マニュアル）の類には、人格と努力次第で誰でも成功が見込める、と紹介されている[64]。このような個人事業主は、「提鞄《さげかばん》」「鞄外交」と呼ばれ[65]、会社組織の業者からは業界秩序を乱すとして嫌われたようである。大阪でも全く同様であったとの確証はないが、先に見たように業界団体を何度も結成したことから、既存業者が彼らの横行に手を焼いていたことが推測される。

水曜会は、新興社と第一広告社が加盟した昭和五年（一九三〇）、日本弘業通信社の内外通信社博報堂への合併で同社大阪支社が廃止されて[66]八社となり、その後は昭和一八年（一九四三）二月に傚蟻社を統合した新設の大和広告社が入れ替わるまで構成は変わらない。メンバーの固定化により、会員社の権益が確保されるとともに、新聞社側にとってもビジネスの安定化が期待・保障されるため、相互が大きな変革を嫌ったように見える。

新聞社側と異なり広告主の側にとっては、広告料金のディスカウントを相互監視して防止する水曜会の存在は、歓迎されるものではない。例えば昭和七年（一九三二）に、ある広告主が決算広告の掲載をめぐり、料金カルテルを結ぶ水曜会会員社の扱いを回避し、非会員の東京の代理業者扱いとしたことが問題視されている[67]。但し、この一件は会員社の策略によるものとされ、必ずしも統一歩調を取れていなかったことを示唆する。『萬年社広告100年史』（一八〇頁）には、「今は独禁法でやれないことになって居りますが、以前は水曜会で値合の協定と言うものが出来ていた。この協定を最も巧妙に利用したのは有力同業某社で、独り厳然と協定を守り抜いて来たのは当萬年社であります」という、昭和二七年（一九五二）当時の栗原社長の談話を記している。

これまで、水曜会の結成目的は公刊書に記されていても、具体的にどのような姿勢で新聞社や広告主に接していたのかを伝える史料は確認されていなかった。「萬年社コレクション」には、水曜会結成以来の会合議事録などが残っており、史料の精査によって、この時期の水曜会の活動の詳細が判明することが待たれる。(68)

（4）広告代理業の整備

昭和一三年（一九三八）以降、様々な業態・分野で企業整備が進められた。これは、企業間の競争が非常時にふさわしくないこと、企業数を減らし従業者の徴用を容易にすること、業界としての翼賛体制を構築することなどを目的に、業界ごとに妥当とする企業数を定め、中小業者を統廃合した国策のことである。その準備として、昭和一七年（一九四二）、広告代理業（広告取扱業の名称を用いた）の管轄庁となった商工省は、全国の広告代理業者に調査票を送付し、新聞・雑誌を扱う一八六社（東京一一二・大阪四五・名古屋九・九州九・その他一一）に対して、東京四〜八社・大阪三〜四社・名古屋一社・九州一社（順番と配分は売上額によると思われる）を目安とする整備統合要綱を翌年九月に発表した。

その流れの中で水曜会は、昭和一七年（一九四二）四月一日に、「大阪広告取扱同業水曜会」に改称し、会則を一新している。全一八条のうち、冒頭の四条を次に挙げると、その国策に沿った方向性がうかがえる。

第一條　本會ハ大正五年十一月一日大阪ニ於テ廣告取扱業ヲ營ム九社相寄リ結成シタル水曜會ニシテ今回國家目的ニ副ハンコトヲ期シ會則ヲ改メ同時ニ會名ヲ大阪廣告取扱同業水曜會ト改稱ス現在會員ハ左記八社ナリ

傚蟻社　株式會社京華社　大阪電報通信社　旭廣告株式會社

株式會社第一廣告社　株式會社金水堂　株式會社萬年社　新興社（イロハ順）

第二條　本會ハ廣告ニ關シ新聞事業ノ運營ニ協力シテ國策ヲ翼賛シ業務ノ統制ヲ圖リテ産業文化ノ向上發展ニ寄與スルヲ目的トス

第三條　本會ハ事務所ヲ大阪市ニ置ク

第四條　本會ハ第二條ノ目的達成ノ爲メ左ノ事業ヲ行フ

一、國策宣傳ヘノ協力

一、廣告淨化ト肅正

一、取引ノ改善

一、業務ノ刷新及整備

一、其他本會ノ目的達成ニ必要ナル事項

會員ノ業務ノ運行ニ付テハ別ニ規約ヲ定ム

（第五條以下略）

萬年社の刊行物はこの改称について一切触れていないが、様々な業種で企業の統廃合や吸収合併が進む中で、国策への協力姿勢を明確にすることで会員社の存続を図った、または統制団体として生き残りを企図した、と考えられよう。なお、先立って昭和一三年（一九三八）一〇月に、水曜会会員社に次ぐ規模の広告代理業者が「新聞広告業聯盟」という第二組合的な団体を結成している。同年五月の国家総動員法施行後、戦時体制進行への自衛的側面を持つ対応と思われる。

なお、水曜会が策した思惑は何ら実ることなく、大阪地区の企業整備は東京主導で進んだ。ところが、商工省がアドバイスを求めた日本電報通信社の吉田秀雄[69]は、大阪の広告業界の機微に通じていたとは思えず、単純に売上額の順に、大阪電報通信社・萬年社・旭広告の三社のみを存続する、という計画を具申したと思われる。そこで商工省は昭和一八年（一九四三）九月、朝日・毎日の両新聞社の代表者とともに三社の社長を整備事業の地区指導委員（世話役）に任じ、予定調和的に大阪の新聞・雑誌を扱う広告代理業者をすべて三社に統合する方向性を表明した。

この結果、水曜会の結束は崩れることとなり、他面では、存続が約された三社のうち大阪電報通信社と旭広告は中立だが萬年社が「毎日」系であることを朝日新聞社が懸念し、対抗のため「朝日」色の強い一社（近畿広告）を、三社に加える形で新設することを画策した[70]。残存三社を除く水曜会会員社は、金水堂・京華社（京都本店・神戸支店）・協和広告（京華社大阪支店・第一広告社を統合）・大和広告社（倣蟻社を統合）が近畿広告の発足時に合同し、残る新興社は出自の毎日新聞社との関係から、萬年社に統合された。要するに、残存できなかった水曜会メンバーは、「毎日」色が強い新興社を除き、新しく設立された近畿広告に統合されたのだが、この結論は従前の会員社相互の力関係を表しているようでもある。すなわち、残存三社に合併されて消滅するよりも、新設社への参画を選ぶ、という矜持がうかがえないだろうか。このことは、寄り合い所帯となった近畿広告では、いずれ戦時体制の終了後に再分離することを考え、各社の融和が進まなかった、と伝わる話[71]が裏付ける。

なお、これらの経緯は、『日本広告業協会30年の歩み』は触れず、近畿広告を継承した大広を除いて、萬年社をはじめとする各社の社史類にも一切記述されていない。これは、統廃合や吸収合併の際に多くの血が流れ、一応の整備事業完了後も相当に大きな禍根を残したことから、その経緯を断定的な物言いで記述することに躊躇があったためと考えるのが妥当である。筆者は平成二五年（二〇一三）に、日本広告学会関西部会の助成研究で、東京中この間の事情や表面化しなかった事実を多くの〝隠された〟史料と証言を元に再構築した[72]。その過程で、東京中心で構成された「通説」の多くが否定または補正され、大阪だけではなく名古屋・九州の二地区の整備においても、「そもそも一社への統合は形式的だった」という衝撃的な事実が判明したのだが[73]、水曜会内部の確執もまた、これまで秘められていた事情のひとつである。

最終的に、大阪地区で新聞・雑誌を扱う広告代理業者は、大阪電報通信社・萬年社・旭広告・近畿広告の四社に収斂した。この時点で水曜会としては、新参入業者の排除や既得権益の確保といった存在目的自体が消滅し、また広告料金とマージンの公定化により料金水準の内規を定める必要性もなく、結束の意義を失った。ところが水曜会は解散せず、「萬年社コレクション」にも、会員社が四社となった時期の会合議事録が残っている。

おわりに

第二次世界大戦後、様々な統制が解除され、営業活動の自由が戻った。但し広告業については、自由化後も新聞・雑誌用紙の供給が安定し紙幅が回復するまで待たねばならず、広告代理業者の再興、または新設をみたのは昭和二一年（一九四六）半ば以降である。広告代理業者の数が増える中で、企業整備時の存続・統合社の団体である日本新聞広告同業組合[74]に対して、再興・新設社が全国新聞広告同業組合（第二組合）[75]を設立した（いずれも全国組織）。大阪独自の団体はこの時点で水曜会のみであったが[76]、大阪に支店を置いた東京の新会社、また大阪で新設した広告代理業者が、水曜会に新加盟を認められることはなかった。

戦時体制でレゾンデートルを失った水曜会は、昭和二二年（一九四七）に制定された独占禁止法が価格カルテルを禁じ、非会員社との取引禁止条項を違法としたため、料金水準の維持統制や既得権確保という目的を完全に絶たれた。従って、団結の名目は業界の行動倫理のリーダーシップに限定されたのだが、扱う媒体が昭和二六年（一九五一）に開局した民放ラジオ局、さらにテレビの時代を迎え、広告代理業のビジネスモデル自体も変化し、新聞の扱いを出自とする水曜会自身が業界の求心性を持ちづらい環境となった。

そのような中では、水曜会は単に〝老舗の記号〞に過ぎず、表向きは特段の存在意義を持たなくなったと考えられる。業界団体の会合や会報誌には、「水曜会」や「水曜会幹事」の名や肩書（挨拶広告、座談会参加者など）が見られるが、それらは〝業界の長老格〞という意味や役割以上のものではない。また、「各社の退職者の情報を共有し、業界内転職に注意を払った」という仄聞があるが、実効を伴っていたのかどうかわからない。そして昭和四三年（一九六八）一一月、ついに水曜会は終焉を迎える。四社のうち設立以来のメンバーだった旭広告が自主廃業し、解散したのだ。

水曜会が、旭広告の廃業にどのように対応したのかの記録は確認されていない。上述の環境から自然消滅したと考えられても不思議ではないが、実は水曜会の名は現在に脈々と受け継がれている。毎日新聞大阪本社広告局が定期的に開催する、取引広告会社との情報連絡会がそれである。口伝ではこの定期会合について、旭広告廃業後の昭和四五年（一九七〇）前後に萬年社から主宰を引き継ぎ、従前の閉鎖的な組織から参加広告会社の間口を広げ、業界全体の業務レベルの向上と実務者間の懇親を図ったとされる。(77) ただ、現在の毎日新聞社内にはその事情を知る社員はもとより口承も存在せず、社屋移転(78)で記録も散逸したと見られ、事実確認のため元社員を訪ねたものの、その回顧も「自分が入社した時には既にあった」という感想を得たに過ぎない。開催の主旨を新たにした水曜会は、平成二八年（二〇一六）一一月一日に百周年を迎えたのだが、今やその由来と沿革を語る実務関係者は誰一人いないだろう。

本稿の後半では、萬年社の主導した水曜会が、いかなる理念や目的を持ち、それが大阪の広告業界のどのような環境に基づき、また影響されて設立・発展したのかを考察した。地域のビジネス環境のパワーバランスや商慣習、また文化的風土が、当該業界の性格付けや、業界団体のスタンスを形成することは、理屈の上では承知できるが、その実証には様々な事案の渉猟を頼り、帰納的に推論を立てるしかない[79]。この点において、「萬年社コレクション」の未検証の膨大な史料群は、新しい論点提示に大きく資するものであり、表面化しなかった業界団体の内部事情や、現在に通じる広告業界の課題点を明らかにする可能性を有している。

（1）明治後期までは「広告取扱業」「広告取引業」と自称していたが、大正年間に「広告代理業」の語が、販促サポート重視などビジネスモデルの質的変化とともに徐々に浸透した。

（2）難波功士『広告のクロノロジー』（世界思想社、二〇一〇年、四〇頁）。

（3）いずれも大阪発祥。『大阪朝日新聞』『東京朝日新聞』は昭和一五年（一九四〇）に『朝日新聞』に、『大阪毎日新聞』『東京日日新聞』は昭和一七年（一九四二）に『毎日新聞』に改題した。

（4）前掲の『朝日新聞』と『毎日新聞』の題字共通化以前は、発行印刷地により「大阪紙」「東京紙」「地方紙」という分類があった（「地方紙」は大阪と東京のみで使用された語）。なお、「ブロック紙」というのは企業整備における新聞社統合時に発生した概念である。

（5）明治二九年（一八九六）に大阪支店を出したが二年後に閉店。山本武利「経営基盤確立期における広告」（津金澤聰廣ほか『近代日本の新聞広告と経営』朝日新聞社、一九七九年、一八九頁）。一方、斎藤悦弘『広告会社の歴史』（広告経済研究所、一九九七年、三八四頁）は、明治三二年（一八九九）に大阪出張所を開設した、と記す。

（6）明治三四年（一九〇一）に光永星郎が創立した日本広告と電報通信社（のち日本電報通信社）が、明治四〇年（一九〇七）に合併。昭和三〇年（一九五五）に電通に社名変更。

（7）広告代理業者からの証言は少ないが、皆無ではない。昭和一一年（一九三六）頃の東京における「関西系」の評価として、「「旭」（旭広告）とか「京華社」というのは、東京支店は小さかったです。「萬年社」は、非常に固い商売をしていました。広告界で一番先に広告理論の研究を一応やってましたですね。（中略）ですから「萬年社」がいろいろと言うとみんな尊重するんですね。ですから、その当時「萬年社」は、かけ引きも何もしないでやってました」とする（「富永令一戦前の広告代理業界を中心に」『別冊新聞研究23　聴きとりでつづる新聞史』日本新聞協会、一九八八年、九六頁）。

(8) 『大阪朝日新聞』『東京朝日新聞』を「大朝」「東朝」、『大阪毎日新聞』『東京日日新聞』を「大毎」「東日」と略すことが多い。業界雑誌では社名を「大朝社」などと表記することもある。以下、本文中も同様に略記する。
(9) 春原昭彦「広告から見た昔の東京と大阪」(『新聞経営139』日本新聞協会、一九九七年、三七頁)。北村の言葉の出典元は不詳だが、昭和十年代の事情を指すと思われる。
(10) 春原昭彦「大阪と東京の違い」(『新聞経営127』日本新聞協会、一九九四年、一四頁)。奥村の言葉の出典元は不詳だが、大正末期から昭和初期の事情を指すと思われる。
(11) 小林一三「新聞王國専制の大阪」(『小林一三全集』第六巻、ダイヤモンド社、一九六二年、二〇六頁)。
(12) 橋爪節也編著『大阪大学総合学術博物館叢書4　映画「大大阪観光」の世界――昭和12年のモダン都市――』(大阪大学出版会、二〇〇九年)。
(13) 前掲注(5)山本「経営基盤確立期における広告」(一九九頁)。
(14) のち大広社長。
(15) 金親不二男「よく働いた大阪育ち　東西『朝日』両広告部の気風」(『広告月報220』朝日新聞社、一九七八年、三一頁)。回想は一九六九年のもの。
(16) のち朝日新聞大阪本社業務局次長、朝日放送常務取締役。
(17) 前掲注(15)金親「よく働いた大阪育ち　東西『朝日』両広告部の気風」(三二頁)。
(18) 同前書(三三頁)。
(19) 勝田重太朗「われ悔ゆることなし」(『五十人の新聞人』電通、一九五六年、二〇二～二〇三頁)。勝田は当時新愛知東京支局長。のち中部日本新聞社常務取締役・信濃毎日新聞社副社長・信越放送社長・産業経済新聞東京本社長。
(20) 同前書(二〇三頁)。
(21) 京華社を退社後、鈴木商店(味の素)や中山太陽堂(クラブ化粧品)など広告主の出稿責任者を経験し、のち馬関毎日新聞や東京日日新聞などの媒体社に移った。
(22) 飯守勘一『廣告巡禮』(日本広告学会、一九二七年、一六一頁)。
(23) 『大広百年史』(一九九四年、九五頁)。『新聞總覽』の統計を調査した、有山輝雄「『朝日』『毎日』寡占化の進行と広告」（前掲注（5）『近代日本の新聞広告と経営』四六七頁）に依拠する。
（24）前掲注（23）有山「『朝日』『毎日』寡占化の進行と広告」（四六七頁）。
（25）同前書（四六八頁）。
（26）昭和一三年（一九三八）に約七百あった普通日刊紙が整理統合され、昭和一七年（一九四二）に五五紙に減った過程は、里見脩『新聞統合』（勁草書房、二〇一一年）に詳しい。
（27）昭和一四年（一九三九）施行の価格統制令による広告料金固定への対応をめぐり新聞業界が紛糾した。
（28）のち朝日新聞社常務取締役、朝日広告社社長。
（29）『日本広告業協会30年の歩み』（一九八一年、二四頁）。
（30）渋谷重光『語りつぐ昭和広告証言史』（宣伝会議、一九七八年、二七三～二七四頁）。
（31）松本幸輝久『新聞學概論』（国民教育社、一九五〇年、三四四頁）。
（32）のち電通副社長。
（33）日経広告研究所『証言で綴る広告史』（日経広告研究所、二〇〇一年、二四頁）。
（34）高木貞衛『廣告界の今昔』（萬年社、一九三〇年、六九頁）には、「其の前年の頃と思惟するが」とあり、統一会結成が大会に先立つとする。
（35）内川芳美『日本広告発達史』（電通、一九七六年、上編一六四頁）は、結成目的について、「（広告の値崩れが甚だしいため）代理業の共倒れを防止し、広告取引の安定化をはかる目的で」とする。
（36）同前書（上編一六五頁）は、「八日会は、東京の全新聞社、全広告代理業で組織され、共通利害問題を協議したというが、これが、同盟会と同じような広告取引の統制機能を果たしたかどうかはわからない」とする。
（37）『萬年社四十年史要』（五四頁）は、当初五業者で名称は「大阪市内広告取扱業者同盟会」とする。
（38）同前書（五六頁）は「約二十名に達す」とする。
（39）『大正三年版新聞總覧』（日本電報通信社、一九一四年、第二部一六～一七頁）は、日本電報通信社・博報堂・弘報堂・正路喜社・帝国通信社の名と、会則「第二條　本會は親睦を旨とし斯業の名譽利益を擁護し其進歩を計るを以て目的とす」を挙げる。また「賛成新聞社」として東京一五紙の連名がある。

(40)『廣告五十年史』（日本電報通信社、一九五一年、二一二頁）は、九業者とするが拡大時期には触れず、『広告六十年』（博報堂、一九五五年、一〇八頁）は、当初から九業者以上とする。
(41) 前掲注(35)『日本広告発達史』（上編二五二頁）には、大正一三年（一九二四）三月に東京の五業者が結成した一水会の名があり、当時毎年発行されていた『日本新聞年鑑』には、協同会が社長級の団体であったのに対し、一水会では実務的な問題を協議した、とある。
(42) 当時の年鑑類は「東京広告協会」とする。
(43)『大正十四年版日本新聞年鑑』（新聞研究所、一九二五年、五七頁）は、一二月は創立協議会で翌年四月に第一回総会があったと記し一五業者を列記する。また、『大正十五年版廣告總覽』（新聞解放社、一九二六年、年表一四頁）には、大正一五年五月のこととして「無暴入札に對し東京廣告協會起つ」とある。
(44) 明治二三年（一八九〇）の商法と裁判所構成法の公布で、決算報告などの公告を新聞広告により行うことが定められ、広告需給が活発になった結果、広告代理業者の数が増加した。明治三二年（一八九九）頃の大阪では、金水堂・長春堂・勉強堂・三星社・日浩社・萬年社の六業者が有力だった。『新聞廣告四十年史』（内外通信社博報堂、一九三五年、六一頁）。
(45) 前年に日本電報通信社が出版したパイロット版的な『新聞名鑑』（二四頁）に、「暴威」の事件が記述されている。
(46) 同盟会以前にも、明治二六年（一八九三）七月頃、東京の六業者が料金維持のために同盟組合を結成した、という記録がある。藤田幸男、読売広告社編『新聞広告史百話』（新泉社、一九七一年、二六〇頁）。
(47) 日本電報通信社大阪支局は、明治四三年（一九一〇）に対外的に大阪電報通信社と称し、支局長は社長を名乗った。
(48) 萬年社の刊行物では、署名と異なる「大阪支社」と記す。
(49)『萬年社創業録』を忠実に底本とする『萬年社四十年史要』でも九社とする。
(50) 島田昇平『新聞と廣告』（大阪毎日新聞社、一九二五年、一七七頁）。「以上の外大阪には毎案専門に取引をしている倣蟻社」とあり、六社に倣蟻社を加えた七社とすべきとも思えるが、取引条件が異なる「毎案」すなわち案内広告（いわゆる三行広告）は『覺書』の対象外だったと思われる。
(51) 明治三六年（一九〇三）の六業者の協定は、「大阪毎日、大阪朝日、大阪新報の三社廣告請負値段亂割引矯正の件」という価格カルテルだった。『萬年社四十年史要』（七一頁）。
(52) 明治三〇年代の東京のこととして、「その頃、広告取扱業者間の談合入札は常態」とあり、業界の本質的な特徴とも言える。『八火傳』（日本電報通信社、一九五〇年、八二頁）。
(53) 具体的には、新聞社にマージン率の割増を求めた。前掲注(5)『広告会社の歴史』（四〇頁）。
(54) 前掲注(5)山本「経営基盤確立期における広告」（三〇八頁）。新聞社側が「高割引率に悩む」という表現は、東京に比べて大阪は媒体社の力が強かったことと矛盾するようだが、ここでは広告代理業者を介さない直接取引での多行数出稿における契約条件などを指す。
(55) 前掲注(35)『日本広告発達史』（上編三六六頁）には、帝国通信社が破産直前に挽回策として「大阪帝国通信社を創設して大阪電報通信社に対抗しようとした」とあり、帝国通信社大阪支店と大阪帝国通信社は別組織だったと考えられる。
(56) 『新聞之新聞　昭和五年三月一四日号』の連載コラム「東日廣告部裏面物語（三二）」は、新興社と東京日日との間には二割五分の特別な割戻し（マージン手数料）がある、と記す。水曜会への加盟以前に、大阪毎日との取引があったのかどうか不詳である。
(57) 『廣告戰策』（新聞研究所、一九二九年、七九頁）。
(58) 『日本及日本人　大正一四年六月一五日号』の連載コラム「新聞漫語」。
(59) 第一広告社は企業整備時に協和広告に吸収され、さらに近畿広告に統合されたため、松下電器などの扱いもそのまま近畿広告（昭和三五年（一九六〇）大広に社名変更）に移行して現在に至る。前掲注(23)『大広百年史』（一一三頁）。
(60) 『新聞之日本　昭和五年七月五日号』。
(61) 企業統合で残存させる業者を決めるための基礎調査として、昭和一六年（一九四一）五月から翌四月までの取扱高などを報告させ、「これまで乏しかったこの種の基本データが整理されたことは、代理店整備統合のかくれたメリット」とされる。津金澤聰廣「戦時統制下における新聞広告」（前掲注(5)『近代日本の新聞広告と経営』六五八頁）。
(62) 新聞・雑誌扱い以外の広告代理業者名を一覧化したものは、ほかに片桐祐七郎『實務本位廣告辭解』（日本広告学会、一九二四年）など。
(63) 前掲注(58)『日本及日本人』（一一五頁）。

(64) 石垣冷雨『小資本營業之秘訣』（出版協会、一九〇七年、二一〜二六頁）をはじめ、同一表現を引用する類書が多い。
(65) 湯澤精司『新聞業界五十五年思出噺』（広告社、一九三七年、一一頁）。
(66) のちに大阪のみで再興し、企業整備時まで活動したが水曜会に再加盟していない。
(67) 『新聞之新聞　昭和七年二月二十九日号』には、大阪電報通信社が、協定逃れを図って系列社である東京の日本電報通信社に安価を提示させて落札した、とある。
(68) 本稿執筆時、これら議事録は未調査であり、実査確認ののち改めて水曜会の歴史を明らかにしたい。
(69) 当時常務取締役、のち社長。
(70) 萬年社は創業時、『大毎』から専任契約などの支援を受け成長した。
(71) 前掲注(23)『大広百年史』（一二八〜一二九頁）。企業整備時の朝日と毎日と駆け引きは、実務者に口承で伝わるが、記述されたものは『大広百年史』のみである。
(72) 木原勝也「正史に残らなかった大阪の広告代理業整備秘話――ビッグ3プラス1、そして集合離散」（『日経広告研究所報』二七一・二七二号、日経広告研究所、二〇一三年）。
(73) 木原勝也「正史に残らなかった広告代理業整備秘話――名古屋電報通信社は存在したのか」「同――九州3新聞系と電通共存の背景」（『日経広告研究所報』二七七・二七八号、日経広告研究所、二〇一四年）。
(74) 昭和二〇年（一九四五）九月設立。
(75) 『日本新聞協會十年史』（一九五六年、二六三頁）は昭和二一年（一九四六）九月設立と記すが、前掲注(29)『日本広告業協会30年の歩み』（二九頁）は昭和二三年（一九四八）としている。
(76) 戦後の大阪の広告業界団体は、昭和二二年（一九四七）設立の関西広告協会（現大阪広告協会）が最初、広告代理業の団体は昭和四〇年（一九六五）の大阪広告業協会（現大阪アドバタイジング・エージェンシーズ協会）まで待つ。
(77) これに対抗して、朝日新聞大阪本社業務局（現メディアビジネス局）が昭和四七年（一九七二）二月以降、広告事例研究会を定期的に開催し現在に至る、という口承がある。
(78) 平成四年（一九九二）一一月に、大正一一年（一九二二）竣工の堂島旧社屋から西梅田に移った。
(79) 水曜会同様、大正年間に設立された広告業界団体「在阪全国新聞支社連盟」の歴史もこれまで明らかではなかったが、業界誌紙や口伝の検証により通史化が実現した。木原勝也「大正期の『新聞王国』大阪に成立した広告ビジネスモデル」（『日経広告研究所報』二九一号、日経広告研究所、二〇一七年）。

第六章　萬年社と博覧会
――「京都こども博覧会」における新聞と広告

村瀬敬子

はじめに

戦前に広告業界をリードした萬年社は、『広告論叢』や『広告年鑑』等の出版、業界団体の結成、広告にかかわる講演会や展覧会などの事業を行ってきた。これまでの萬年社の研究では、創業者の高木貞衛を中心に、高収益を上げた経営内容やその企業家精神、広告業界の改良・広告知識の啓蒙活動といったいわば業界リーダーとしての活動や思想がその中心に取り上げられ(1)、本店ではなく支店が担った広告活動についてはあまり言及されてこなかった。しかし華々しい本店の活動は支店に代表される末端の業務が支えていたのであり、そこでの活動を明らかにすることは戦前期の広告代理店の実態を考えることにもつながる。そこで本章では、大正一五年（一九二六）七〜八月に京都で開催された皇孫殿下御降誕奉祝記念こども博覧会（以下、「京都こども博覧会」）に着目し、萬年社京都支店が一手に取り扱った日刊新聞『こども毎日』の広告からそれを考えてみたい。

一九一〇年代から三〇年代において重要なメディアであった博覧会・展覧会に萬年社は深くかかわっており、広告に関する展覧会を数多く主催するとともに(2)、政府や電鉄会社、新聞社等が主催する博覧会には広告代理店として携わっている。前者には主に得意先や同業者に向けて専門性をアピールするという意図があり(3)、後者には博覧会に関係する新聞広告の扱いが該当し、その媒体は新聞本紙の他に、本紙附録・地方附録・博覧会新聞など多岐にわたる。なかでも本稿では、博覧会の会場で配布する博覧会日刊新聞の広告を萬年社が一手に取り扱うことが多かった点に注目したい(4)。

博覧会と新聞社は密接な関係にあり、山本武利が明治三六年(一九〇三)の第五回内国勧業博覧会の人気をあおったのは関西の新聞だった、と指摘するように新聞が博覧会を盛り上げる一方で、博覧会人気にあやかろうと多くの広告主が新聞広告への出稿量を増やしたため、新聞社の広告収入を増大させた(5)。また新聞社が主催する博覧会の場合、新聞広告の得意先が出品者となると考えられていた(6)。こうしたことから博覧会と新聞社の関係を考えるうえで、「広告」というファクターは欠かせないものだといえる。

ところで「京都こども博覧会」は、大正一五年の初めに東京上野公園で開催された東京日日新聞社(以下、「東京日日」)主催の皇孫殿下御降誕奉祝記念こども博覧会(以下、「東京こども博覧会」)を踏襲し、期間・敷地面積とも規模を拡大して開催したものである。東京日日は明治四四年(一九一一)に大阪毎日新聞社(以下、「大阪毎日」)と合併しており、両博覧会とも会長は両新聞社の社長である本山彦一が務めている。こうしたことから、これまでの研究では「東京こども博覧会」で発行された日刊新聞『こども日日』と、本研究で扱う『こども毎日』は、子供を読者として想定した「日本で最初の日刊こども新聞」として同列のものとして扱われてきた。しかし、実際に発行された新聞を検討すると、そうとはいえないように思われる。萬年社コレクションはこれまで一般にみることができなかった『こども毎日』(7)と、「京都こども博覧会」の前年に開催された「大大阪記念博覧会」(大阪毎日新聞社主催)の日刊新聞『博覧会新聞』を所蔵している。これらの貴重な資料を基に、博覧会で配布された日刊新聞について考察し、特に『こども毎日』の広告を分析することで、博覧会新聞において萬年社京都支店が果たした役割について考察することとする。

1　メディア・イベントとしての博覧会

（1）大阪毎日新聞社と博覧会

日露戦争後に「報道本位」をかかげるいわゆる商業新聞が台頭するなかで、関西で熾烈な販売部数拡大の競争をくりひろげていたのが大阪毎日と大阪朝日新聞社（以下、「大阪朝日」）である。(8) 新聞社が経営規模を拡大していく際、報道の充実の他に注目したのが事業活動であり、特に大阪毎日は大毎事業団の創設、学術・教育文化・芸術・スポーツなどへの育成助成活動、各種博覧会の主催・共催などの事業活動を積極的に展開した。(9) 萬年社は大阪毎日・大阪朝日の両社と取引があったが、創業当初は大阪毎日の専属業者として〝毎日さん〟と呼ばれており、その後、取引新聞社を増やした後も大阪毎日とは強いつながりを持っていた。(10)

新聞社が企業化していくなかで、博覧会は新聞読者を獲得する上でも重要なイベントになっていく。山本武利は日露戦争以降に新聞社は博覧会に協賛し、それを利用する姿勢が強まったとして、その理由を「博覧会の入場者は数が多く、あらゆる階層に広がっているので、部数と読者層の拡大をはかる新聞にとっては、絶好の宣伝の舞台」(11) だったためだとしている。あらゆる階層に人気のある博覧会は、読者層を特定の階層から広げようとしていた新聞社にとって、新聞を宣伝する最適な機会であった。さらに、博覧会というメディア・イベントは、新聞に記事ネタを提供して紙面を埋め、協賛企業から広告を集めることができるという点でも好都合だった。

しかし博覧会の開催には非常に資金が必要であったため、大正初期に開催された新聞社主催の博覧会はいずれも小規模であり、新聞社は博覧会への協賛事業が多かった。大阪毎日も明治四四年（一九一一）の「山林こども博覧会」（箕面有馬電気軌道主催）などへの協賛事業を行っていたが、大正一四年（一九二五）には『大阪毎日』一万五千号記念事業の一環として「大大阪記念博覧会」を主催した。この博覧会を津金澤聰廣は「有力紙がほぼ独力で大々的な博覧会を主催し成功させた最初の画期的な博覧会[12]としており、その翌年には「京都こども博覧会」が開催される。新聞社の主催する博覧会らしく「大大阪記念博覧会」「京都こども博覧会」ともに会場内で博覧会の日刊紙が配布された。それが本研究で取り上げる『博覧会新聞』と『こども毎日』である。

「大大阪記念博覧会」の『博覧会新聞』は『大阪毎日』の附録として発行されている。それまでにあった読者拡大のための地方版（附録）や夕刊においては、その発行経費を広告に求めようとする姿勢があった。例えば、大阪朝日は大阪毎日に対抗しつつ京都地区の読者を拡大するために、明治三三年（一九〇〇）に京都附録を新設しているが、附録発行は大きな経営負担である。そのため負担軽減をはかり、さらに広告収入で収支を均衡させて採算ベースに乗せるために、京都の地元広告の附録への取り込みが当初から検討されている。[13]また大阪毎日も大正四年（一九一五）の夕刊発行に際して、経営面から反対をしていた本山彦一を説得できたのは、得意先に夕刊広告出稿の内諾を取り、広告の見通しをつけることによってだったという。[14]企業化した新聞社の安定的な経営のために新聞広告は重要だったのであり、[15]それは「新聞商品論」を打ち出した本山彦一に限ったものではなかった。[16]「京都こども博覧会」の『こども毎日』も『大阪毎日』本紙とは別刷で大阪毎日より発行されたが、それまでの経緯からみても、『博覧会新聞』とともにその発行に際しては、広告によってある程度の採算を取ることが考えられたと思われる。[17]

（2）「大大阪記念博覧会」と「京都こども博覧会」

大正一四年（一九二五）の「大大阪記念博覧会」は、大阪毎日主催、大阪市後援によって、大阪市が市町村合併によって「大大阪」となったことと『大阪毎日』の一万五千号記念の祝賀を兼ねて、天王寺公園と大阪城を会場として開催された。翌一五年の「京都こども博覧会」は、先立って東京上野公園において開催された「東京こども博覧会」を引き継ぎ、京都市岡崎公園を会場に開催されたもので、「皇孫殿下御誕生を記念し児童愛育の効果を収むる」[18]ことを目的として、大阪毎日・東京日日主催、文部省、東京・大阪・京都三府、東京・大阪・京都三市協賛として開催された。両博覧会とも新聞社主催の博覧会としては大規模で、前者は会期が四七日間、入場者は一八九万八、四六八人、後者は会期が五一日、入場者は一五〇万九、五四四人に上っている。大阪毎日が全社を挙げて取り組んだ宣伝・広告の成果であった〔表１〕。

「こども」をテーマにした博覧会や展覧会はすでに明治四〇年前後から多数開催されており、代表的なものとして三越百貨店が明治四二年（一九〇九）から大正一〇年（一九二一）まで九回開催した「児童博覧会」、明治三九年（一九〇六）の京都教育会主催の「京都こども博覧会」、前述の明治四四年（一九一一）の箕面有馬電気軌道による「山林こども博覧会」などがある。日露戦争後の産業化の進展とともに、都市への人口集中がはじまり、大正期にはいわゆる新中間層が社会階層を形成していく。こうした家族の増大を背景として、「家庭」「婦人」「こども」に焦点をあてた博覧会や展覧会が数多く開催された[19]。

大正一五年（一九二六）の「京都こども博覧会」はあるべき子供の学用品・おもちゃ・衣食住等によって新しい生活のモデルを示すとともに、あるべき母のふるまいや優秀な子供とはどのような能力を持つのか、といったモデルをも示していた[20]。例えば、「子供と母の家」に大阪市立工業研究所が出品した「母の科学」は、「「上太郎」の母と、「下太郎」の母、とが科学知識を持つと、持たざるとより起る育児の成敗と子供の成育後に於ける比較を有らゆる方面より具体的に並べた[21]」ものであった。また「児童創作館」には尋常小学校一年から六年までの児童の作品が二府二七県、三庁の約千校の「優良学校」から出品され、童謡・自由画・手芸などの部門別に審査され、優秀作品が表彰されている。また、『京都こども博覧会』の日刊新聞『こども毎日』には、男女児童による「こども記者」が博覧会に関する作文を寄稿しているが、これもまた理想の子供の姿のひとつであろう[22]。

表１　「大大阪記念博覧会」「京都こども博覧会」と両博覧会新聞の概要

	大大阪記念博覧会	京都こども博覧会
主催	大阪毎日新聞社	大阪毎日新聞社・東京日日新聞社
会期	大正14年３月15日～４月30日（47日間）	大正15年７月１日～８月20日（51日間）
会場	大阪　天王寺公園・大阪城	京都　岡崎公園
会長	本山彦一	本山彦一
入場者数	189万8,468人	150万9,544人
内容	第一会場：本館（「水の大阪」「文化の大阪」「工業の大阪」「商業の大阪」「交通の大阪」「劇と音楽の大阪」など「27大阪」）、機械館、専売館、パノラマ館、大陸館、台湾館、朝鮮館	第一会場：特別陳列室、子供と母の家、運動館、工芸館、きもの館、電気館、おもちゃ館、栄養館、教育館、こども動物園、北極館、海底館、廉売館、子供遊園
	第二会場：豊公館	第二会場：児童健康相談所、こども汽車、こども馬場、大砂場と木煉瓦、キネマ館、照宮記念館、児童創作館
入場料	大人50銭、小人25銭	大人30銭、小人15銭
新聞名	博覧会新聞（大阪毎日新聞附録）	こども毎日
紙幅・頁数	タブロイド版・４頁	タブロイド版・４頁
編集担当	木下不二太郎・西川正次郎	大阪毎日新聞社京都支局
広告担当	萬年社大阪支店（一手取扱い）	萬年社京都支店（一手取扱い）
広告面	１～３頁：１点の挿入広告、３頁半面、４頁全面	１～３頁：１点の挿入広告、３頁半面、４頁全面
広告料金	１行30銭	１行50銭
発行期間	４月１日（会期途中）～30日	博覧会前１～６号（通知状等）、７～57号（会期中毎日刊行）
発行部数	数万部	１～３万部
価格	無料（天王寺会場で頒布）	１銭（博覧会入場者・関係者には無料配布）
（萬年社所蔵）	１～29号	７～57号

「大大阪記念博覧会」の『博覧会新聞』は会期の途中、大阪市が市域拡張を行い人口・面積において日本一の「大大阪」になった日（四月一日）に一号が発刊され、会期末までに二九号が発行された。一方で『こども毎日』の一～六号は、「京都こども博覧会」会期前の二ヶ月間に関係者に対する通知状をまとめて新聞の体裁としたものとして発行された。博覧会の開会後は入場者向けの内容に変え、七号から五七号まで日刊で発行されている。萬年社に保存されていたのは、『こども毎日』の博覧会開催期間に発行された七～五七号、『博覧会新聞』の一～二九号までである。

両新聞ともタブロイド版の四頁で、一頁から三頁までは一点の挿込広告（記事中広告）に加え、三頁は半面、四頁は全面が広告に使用された。それぞれの博覧会会場で入場者に無料配布されている。広告はどちらの新聞も萬年社の一手取扱いであるが、『博覧会新聞』は萬年社の本店（大阪支店）が、『こども毎日』は萬年社の京都支店が担当している。『こども毎日』は記事も大阪毎日京都支局が担当しており、記事の執筆・広告の取扱いとも京都で行われ、印刷のみ大阪でなされた。発行部数は、『博覧会新聞』が数万部、『こども毎日』は一万から三万部とされている。

2　博覧会新聞というメディア

（1）『博覧会新聞』と『こども毎日』との連続性

博覧会新聞とはどのようなメディアであり、そこに広告代理店である萬年社はどうかかわったのだろうか。本研究では「京都こども博覧会」の『こども毎日』を中心に分析するが、一方で『こども毎日』を扱った後述の大島十二愛による先行研究では、「東京こども博覧会」で発行された『こども日日』との連続性が強調され、両新聞は「子供を読者として想定した最初の日刊こども新聞」として同列のものとして扱われている。本稿ではまず

『こども日日』と『こども毎日』が同列のものではないことを示し、さらに『こども毎日』と『博覧会新聞』との連続性を指摘する。

ちなみに『こども日日』とは、「京都こども博覧会」に先立つ大正一五年（一九二六）の一月から二月にかけて、東京上野公園において開催された「東京こども博覧会」で発行された日刊新聞で、東京日日で編集され、広告は日本電報通信社の一手取扱いであった。タブロイド版四頁、定価は一部一銭で入場者には無料配布されている[23]。

大島は「新聞社の企業化と子ども文化事業――大阪毎日新聞社のこども博覧会と日刊こども新聞誕生を中心に」において、一九二〇年代の大阪朝日と大阪毎日の子供文化事業を対比している。大阪朝日が『コドモアサヒ』という子供向けの絵雑誌を出版したのに対して、大阪毎日は「こども」をテーマとした博覧会を開催した。「東京こども博覧会」で発行された『こども日日』と「京都こども博覧会」で発行された『こども毎日』は「こどもを読者として想定した「新聞媒体」であり、これが昭和一一年（一九三六）から翌年に発行された『毎日小学生新聞[24]』につながったとして、「副業たる博覧会という事業活動を通じて、新たなる新聞を発行するという本業の創出を行った[25]」としている。

しかし発行された実物を確認したところ、『こども日日』と『こども毎日』は紙面の内容が異なり、想定される読者も違っているようだ。『こども日日』は、子供にやさしく語りかけるような文体がとられているのに対して、『こども毎日』はそうではない。以下は、それぞれの「終刊のことば」「終刊の辞」の一部である。

◆『こども日日』の「終刊のことば」

みなさんが『だいすき。だいすき。』とおつしやつて、仲よしにして下さつた皇孫殿下御生誕記念『こども博らん会』も、無事に三十三日間の会期を終へて、今日かぎりで、めでたく閉会することになりました。

（中略）博らん会の会期中、みなさんのお友だちとして発行されてをりましたこの『こども日日』も博らん会がめでたく終りましたので、今日かぎりでみなさんとお別れすることにいたします。

◆『こども毎日』の「終刊の辞」

全関西の人気を集め京の夏を賑はしたわが社の『こども博』はいよ〳〵今廿日をもつて閉会を告げる『こども博』の報道機関係として生れ、長い間皆さまとお馴染を重ねて来た『こども毎日』もけふを名残りに終刊する。（中略）わが『こども毎日』は終始一貫この博覧会のために奮闘を続けその功績を助長して今日に至つたので完全に任務を果し得たことを光栄とせざるを得ぬ。

『こども日日』は明らかに読者を子供に想定した文体がとられており、「またお眼にかかれる日までは、『こども日日』のお父さんお母さんである『東京日日新聞』に、『こどものページ』がございますから、それをどうぞ御読み下さいまし」[26]と、この新聞が『東京日日』の「こども」であることまでアピールしている。一方で『こども毎日』は「こども博覧会」の「報道機関」であり、文体も大人向けで、「終刊の辞」は最後に「さらば読者よ、さやうなら」と読者全般（＝博覧会来場者・関係者）に語りかけている。また『こども日日』が博覧会に直接関係のない子供向けの詩・童話・童謡・イラストなどを毎号のように複数、掲載しているのに対し、『こども毎日』でそうした内容は数が少なく、特に『こども日日』を印象づける童心主義的なイラストはほとんど掲載されていない。

その一方で『こども毎日』と『博覧会新聞』との連続性を指摘することができる。例えば『博覧会新聞』の七号から二九号までの間に、一二回にわたって連載された「地方から博覧会へ」という戯曲風の記事は、「泉州の片田舎から大大阪記念博を見物に出て来た三平おたよ夫婦に一子佐助の三人づれ……」[27]が博覧会での体験を会話形式で説明したものである。これに類似しているのが、『こども毎日』で第一九号から三九号までの間に、一六回にわたり連載された「コドモハクケンブツ」である。こちらは、「和泉の片田舎からこども博覧会見物に出かけた茂平、おかつ夫婦に娘さよと息子喜作の四人づれ[28]」の博覧会体験が会話を中心にシナリオ風に描かれており、明らかに『博覧会新聞』の連載を参考にして書かれたものである。

『博覧会新聞』『こども日日』『こども毎日』とも博覧会の案内と報告を中心とした日刊新聞であるが、東京日日から発行された『こども日日』よりも、大阪毎日より発行された『博覧会新聞』と『こども毎日』の方が想定されている読者、連載の形式、広告の扱い業者等の点で類似点が多いといえよう。東京日日と大阪毎日は明治四四年（一九一一）に経営統合したものの、紙面の編集は基本的に独立して行われており、博覧会の新聞もそれぞれの方針で編集されたことが推察できる。

（2）博覧会新聞の広告一手取扱い

『博覧会新聞』と『こども毎日』の広告を萬年社が一手に取扱ったことは、それぞれの博覧会の記念誌および萬年社の社史に記されている。萬年社に残されたこれらの貴重な新聞の原本は、それぞれに製本され、萬年社がこの新聞広告を一手取扱いしたことが書かれたメモが貼られている。これは萬年社にとって、広告一手取扱いが大きな意味を持ったためであろう。

それでは新聞広告の「一手取扱い」とはどのような意味をもったのだろうか。萬年社考案部長の中川静は「広告代理店の任務」という講演において、新聞広告の「特約面」について説明している。特約面とは広告代理店の一手取扱いとなっている面で、広告掲載を希望する者は広告代理店に申し込む必要がある。広告代理店は「不体裁な又は不純な広告は入れないやうに注意し、且如何に広告の減少する日でも月でも必ず之を充実せしめる義務を負うて居る」のだとする。そして限りある面に申し込みが殺到する時もあれば、減少して困る時もあり、「多大の苦心をして新聞の発達に貢献して居る」[29]とする。また昭和二年（一九二七）の萬年社執務講習会「外務員の心得」において同社の栗原取締役は「特別広告は当社一手扱である以上雨が降つても矢が降つても日々所定の数を入れて行く責任がある」としており、多少、利益は多いものの責任の重さと手間を取られることを考えると、「普通なれば萬年社としては這入り得ない広告主に向つて先づ此一手という武器を引提げて突撃」し、「堅塁の一角を切破るのです、若しも之れをやるのでないならば折角の利刀は自分自身を滅ぼす処の凶器となり終るのです」[30]と説明している。このように広告の「一手取扱い」とは責任が重く、諸刃の刃という側面もあった。萬年社が京都支店を開設したのは明治三二年（一八九九）一二月であり、それ以前は広告代理店・京華社と代理店契約を結んでいた。[31]萬年社は明治三八年（一九〇五）一一月に『大阪毎日』の京都滋賀附録「毎京」の広告一手取扱いを契約しており、「京都における萬年社の知名度には毎日新聞と一体となって根強い」[32]ものがあった。[33]そのため萬年社京都支店と、大阪毎日京都支局との関係は強く、同支局が編集を担当することとなった『こども毎日』の広告を、萬年社が一手に扱うこととなったのも当然のなりゆきだったといえよう。[34]

しかし、スタッフ数の限られた支店にとって、博覧会新聞の広告一手取扱いは大きな負担だったのではないか。『萬年社四十年史要』には「京都こども博覧会」に際して、大正一五年（一九二六）四月二〇日に『こども毎日』の広告一手取扱いが決まると、「中川取締役より京都支店員一同へ指示するところありたり」と記録され、また同博覧会の閉会式に中川取締役が列席し、さらに『こども毎日』の広告募集慰労会が京都支店一同のために行われている。この慰労会は京都の糺の森「檜垣」で行われ、高木社長も出席している。[35]

3　『こども毎日』における広告

（1）『こども毎日』と〝地域密着型〟広告

この節では前節で示したような事情から萬年社京都支店が一手扱いすることとなった『こども毎日』の広告の特徴を、主に「大大阪記念博覧会」の『博覧会新聞』と比較しつつ分析していきたい。「京都」という博覧会の開催地と、「こども」という博覧会テーマが広告にどのようにかかわっているのか、その際、萬年社の京都支店がこれらの広告の一手取扱いを行ったことの意味をさらに考察する。

『こども毎日』の広告の特徴は、まず広告主が京都の中小企業がほとんどであるということだろう。『こども毎日』七号から五七号までに掲載された六五〇点の広告の中、「京都」の住所が記載されたものは五六九点で、全体の約八八％に上っている。次に多かったのは、住所や都市名が無記載の広告で四四点（七％）、「京都」以外の住所や都市名が記載された広告は三七点（六％）となっている。「京都」以外の住所としては「大阪」が最も多い。博覧会が開催された都市の広告の多さという点では、『博覧会新聞』も同様で、一号から二九号までに掲載された広告（三五〇点）のうち、「大阪」の住所や都市名が記載された広告は八三％（二八九点）に上っているが、東京と肩を並べる大都市であった大阪に比して、京都は〝地域密着〟感がより強い。『博覧会新聞』において住所や都市名が無記載の広告は一一％を占め『こども毎日』より多く、「資生堂石鹸」「アンメルツ」「ユニオンビール」などのナショナルブランド商品が目立つが、これらは『こども毎日』には登場しない[36]。

『こども毎日』に掲載された地域密着型の広告は多岐にわたっているが、『博覧会新聞』と比較すると子供や家庭に関係した商品の広告が多い。『博覧会新聞』の広告で「こども」に言及していたものは三点しかなかったが、『こども毎日』では二四点あり、広告の中身は子供服・子供向の家具・子供服地・子供向の本・小児薬などで

図1　「お子たちの店　コマドリ」全面広告（『こども毎日』22号、大正15年7月16日）

あった〔図1〕。しかし『こども毎日』の広告全体における子供用品の広告の割合はそれほど多くなく、仏壇・線香・眼鏡・化粧品・飲料・菓子・電球・漆器・冷蔵庫・時計など一般消費者向けの多様な物品の他、病院・旅館・飲食店が目立っている。こうした広告主の京都の中小企業への偏りは、「京都こども博覧会」への出品者に対しても指摘することができる。

「京都こども博覧会」の記念誌では、何度も「開催地たる京都が購買力乏しき地として、東都商人に重視せられざる為め各館への出品は予想外に少なかりし[37]」ことが述べられている。東京日日と大阪毎日の広告部員が得意先をまわって勧誘したものの、「東京こども博覧会」における関西からの出品ほど東京からの出品はなかった。それどころか、「おもちゃ館」では有料出品の申込み自体が少なく展示品の不足を「参考出品」でおぎなったり、「廉売館」でも大阪毎日広告部の勧誘によって出品されたものが少なく「質が劣つた」結果となったが、その理由として挙げられているのが「京都の博覧会は購買力少きものとして蔑視[38]」されていたことである。

そもそも「京都こども博覧会」は、「大大阪記念博覧会」や「東京こども博覧会」と違い、一般出品の審査を行わなかった。「大大阪記念博覧会」では出品の申込坪数は収容坪数の三倍に近く、出品査定の結果、一、〇九二件の申込みのうち二八七件は出品を許可しなかったほど出品希望が多かった[39]。「東京こども博覧会」においても事前に出品審査委員会が審査し、本館・廉売館とも出品の可否を決定している。[40]「京都こども博覧会」は出品の審査をせずに出品を受け付けただけでなく、会長本山彦一名義での広告先への出品勧誘の書状では、他の二つの博覧会にはなかった、博覧会への出品が商品の宣伝販売には「絶好の機会」であることが述べられている。つまり、会長の本山自らが博覧会を知識や教養の提示の場というだけでなく、商品の宣伝の場だと公けに示しているのである。それにとどまらず書状には「開会中陳列品は大阪毎日新聞紙上で御紹介申上げる機会がある事と存じます」として、そのことによって「宣伝の効果を著大ならしめる」[41]とまで書かれている。出品勧誘時に、内親王の誕生を祝福し、子供の発達に関する知識や教養を涵養するといった「建前」だけではなく、こうした内容が書き加えられたのは、「京都こども博覧会」の出品者不足が想定されていたためではないだろうか。

（2）「記事広告」という手法

こうした状況を反映してか、『こども毎日』に目立つのは「記事広告」である。「記事広告」とは、「通常の新聞記事の如き体裁をした広告で、其の内容を記事的に粉飾したもの」[42]であるが、『こども毎日』に掲載された記事／広告が、広告料が必要なものだったのか、それとも広告掲載等に付随するサービスだったのかわからないため、以下で示したような記事／広告をここでは「記事広告」と呼ぶこととする。例えば広告面に掲載された「藤野式子供タンス」広告〔図2〕に対して、記事広告は次のようなものである。

可愛らしい　藤野式子供タンス

こども博の出品中に異彩を放つものは「子供と母の家」出品藤野家具店のコドモタンスである広告文に「オコタチノモノガナンデモジブンデセイリガデキマスドウゾカワイ、オコタチニオアタヘクダサイ」とある如

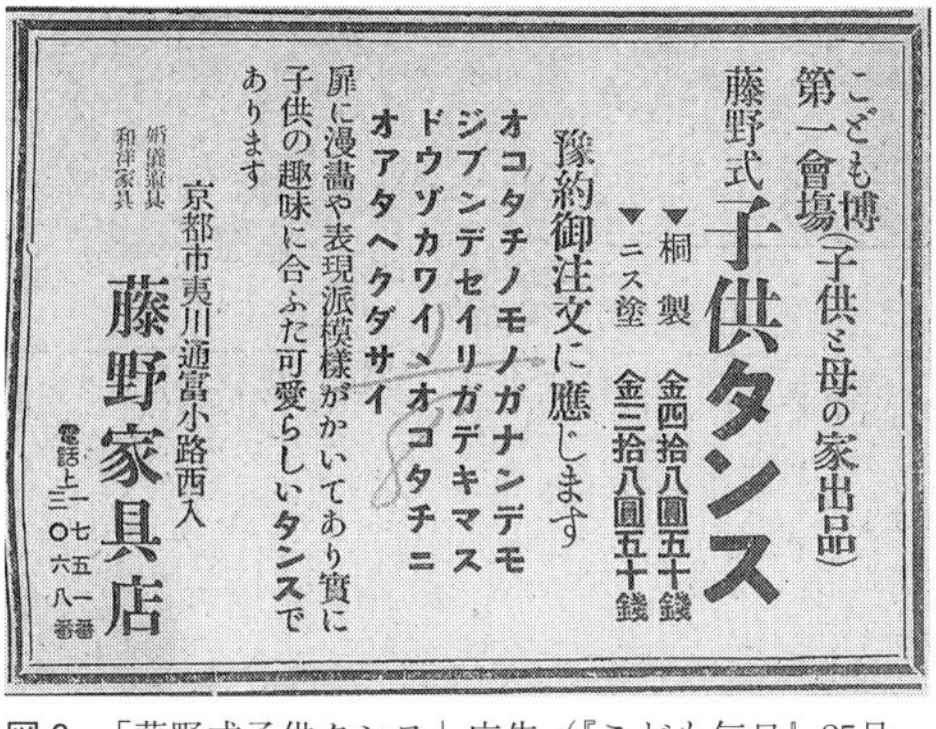

図２　「藤野式子供タンス」広告（『こども毎日』25号、大正15年７月19日付）

く、小さい開きや引出しなどそれぐ〵着いてゐる扉には漫画や表現派模様など描いてある子供の趣味に合つた実に面白くかつ便利重宝なもの可愛いお子様の為に可愛い子供タンスをお奨めします桐製四十八円五十銭ニス塗り三十八円五十銭二種ある会場内出品場又は市内夷川富小路西へ入藤野家具店にて予約販売致します申込は早いが得です

（『こども毎日』一八号、大正一五年七月一二日付、三面）

記事広告は『こども毎日』の記事欄に掲載され、一つの広告主を十五行から三〇行程度で紹介したものである。その内容の多くは『こども毎日』の広告に掲載された内容をそのまま記事本文で説明し、その購入や利用を推奨したもので、広告欄への広告の掲載日と、記事広告の掲載日は違っている場合が多い。一号の『こども毎日』に一～三点程度の記事広告が掲載され、当初は新聞の二面か三面に登場していたが、博覧会の後半には一面にも現れている。

「藤野式子供タンス」の記事広告は、広告文を引用しながらその商品の説明をしており、記事（広告）が広告を引用するという、主客転倒した形をとっている。広告でも記事広告でも、子供ダンスが「京都こども博覧会」に出品されていることが示され、博覧会の出品者＝広告主／記事対象、であることが明示されている。博覧会への出品が、子供に関する知識や教養の提示／商品の宣伝という二面性を持ったように、『こども毎日』の記事広告も記事／広告の二面性を持ち、両者の境界は融解していたといえるだろう。

記事広告は程度や内容はさまざまだが、どれも明らかに広告的な内容であり、広告料が不要であれば、いわゆる「ちょうちん持ち記事」といえよう。[43] いわゆる広告料をとった「記事広告」は、『大阪毎日』では大正二年（一九一三）から始まっている。地方の産業・名所・温泉・特産物等を紹介したもので、その広告収入は大きく、本山彦一は「かういふ広告は読者も喜んで読み、広告依頼者も満足する、一挙両得[44]」と評価している。一方で記事とまぎらわしいといった非難も社内外から上がっており、新聞業界で記事と広告の境界がはっきりしない記事広告は微妙な立ち位置にあった。そうしたなか記事広告が頻繁に登場する『こども毎日』では、記事担当者と広告担当者が連携して記事作成／広告収集を行っていたのである。

（3）『こども毎日』における連合広告

『こども毎日』と『博覧会新聞』を比較すると、『こども毎日』に多いのが連合広告であり、全頁を使用した企画連合広告は『こども毎日』のみでみることができる。『こども毎日』において全頁の企画連合広告[45]は五回なされており、「祝こども博覧会」や「コドモ博覧会」の文字と風景のイラスト等とともに連合広告が掲載されている。その五回のうち三回は京都市内の料理屋や食堂を中心としたものである。例えば、大正一五年（一九二六）七月二四日の企画連合広告には「こども博覧会のお帰りに」（京都祇園・松月）、「こども博から御立寄のお子様へお慰み呈上」（祇園・平野屋食堂）という言葉がみられ、博覧会というイベントに出かけた「帰り」に立寄ることが奨められている。そもそも『こども毎日』では博覧会見物の帰りに食事に立寄ることを奨める広告が多く[46]、博覧会見物と京都の街中での食事がセットで提示されることが多かった〔図3・4〕。

残りの企画連合広告は「明日は!!　琵琶湖へ!!」と中央に書かれた琵琶湖観光を推奨する全面広告〔図5〕と京都の嵐山の旅館や料理屋等を並べた嵐山観光を推奨していると思われる全面広告〔図6〕である。これらも博

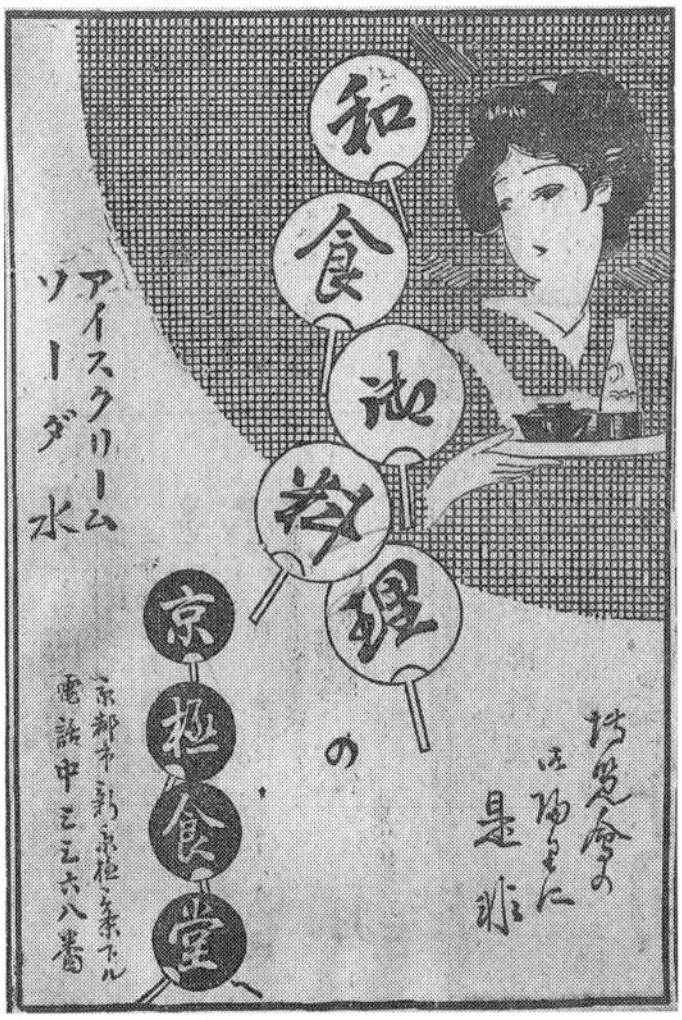

図４　「和食御料理の京極食堂」の広告（『こども毎日』30号、大正15年７月24日付）

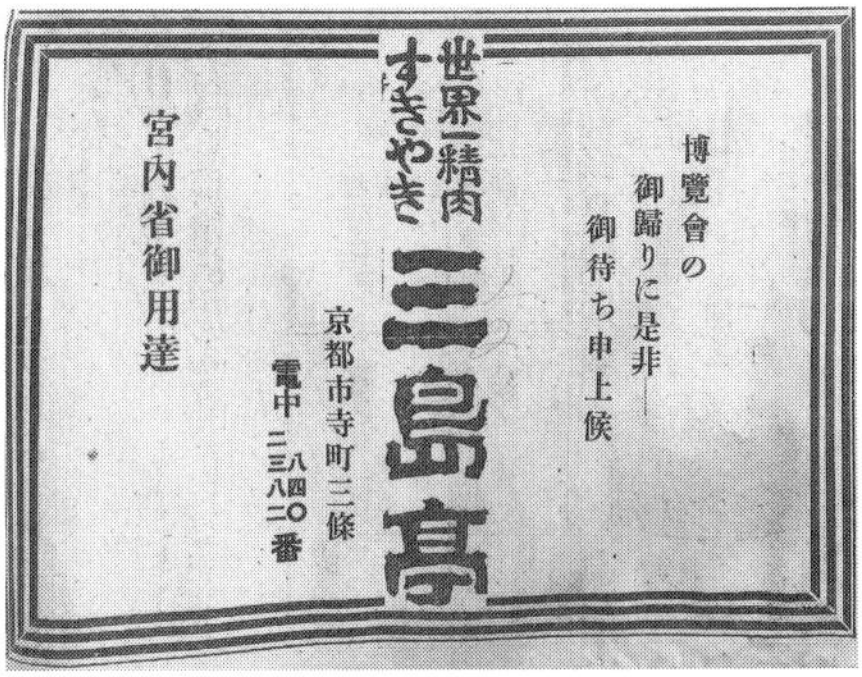

図３　「世界一精肉すきやき　三島亭」の広告（『こども毎日』19号、大正15年７月13日付）

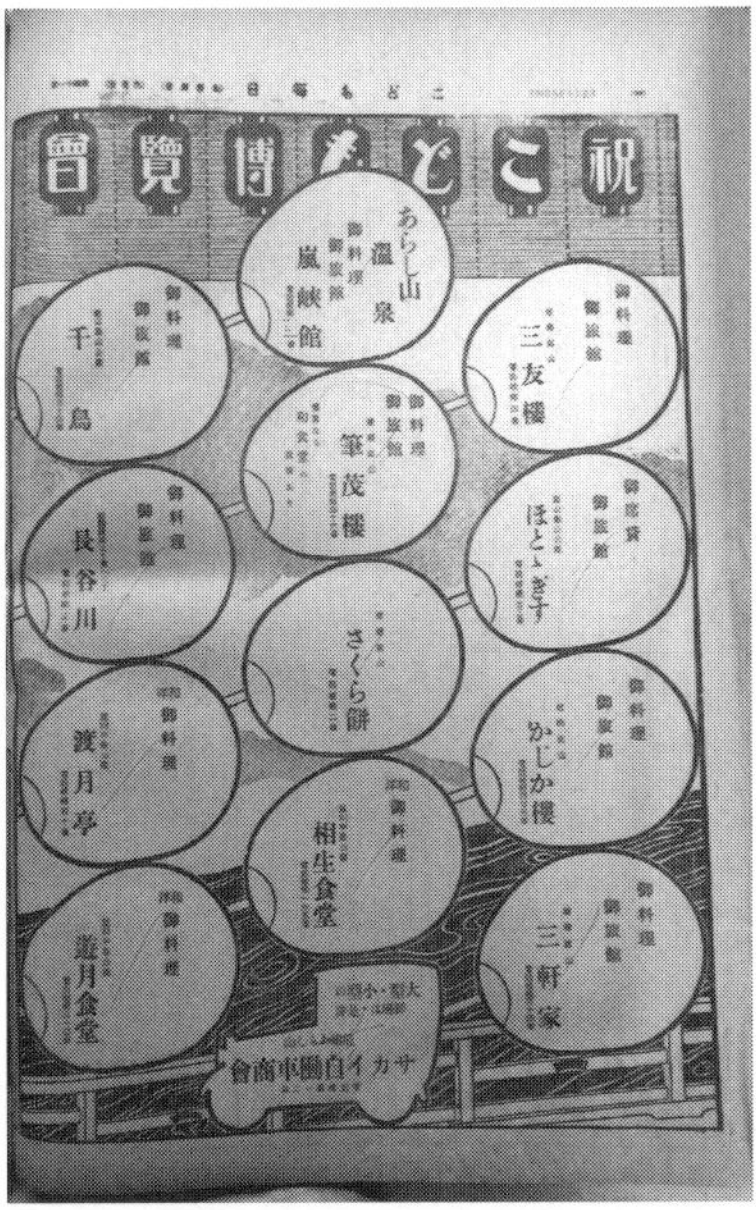

図６　嵐山の旅館・料理屋等の連合広告（『こども毎日』41号、大正15年８月４日付）

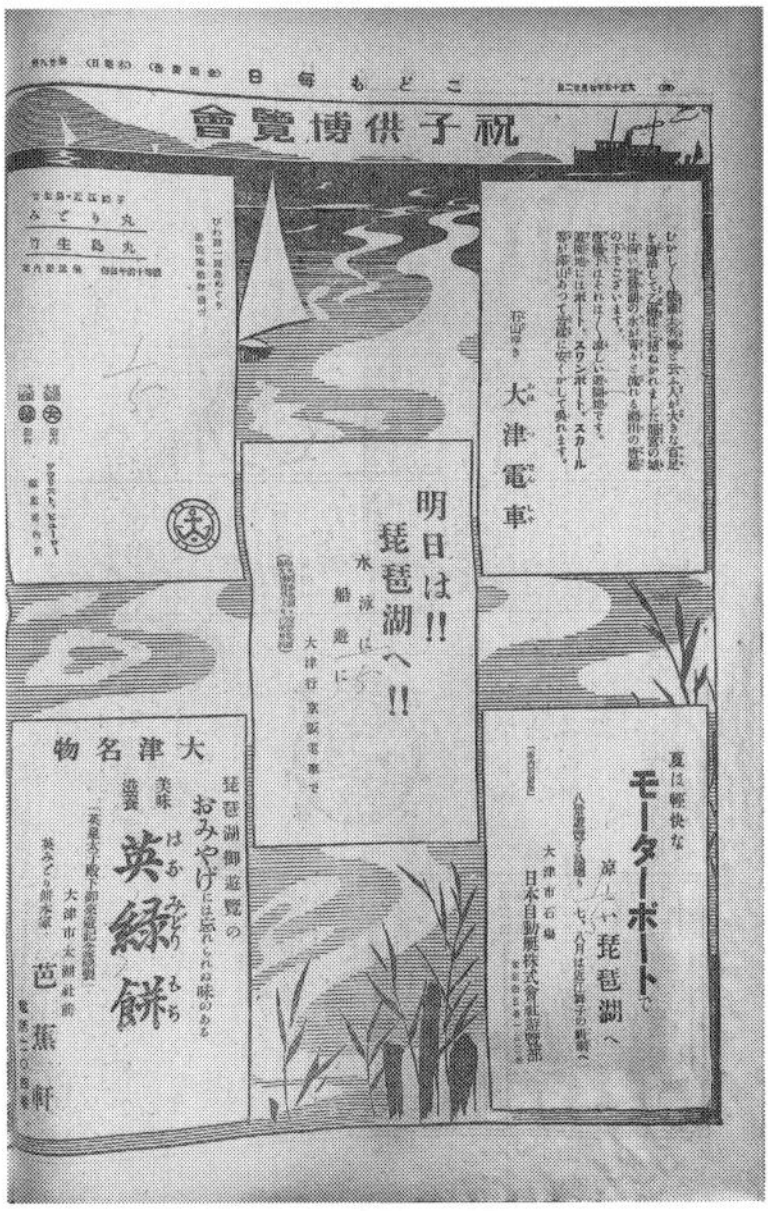

図５　琵琶湖観光の連合広告（『こども毎日』28号、大正15年７月22日付）

覧会会場内ではなく、博覧会というイベントへの参加と合わせて、会場外での消費を促すものである。しかも「嵐山」「琵琶湖」のように地域ごとにまとまった連合広告となっている。

琵琶湖観光の広告は、京都から大津まで移動するための、大津電車や京阪電車、琵琶湖めぐりの遊覧船やモーターボート、おみやげの菓子などが組み合わされたものである。そこには「ツウリスト、ビューロー　鉄道案内所」が京都や大阪にあり、琵琶湖めぐりの遊覧乗車券を取り扱っていることが示されている。ジャパン・ツーリスト・ビューロー（JTB）が日本人客にも鉄道省の切符代理販売を始め、手数料収入増大への舵を切るのは大正末頃であり、この時期、苦労の多い「旅」ではない、楽しみのための「旅行」が大衆化している。(47)また大正末～昭和初期は、京都が「古都」イメージを積極的に全国へ発信し、(48)観光都市化していった時期でもある。こうした背景のもとで『こども毎日』の広告では、博覧会見物と娯楽としての旅行や食事が巧みに組み合わされていた。

「京都こども博覧会」の「開催地たる京都は購買力乏しき地」(49)として、東京の企業に出品を敬遠された。一方で萬年社京都支店によって企画されたであろうこうした連合広告は、(50)『こども毎日』の読者／来場者に対して、博覧会という求心的な〝場〟から、〝街〟や〝地域〟へと消費の場を拡大しようとする試みだった。そうすることで、乏しい広告を補い、博覧会というメディア・イベントを盛り上げようとしたのである。

おわりに

大正期以降、「こども」をテーマとした博覧会は、消費者としての子供を人々に意識させる契機となってきた。神野由紀は、三越の児童博覧会はのちに各地で開催されたこども博覧会に影響を与えたが、児童のための商品展示を趣旨としており、百貨店の子供用品部門を発展させていくこととなったとする。(51)しかし一方でこうした商品を購入できたのは、全国レベルでみればごく一部であり、新中間層が数多く存在する都市部に偏っていたといえよう。「京都こども博覧会」が開催された大正末の時点で、産業化の度合いや人口において東京・大阪に大きな差をつけられた京都は、購買力不足とみなされ、出品者の不足をきたすこととなった。こうしたなか『こども毎日』の広告一手取扱いを任された萬年社は、京都という都市に精通し、大阪毎日との連携の経験をもった人材を抱えていた。本山彦一が高木貞衛の著書に寄せた序文で、萬年社は創業以来、大阪毎日の社長並びに歴代広告部長と「円満にして嘗《かつ》て感情を害せしことなし」として、それが「世間一般の取引上実に稀有の事」[52]なのだとしている。それは『こども毎日』の事例のように、広告一手取扱い業者として広告面を埋める手堅さと、博覧会と観光をむすびつけるといった広告の企画力の両側面を有していたことによって可能となったのではないだろうか。

本章では「京都こども博覧会」を中心に、萬年社京都支店の『こども毎日』一手取扱い広告を検討してきた。博覧会と萬年社のかかわりについては他の側面も有しており[53]、なかでも萬年社が主催した広告に関する展覧会は重要なものである。博覧会の広告を扱ってきた萬年社が、どのような展覧会を主催したのか、その詳しい内容や広告業界に与えた影響等についての検討は今後の課題としたい。

(1) 例えば、山本武利『広告の社会史』(法政大学出版局、一九八四年)等。

(2) 萬年社が主催した展覧会に、明治四三年(一九一〇)に大阪・東京・京都の三か所で開催した広告図書展覧会、大正一四年(一九二五)に大阪・京都・東京で開催した広告参考資料展覧会等がある。また大正一五年(一九二六)に大阪本社の社屋を新築した際、講演会や展覧会が開催できる二百名収容の講堂を設置し、そこで広告にかかわるさまざまな展覧会を催している。

(3) 例えば大正一四年(一九二五)の広告参考資料展覧会は「観覧者資格を広告主、新聞社員、代理店業並に特別の紹介ある方に制限」(『萬年社創業録』)している。

(4) 『萬年社創業録』では、萬年社が博覧会日刊紙の広告一手取扱いをした博覧会として、明治三六年(一九〇三)に大阪で開催された第五回内国勧業博覧会、大正一四年（一九二五）に大阪で開催された大大阪記念博覧会、同一五年に京都で開催された京都こども博覧会が挙げられている。

（5）山本武利「経営基盤確立期における広告」（津金澤聰廣・山本武利・有山輝雄・吉田曠二『近代日本の新聞広告と経営――朝日新聞を中心に』朝日新聞社、一九七九年、二〇一～二〇二頁）。第五回内国勧業博覧会において、『大阪朝日』は本紙に関連記事を掲載し、二～四頁建ての特別附録を連日発行したが、この博覧会付録の広告は萬年社中心に集められた。

（6）例えば、雑誌『事業と広告』では「新聞社が主催して博覧会や共進会を開催することは、年々其の数を増してきてゐる」が、その「出品物の如きは、殆んど広告関係」（「大正十五年に於ける新聞広告界大観　並に新聞広告界の将来」『事業と広告』一九二七年一月号）だとされた。

（7）国立国会図書館所蔵資料検索システム（NDL-OPAC）や、国内大学図書館横断検索システム（CiNii Books）では、所蔵が確認できなかった（二〇一七年三月一日アクセス）。

（8）この二大紙の勢力に関しては本書所収の木原論考第一節「大阪にみる広告ビジネスの地域性」（一六九頁）を参照。

（9）津金澤聰廣「大阪毎日新聞社の「事業活動」と地域生活・文化」（津金澤聰廣編著『近代日本のメディア・イベント』同文館出版、一九九六年）。

（10）一九三〇年出版の高木貞衛『広告界の今昔』には、大阪毎日新聞社社長の本山彦一が最初の序文を寄せている。

（11）山本武利『近代日本の新聞読者層』（法政大学出版局、一九八一年、三二五頁）。

（12）津金澤聰廣「メディア・イベントとしての博覧会」（『AD STUDIES』一三号、二〇〇五年、一六頁）。

（13）前掲注（5）山本論文、二〇二頁。

（14）吉武鶴次郎「営業畑を歩いて四十三年」（『五十人の新聞人』電通、一九五五年）。

（15）本山彦一は、明治三九年（一九〇六）の大阪毎日新聞社の新年宴会の席上で、「新聞の競争は殆んど広告の競争に帰して仕舞ふ」として、広告募集においては編集部も含めて社員全員が協力すべきだとした（大阪毎日新聞社編・刊『本稿本山彦一翁』、一九二九年、一三三頁）。またこの時期、博覧会広告や案内広告など新広告ソースの開拓にも力を入れるべきだとも述べている（前掲註（5）山本論文、二三〇頁）。

（16）有山輝雄は本山の「新聞商品論」を「本山に限らず多くの新聞経営者が暗黙裡に保有する思想を公然と言明したにすぎ

ない」として大阪朝日新聞社の所有者・経営者の村山龍平も内心では共鳴していただろう、と指摘している（有山輝雄『「中立」新聞の形成』世界思想社、二〇〇八年、一六三頁）。

(17) 『博覧会新聞』は無料で配布されており、『こども毎日』も一銭という定価はついているものの博覧会場で無料配布され販売収入はほとんど期待できなかった。

(18) 荒木利一郎『皇孫殿下御降誕奉祝記念京都こども博覧会誌』（大阪毎日新聞社、一九二七年、七頁）。

(19) 吉見俊哉『博覧会の政治学——まなざしの近代』（中央公論社、一九九二年）。

(20) 「京都こども博覧会」には「こども動物園」「子供遊園」「こども汽車」など子供の遊び場もつくられている。前掲注(18)荒木書。

(21) 前掲注(18)荒木書、一八〇～一八一頁。

(22) 例えば、先の児童創作館をこども記者は「児童の作品を集め父兄に見てもらひ児童には勉強を激《ママ》ますためである僕はそれを見て一生懸命に勉強せなければならないと第一に印象づけられた」（『こども毎日』一二号、一九二六年七月六日付）などと述べる。

(23) 荒木利一郎『皇孫殿下御降誕奉祝記念こども博覧会誌』（東京日日新聞社、一九二六年）。

(24) 毎日新聞社の社史によれば、小学生向けの新聞が「毎日小学生新聞」と題されたのは昭和二二年（一九四七）であり、昭和一一年に大阪で発行されたのは『大毎小学生新聞』、昭和一二年に東京で発行されたのは『東日小学生新聞』という別の新聞である。『大毎小学生新聞』発行のきっかけは大阪毎日新聞社の販売部長が満洲出張中に現地の小学生新聞を見たことだとされ、『東日小学生新聞』はそれ以前に時事新報社が出していた『日本小学生新聞』を引き継ぎ改題したとある（毎日新聞百年史刊行委員会編『毎日新聞百年史』毎日新聞社、一九七二年）。

(25) 大島十二愛「新聞社の企業化と子ども文化事業——大阪毎日新聞社のこども博覧会と日刊こども新聞誕生を中心に」（『マス・コミュニケーション研究』七〇号、二〇〇七年、一九一頁）。大島は東京日日と大阪毎日の系列紙を、意識レベルではほぼ並列に議論するとしている。

(26) 『こども日日』三四号、一九二六年二月一四日付、四頁。

(27) 『博覧会新聞』八号、一九二五年四月八日付、三頁。

(28)『こども毎日』二一一号、一九二六年七月一五日付、三頁。
(29)中川静「広告代理業の任務」(出口郁郎編『新聞広告十七講』萬年社、一九二八年、三七二頁)。
(30)栗原取締役「外務員の心得」(資料名：執務講習会記録　広告外交)(萬年社コレクション調査研究プロジェクト『旧萬年社・社史資料集』二〇一五年、一〇四頁)。
(31)明治二八年(一八九五)四月に萬年社の京都出張所を設立したが、この年の七月に京華社が開業したため、京華社を萬年社の京都代理店として出張所を廃止している。明治三一年(一八九八)に大阪にて萬年社を含む広告業者同盟が成立するが、同盟以外のものと一切の取引を禁ずるという規約があったため、この年の末の京華社との代理店契約を更新しなかった(『萬年社創業録』)。
(32)『萬年社広告100年史』、五二頁。
(33)大正一三年(一九二四)には堺町通三条上ルに京都支店の新社屋を建設しており、敷地面積は一五一坪、地下一階地上二階の鉄筋コンクリート造り、小川安一郎設計のモダニズム建築であった。
(34)「京都こども博覧会」が開催された大正一五年(一九二六)、京華社は『大阪朝日』京都滋賀版の広告一手取扱いの他、京華社の社長であった後川文蔵が大正九年(一九二〇)に京都日出新聞社(京都新聞社の前身)の社長に就任した関係で、「京都日出」の広告も主に扱っていた(京都新聞社史編さん小委員会『京都新聞九十年史』京都新聞社、一九六九年および京都新聞社史編さん小委員会『京都新聞百年史』京都新聞社、一九七九年など)。
(35)『萬年社四十年史要』。
(36)『こども毎日』の商品名のみの広告で多いものは「ダルマ印絹カタン糸」「ライト体温計」「鬼底沓下」であり、特に女性(「主婦」の役割を担う)にむけた商品である。また『博覧会新聞』にはアルミニウム・塗料・発動機・ポンプ・計算機など企業向けと思われる広告も掲載されているが、『こども毎日』には少ない。これは大大阪記念博覧会には「工業の大阪」や「商業の大阪」といった展示があったためであろう。
(37)前掲注(18)荒木書、六六頁。
(38)前掲注(18)荒木書、二一一・二四一頁。東京の企業から出品を敬遠されたことについては、「コハ京都の実力が然らしむところであるから、如何ともすべからざることであらう」と博覧会記念誌で述べられている(前掲注(18)荒木書、六六頁）。
(39) 大阪毎日新聞社編・刊『大大阪記念博覧会誌』（一九二五年、八頁）。
(40) 廉売館の申込数は予定数の約四倍に達したという。前掲注(23)荒木書、八八～八九頁。
(41) 前掲注(18)荒木書、一二四～一二五頁。
(42) 瀬木博尚「広告とヂャーナリズム」（橋篤郎編『総合ヂャーナリズム講座　第八巻』内外社、一九八一年）、一〇頁
(43) 本山彦一の明治三五年の手控には「広告蒐集ニハ全社ノ力ヲ入レヨ。会社ノ提灯持。編輯助力―特ニ経済部―従前常得意並ニ以後ノ得意。」（故本山社長伝記編纂委員会編『松陰本山彦一翁』大阪毎日新聞社・東京日日新聞社、一九三七年、二五九頁）と述べられ、広告を集めるために、編集部も協力して、時には「提灯持」も必要だとする。
(44) 前掲注(43)故本山社長伝記編纂委員会編書、二六二頁。
(45) 連合広告に関しては本書所収の熊倉論考が詳説している。
(46) 博覧会の帰りに、食事に立寄ることを奨める広告は『こども毎日』には多数登場するが、『博覧会新聞』ではあまり見られない。
(47) 白幡洋三郎『旅行ノススメ――昭和が生んだ庶民の「新文化」』（中央公論社、一九九六年、四〇頁）。
(48) 中河督裕「「古都京都」の誕生」（『京都における日本近代文学の生成と展開』佛教大学総合研究所、二〇〇八年）。
(49) 前掲注(18)荒木書、六六頁。
(50) 萬年社京都支店のロゴが入った企画連合広告の型が萬年社コレクションに残されている（広告素材収集ファイル12）。
(51) 神野由紀『子どもをめぐるデザインと近代』（世界思想社、二〇一一年、四八頁）。
(52) 本山彦一「序文」（高木貞衛『広告界の今昔』萬年社、一九三〇年、一頁）。
(53) 例えば、萬年社の中川静は「大大阪記念博覧会」の陳列意匠審査委員をしている。

＊コラム

京都岡崎の広告意匠博覧会

樋口摩彌

大正半ば、第一次世界大戦が終わろうとする頃、京都の町は華やいでいた。竹内栖鳳らが一世を風靡する画壇、俄かに活気づく演劇界や映画界など、都市の娯楽文化は円熟しつつあった。人びとの生活が豊かになるとともに、それら消費活動を推進してきた広告も発展をみせた。こうしたなか、大正七年（一九一八）の秋、京都の岡崎にて、全国初の広告の博覧会である「広告意匠博覧会」が開催された。本コラムでは大正期に東京で開催された広告に関する展覧会と比較しつつ、『大阪毎日新聞』や京都の代表的な新聞である『京都日出新聞』に基づき、広告意匠博覧会の特徴および開催状況を述べる。

大正七年五月一六日、京都市参事会にて広告意匠博覧会の開催が決議された(1)。決議段階での会の名称は、「広告意匠展覧会」であった。これに先んじて大正三年（一九一四）、東京の三越にて第二回広告意匠展覧会が開催されている。これはポスターなど、意匠を凝らした平面物広告を展示した展覧会であった。それに対して京都での展示物は、ポスターに加えて店頭装飾などのショーウィンドウやマネキン人形、電飾や活動写真など、広告に関するあらゆるものが対象とされた。これは開催目的を、ポスターの意匠のみならず、店頭の装飾や陳列の意匠の発展をも主眼としたことによるもので、ポスターなどの平面物から立体物や陳列方法へと拡張した点は、新たな試みであった。この開催目的の拡張により、名称も「広告意匠展覧会」から「広告意匠博覧会」へと変更された。

また広告意匠博覧会の会期は大正七年九～一〇月、開催場所は京都市岡崎公園の第二勧業館であった。京都市内の東に位置する岡崎は、明治二八年（一八九五）

に第四回内国勧業博覧会が開催された場所である。その後も毎年様々な博覧会や品評会が開催されるなど、明治期の京都における博覧会のメッカともいえる場所となっていた。大正期に入ると、物産の陳列や即売を行う常設の京都商品陳列所が勢力的に稼働していた。[2]さらに貸会場として機能する第二勧業館が、大正二年（一九一三）に新築された。その外観は、ルネッサンス式に日本趣味を加えた木造平家建築で、当時の平家木造としては本邦一と称されていた。[3]加えて劇場機能を持つ公会堂も建設された。すなわち明治期に京都の勧業政策の一拠点として開発された岡崎は、大正前期において勧業を推進する空間として一層の発展をみせていた。

そして大正七年八月、翌月の開催日が近づくにつれて、市内の至る所に博覧会を宣伝する広告の立札が設置された。そもそもこの博覧会の題材が広告であることから、開催を告知する広告は重要視されていた。それゆえ町に設置された立札は、すべて異なる意匠にするなど、その宣伝にも力が入れられた。[4]

ところが会場設営などの準備は遅れ、十分な体制が取れないまま、九月二〇日の開催初日を迎えることとなる。博覧会の正門やアーチも簡素で意匠は施されず、陳列は全体の二割程度に留まっていた。この出だしの不調は、広告意匠博覧会から数年後の大正一五年（一九二六）に開催された「京都こども博覧会」においても発生した。その理由は、本書所収の村瀬論考が指摘しているので、そちらを参照されたい。とりわけ大正七年のこの広告意匠博覧会においては、より顕著にあらわれたとみるべきだろう。そのようななか、目をひいたのは、朝鮮無煙炭会社の意匠広告である。この意匠広告も開催初日には間に合わず、翌二一日に整えられた。これは立体および空間を生かしたいわゆるショーウィンドウとしての広告で、柵や庭、女性のマネキンなどで作り込まれていた。その他、半襟組合や西陣織物商組合、島津製作所や高島屋など、京都の老舗による展示なども徐々に充実していく。海外の町中に貼られているビラやポスターなども展示された。こうして初日には間に合わなかったものの、徐々に展示内容は充実していく。しかし開催初日から数日間は、電信や電話が断線となるほどの大雨にみまわれ、依然入場者は低調であった。

　九月下旬、ようやく開催当初に計画された体制が整った。活動写真の余興が始まり、スウェーデンの潜航艇戦図など海外のフィルムの上映が試みられた。また日本と海外の広告を比較するために、各大手新聞社がポスターや広告を展示した。一〇月六・七日には、造花を装飾した自動車や仮装装甲自動車が市内を巡回してビラや引札を散布し、代々的な宣伝を行った。

広告意匠博覧会に展示された朝鮮無煙炭会社の生人形（『京都日出新聞』大正7年9月23日付夕刊）

　これらが功を奏してか、一〇月の中頃になると、一日あたりの入場者が約五、〇〇〇人に及ぶなど、活況を呈していく。入場者の内訳は、商工者のみならず、図案家や学生なども多かった。なお広告意匠博覧会の会期は開催決定時点では一〇月であったが、開催日段階で一一月三日に改められた。さらに初日の天候不順およびこれらの盛況さをうけて、一一月一三日まで延期することとなった。

　そして一〇月一八〜二〇日の三日間、講演会や審査会などが開催され、博覧会はクライマックスを迎える。一八日、第一回目の記念講演が執り行われ、中川静と滝本誠一が登壇した。中川は当時神戸高等商業学校教授で、のちに萬年社取締役となる。なおこの時期の中川は、海外のポスターを蒐集して、日本との比較研究を行っていた。講演の論題は「広告の刺激」で、その内容は、広告の目的は読者に刺激を与えることである、それには人間の理性に訴えかけ、理解させること、人間の本能に訴えかけ刺激することである、というものであった。次の登壇者は、近世経済史の研究者である滝本であった。[5] 論題は「経済学説より考察したる商業広告」で、社会経済学並びに経済学史の見地より商業広告を分析し解説した。また聴衆は、京都の商業実修学校生徒約六〇名などであった。

一九日には、第二回目の講演が催された。登壇者は野上俊夫と武田五一であった。当時、京都帝国大学分科大学の心理学講座教授であった野上は、「商業道徳の心理的基礎」と題して講演した。[6] その内容は、商業は利益を求めるには商業道徳を遵守しなければならないので、それゆえ商業の盛大なる土地は、商業道徳は発達しているというものであった。次に登壇した武田は、当時名古屋高等工業学校校長であったが、その後京都帝国大学建築学科教授となる。なお岡崎公園内にある京都商品陳列所の設計者でもあった。武田の演題は「広告意匠に就いて」である。武田は、古代の墳墓等や現在の商店会社の建築に見られる「美術的努力」を題材に、仏英米などの広告意匠の状況を説明し、世界における現代広告の傾向を講演した。

つづいて二〇日は、展示品を対象とする審査会がなされた。審査にあたったのは、武田五一、丹羽圭介、澤田誠一郎、本野精吾、神坂雪佳、菊池左馬太郎であり、当時の京都陳列所の関係者や日本画家らが名を連ねた。審査の結果、大賞は朝鮮無煙炭株式会社、[7] 高島屋呉服店、小林ライオン本店、ほか数社であった。その他、金賞・銀賞・銅賞・褒状などが発表され、あわせて授賞式が執り行われた。なお賞与に充てられた金額は、総額一、一六二円であった。

そして一〇月三一日、「広告車場行列」が執り行われた。馬車・荷車・荷馬車・手車・自動車・運搬用自動車が市中を練り歩き、フィナーレを飾った。だが一〇月下旬から感冒が流行し、一一月になると一日あたりの入場者が三〇〇～四〇〇人程度に減少する。こうして一一月一三日、広告意匠博覧会は閉会を迎えた。

ここまでに述べた広告意匠博覧会の開催動向を、『京都日出新聞』は頻繁に報道している。『京都日出新聞』は、概して博覧会は不成績であったと厳しい評価を下している。たしかに開催にあたっての準備は遅れ、また天候や感冒などの悪条件も重なった。しかしながら、講演会や審査会も無事執り行われ、経費の欠損も無かった。また全入場者数は八一、一四二人で、発案当初に予想されていた人数の約二倍に上る。広告意匠博覧会はそれまで広告についてさほど意識してこなかった市民が、広告の意匠にふれるきっかけとなったといえよう。すなわち広告価値についての周知やその表現にかかる水準の向上という面においては、一定の成果があったといえるのではないだろうか。

(1) 「広告意匠展覧会内容」(『京都日出新聞』大正八年五月一八日付朝刊)。

(2) 三宅拓也『近代日本〈陳列所〉研究』(思文閣出版、二〇一五年、四〇九〜四一五頁)。

(3) 『岡崎公園沿革史』(京都市、一九九七年)。

(4) 「広告の意匠(一)其博覧会に見たる(写真「無煙炭会社の生人形」)」(『京都日出新聞』大正七年九月二三日付夕刊)。これ以降の広告意匠博覧会の開催状況については『京都日出新聞』大正九年九〜一一月の記事を参照した。

(5) 滝本は、江戸時代の経世書を蒐集し、『日本経済叢書』(全三六号)として刊行した(本庄栄治郎『江戸・明治時代の経済学者』至文堂、一九六二年)。なお講演の前年に法学博士の学位を受け、帝国学士院桂公爵記念賞を受賞している。

(6) 「京都大学文学部の百年」編集委員会編『京都大学文学部の百年』(京都大学大学院文学研究科・文学部、二〇〇六年)。

(7) 朝鮮無煙炭株式会社の会長の一人として、浜岡光哲の名があがる。浜岡は京都の政界・経済界に通じるとともに、京都日出新聞社の社長を務めた、京都市の有力者であった。

第七章　広告掲載料からみる雑誌メディア
——萬年社『広告年鑑』が示した戦前雑誌の広告効果

石田あゆう

はじめに

萬年社のはじまりは明治二三年（一八九〇）にさかのぼる。日本においてもっとも早くに創業した広告業者のひとつである。(1)当時の広告業者は、「取次」や「広告屋」とも呼称され、創業当時の明治から大正昭和に至るまで、この職業の社会的威信は、今日に比べれば、まったく高くなかった。

創業者で初代社長の高木貞衛は、あえて「広告代理店」との呼称にこだわった。広告業界を蔑視する世のイメージを変えたいと考えていたためである。「広告屋」は広告主と大手メディア（当時は新聞社）の間で広告を「取り次ぐ」だけの存在なのではない。広告主の希望を叶えるためのサービスを提供する代理業者なのであり、その奉仕の精神は、メディアを介して社会に貢献するという高尚なものであると、高木は考えていた。(2)

だが、大阪毎日新聞社とのとりひきをはじめ、一定の成功はおさめたものの(3)「広告」という仕事にまつわる「いかがわしさ」はなかなか払拭することができず、事業拡大の見通しも暗くなったことから高木は廃業も考えていたという。しかし明治四二年（一九〇九）、海外視察に出かけたことを機に、欧米での広告業が代理店として社会的に認められた存在であること知る。(4)以後、萬年社は広告取次のみならず、広告業という職業イメージの向上をはかるため、海外に範を得て、広告への信用や信頼を広める取り組みを行っていった。

そうした取り組みの成果として大正一二年(一九二三)より、萬年社による広告研究誌『広告論叢』が刊行される。そして、当時のマス・メディア広告関連の一年ごとのデータを収録した『広告年鑑』も出版するようになった。

本章ではこの『広告年鑑』のデータをもとに、当時の雑誌メディアの広告料について紹介する。雑誌も新聞に劣らない「広告媒体」であるとの認識は、この年鑑を通じて広まったとも考えるからである。

元来「メディア」とは、第一次大戦後になって「広告媒体」を意味する用語として知られるようになった言葉である。アメリカの広告業界で雑誌、新聞、ラジオが「マス・ミディウム」と呼ばれるようになり、やがてミディウムの複数形「メディア」は、広告媒体を意味するようになっていった(5)。

雑誌は新聞に比べて発行部数において劣っていたため、当時の日本ではそこまで効果的なマス・メディア(広告媒体)とは見なされていなかった。当然ながらその中心は新聞である。だが『広告年鑑』は大正一二年(一九二三)にあって新聞のみならず、その後雑誌や、ニューメディアの「ラヂオ」に関しても、「メディア(広告媒体)」として記録している。その点に『広告年鑑』を手がけた萬年社の広告代理店としての先見の明が垣間見えるといえるだろう。

1　雑誌メディアの広告効果

雑誌は、広告媒体として新聞とはどのように異なる「効果」があるのか。その点についてもふまえた上で、『広告年鑑』は日本で刊行されている雑誌についての広告情報を収録した。その後の歴史を考えれば、雑誌は、性別や年齢、読者の興味関心によって読者の関心を細分化することで多品種化し、その利点を活かして、広告媒体として大きく伸張することになるが、当時はまだその萌芽期にあった(6)。

雑誌メディアの大きな特徴は、不特定多数の読者ではなく、とある関心を共有する読者によって読まれることにある。毎号テーマを決めて編集されるため、メディアの側がある程度読者を選ぶということになる。そのため、多くのさまざまな読者の目に触れる新聞に比べると、広告効果という点で劣ると見なされていた。だが次第に、より買ってもらいたい商品を消費者（読者）に効果的に知ってもらえるメディアであるとの認識が広がり、雑誌も発行部数の拡大もあって、マス媒体としても地位を獲得していくことになる。

一般に雑誌がマス・メディアとなった出来事として、大日本雄弁会講談社（現・講談社）による一九二四年の『キング』創刊がある。『キング』は日本出版史上初めて発行部数一〇〇万部を突破した老若男女を含めて読者を獲得した国民的雑誌であった。『広告年鑑』が同誌とほぼ同時期に刊行されはじめたことは象徴的である。これからの日本社会における雑誌メディアの広告効果を見越して、『広告年鑑』は新聞だけではなく雑誌広告データも収録したといえるだろう。

『広告年鑑』の特徴

『広告年鑑』の刊行は、萬年社社長の指示によるものとはいえ、その高木貞衛の独創的発想によるものではない。創刊号の「広告年鑑発刊の辞」にあるように、イギリスやアメリカにおける広告資料に通じた高木が、彼の地ではさまざまな年鑑や便覧が出版されていることに触発されたものであった（『大正一四年　広告年鑑』一九二三年）。日本にもすでに『新聞総覧』（日本電報通信社、現・電通）や『新聞年鑑』（宏達社）が存在しており、決して新奇的な試みというわけではなかった。

とはいえ、以下の点で従来のメディア関連の年鑑とは違う試みが見られた。萬年社の広告代理店としての歴史を詳述した山本武利は、『広告年鑑』の特色として次の五点を指摘している。

第一に幅広い広告情報の掲載である。先行した『新聞総覧』の情報は、あくまでも日本国内の新聞媒体に限定されていた(7)。

『広告年鑑』は大正一三年(一九二四)の大正一四年版にはじまり、その後昭和一八年(一九四三)まで刊行される が、毎年データの更新がなされた。こうした数字へのこだわりは、広告に関する記録の重要性を認識した高木が専門家に依頼して実現した。日本だけではなく、当時の海外の「広告媒体」となりうるメディアについてのデータも収録している。刊行は、英米の各種『年鑑』に刺激されたことによるが、英米に次ぐ広告大国たる日本にこうしたデータが少ないことを問題視した結果であった(8)。

第二に、「客観性」へのこだわりである。山本によれば、えてして業界紙・誌の年鑑類が対象とする広告媒体の都合のよい情報に重点を置きがちなのに対し、『広告年鑑』は媒体のPR情報や水増しデータを極力排除し、その広告媒体価値を客観的に広告主に伝えようとしていた。

第三には、第二点と重なる部分ではあるが、学問的・体系的な内容を持っていた点である。『広告年鑑』を通読すると、「大正デモクラシーの衰退、昭和恐慌の景気変動、軍部ファシズムの台頭と支配といった激動期の社会、政治、経済情勢(9)」と、そうした状況のなかで行われる宣伝活動の変容や、広告表現規制の強化といった業界内の動向、だがそんな時代にあって決して後ろ向きではなく、積極的な対応のあり方を模索する広告業界の姿が見えてくる。それは『広告年鑑』の編集に優秀なスタッフがあって可能になったと山本は指摘している。

第四に、内外の広告事例を数多く収めている点である。こうした編集は、広告の世界をグローバルな視野で眺めたことによって可能となったといえるだろう。海外の広告業界についての情報や、また広告意匠(デザイン)の提示などは、広告への考え方を多様化しようとするこの年鑑ならではの特徴だった。

しかも右記のような情報を、第五の特徴として山本が指摘している点だが、年度ごとに改め、それを「コンパクトで利用し易い形で提供している」という点において、広告主の利便性が最優先に考えられていた。『広告年鑑』は、基本的に広告を出稿する広告主のためのデータ集であり、無料で配布されたのである。どこまでも広告を数字でとらえ、客観的に広告「効果」を提示しようとする『広告年鑑』の試みからは、萬年社の「広告代理店」としての方針が見てとれる。そうした『広告年鑑』に新聞のみならず雑誌データも収録した点が新しかった。高木はすでに雑誌の広告メディアとしての可能性を意識していた(10)。『広告年鑑』における雑誌データを見てみよう。

2　雑誌広告料の比較

『広告年鑑』が創刊された大正一三年（一九二四）、雑誌にも広告は掲載されてはいたが、未だ広告主から効果的な「広告媒体」として認識されるようなメディアとしては成長していなかった。そもそもの発行部数が少なかったからである。

しかし『広告年鑑』の刊行から、昭和初期にかけて、雑誌メディアをとりまく環境に変化がでてきた。先にみた『キング』のように、国民（マス）レベルで講読されるような雑誌が登場してくる。もちろん全ての雑誌がそうなったわけではないが、発行部数の多さを武器に広告メディアとして存在感を雑誌が示しはじめたのである。

注目したいデータとして、『広告年鑑』に記載されている広告料金がある。まず単純に発行部数の多いものが、高い広告効果を持つと見なすことができる。しかし多くの雑誌はその数字を公表していなかった。公表した雑誌もあるが、その数値もどれだけ正確なものかは不明であった。そうした現状を反映し、『広告年鑑』には、発行部数が記載されている雑誌も散見されるものの、基本的には公にされないのが普通であった。

では広告効果がどの程度あるのか、その基準は全くわからないかというとそうではない。どの雑誌が誌面のどのスペースにいくらの広告料を設定しているのかの記載があり、その値段から、おおよそ各誌が自社の雑誌をどれほどの広告効果があるメディアだと見なしていたかがわかるからだ。萬年社の『広告年鑑』に掲載されたこの値段は、当時の広告メディアとしての雑誌の位置づけを知るための一つの指標として考えることができるだろう。

創刊時の大正一三年から昭和一八年(一九四三)まで続いた『広告年鑑』の雑誌広告料の変化からは、当時の雑誌の広告媒体としての歴史も見えてくる。そこで以下、戦前期の代表的雑誌の普通一頁および裏表紙(いわゆる表四)における広告料の変化を見ていきたい。裏表紙は雑誌において、表紙についで最も目立つスペースである。それゆえに各誌は、普通頁に比べ、高い掲載料金を設定することが多かった。

(1) 雑誌王国・大日本雄弁会講談社の広告料

まず雑誌としていち早く一〇〇万部を達成する、娯楽雑誌の雄、大日本雄弁会講談社の国民雑誌『キング』の広告料を見てみよう(図1)。戦前において、それだけ多くの発行部数を誇った雑誌にもかかわらず、創刊時から広告料は大きく変化していないという特徴がある。

『キング』は、雑誌として国民という「マス」レベルで読者を獲得した希有なメディアであったことが知られている。[11] 創刊時から他誌に比べて高い値段設定がなされているのだが、とはいえその人気にあやかって、広告料金は右肩上がりに上昇したのではないかと思われたがそうではなかった。昭和初期にあって、発行部数を大きく増大させていった国民雑誌としての影響力に比して、この広告料の設定は「ひかえめ」な印象である。同社社長の野間清治は、派手な宣伝で自社の雑誌を売ったという事実が知られているだけに意外でもある。

同じ大日本雄弁会講談社の青少年少女向け雑誌『少年倶楽部』は、昭和初期に発行部数が拡大し、[12] 広告料も値上がりしている(図2)。値上がりしていったとはいえ、普通一頁の広告料の設定が一八〇円から二〇〇円、そ

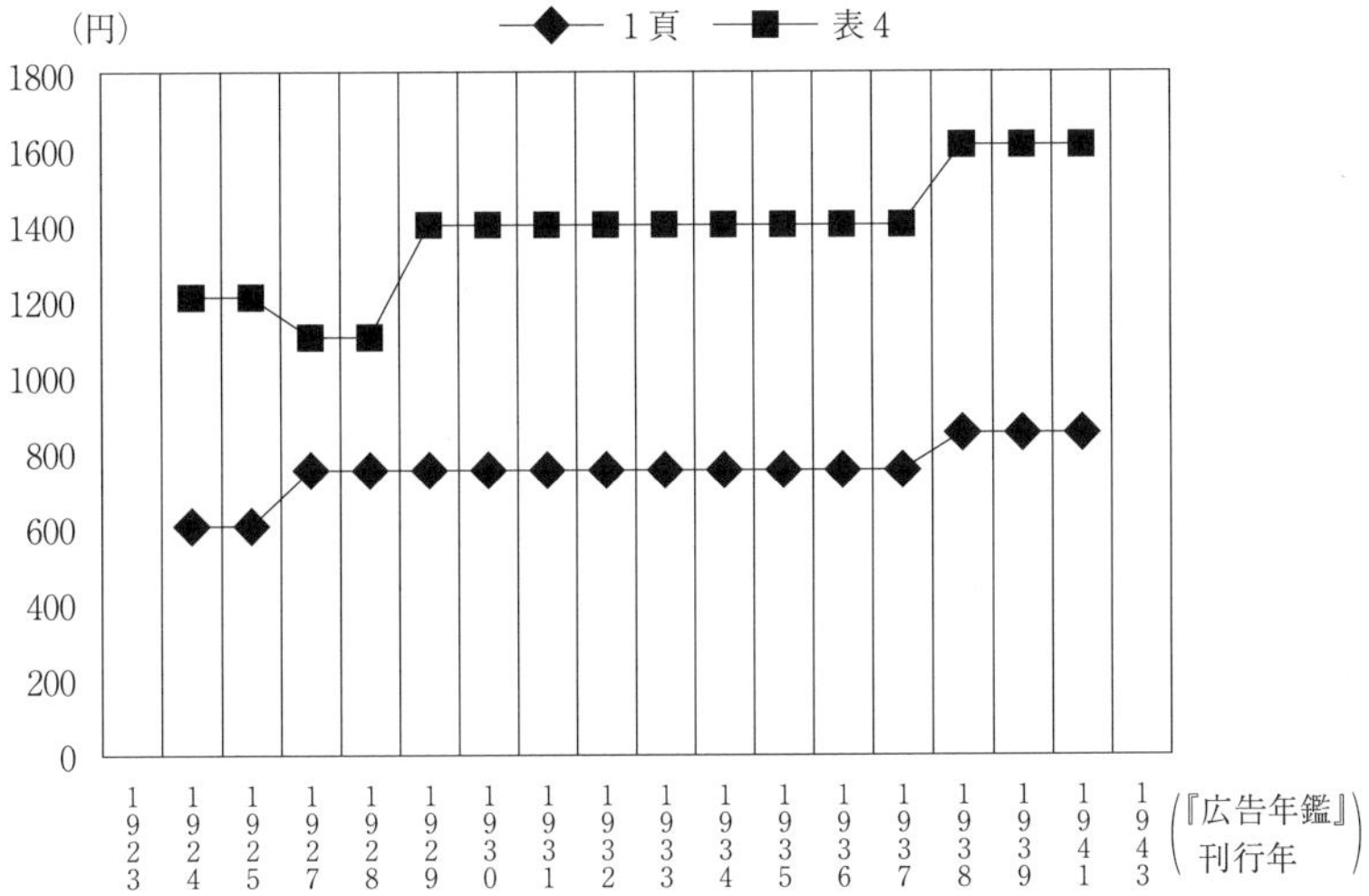

図１　『キング』（講談社）の広告料の推移

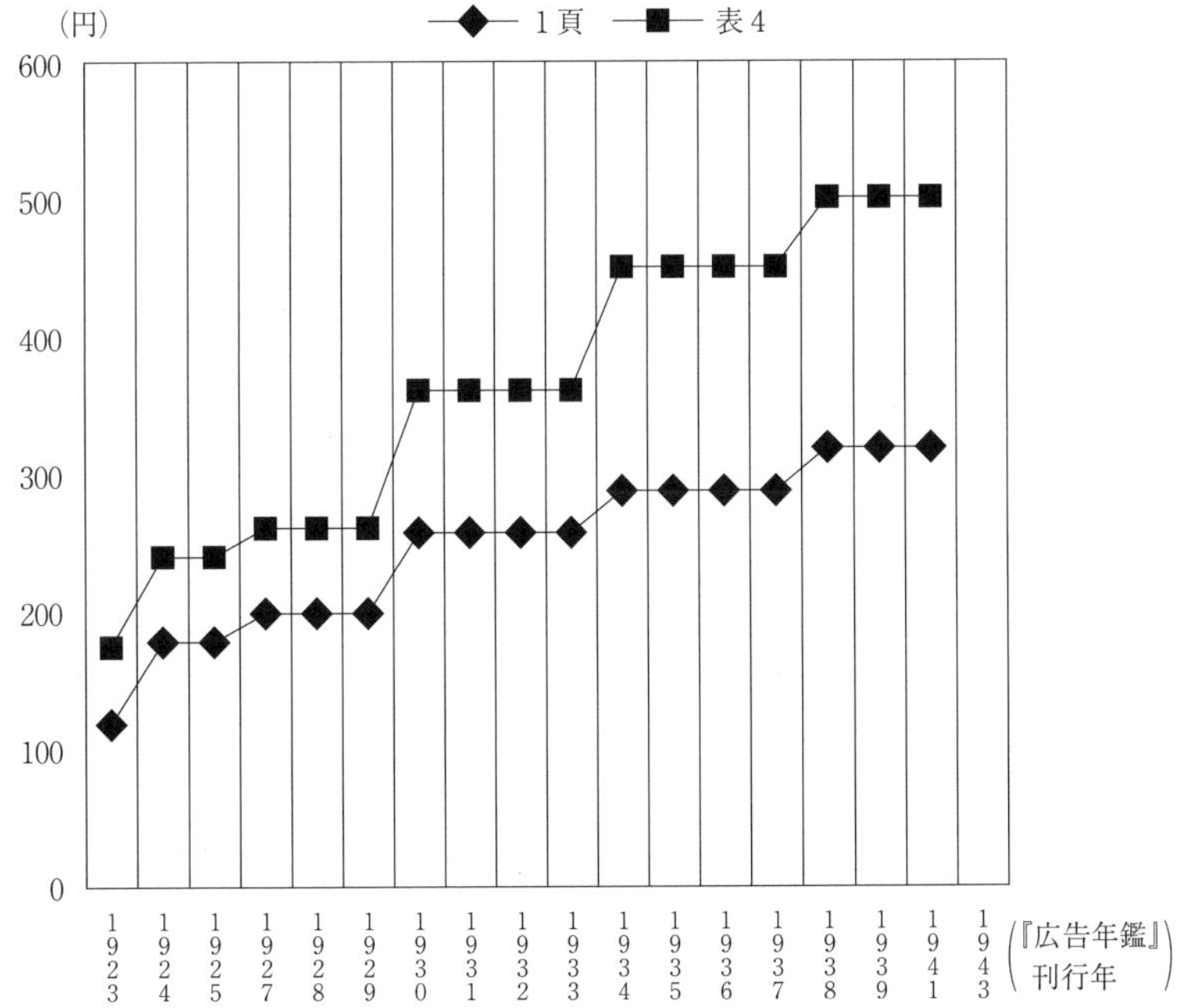

図２　『少年倶楽部』（講談社）の広告料の推移

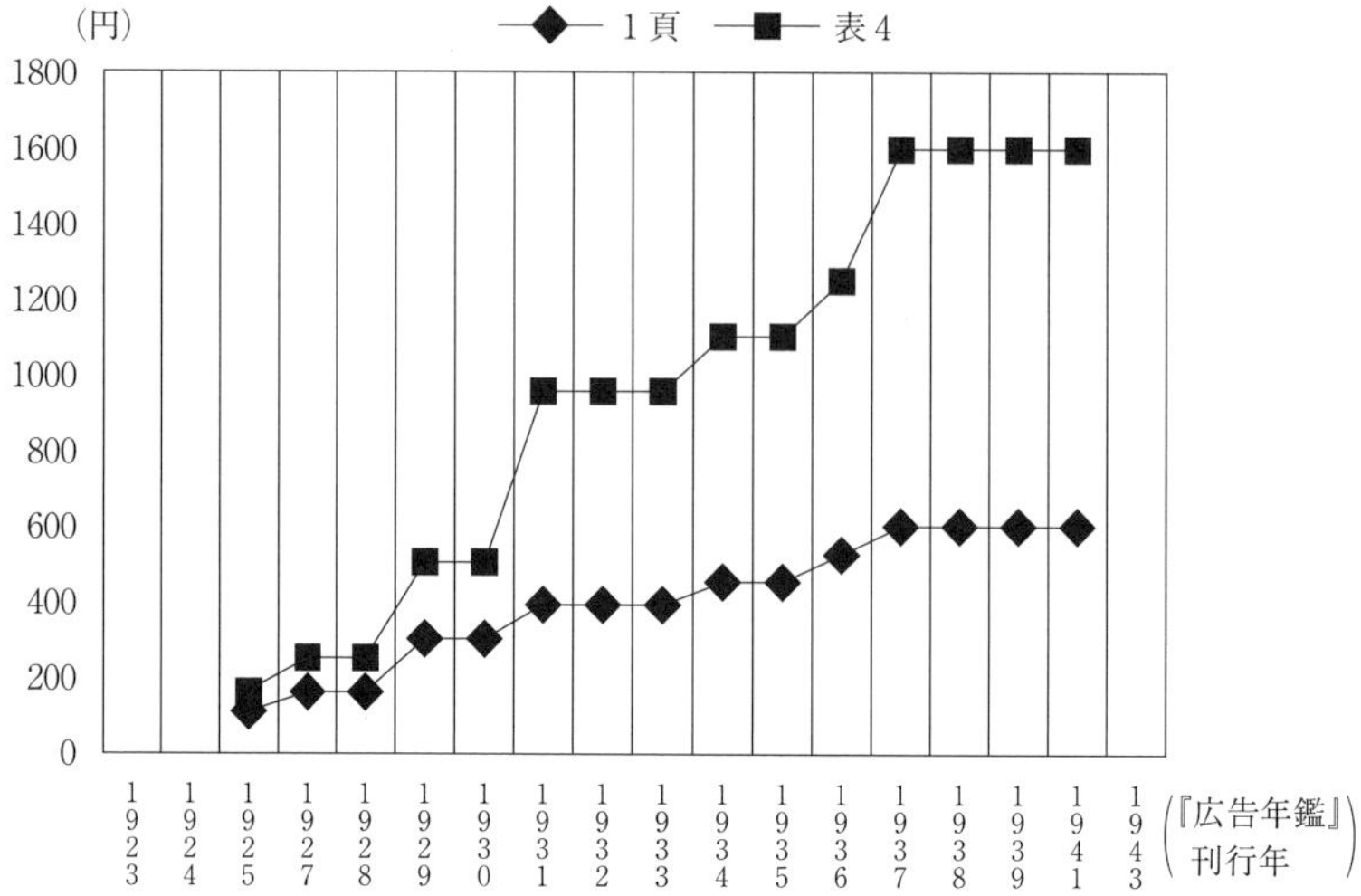

図3　『婦人倶楽部』の広告料の推移

して三〇〇円と、『キング』が設定した値段の三分の一ほどにすぎなかった。『少年倶楽部』の分析をおこなった岩橋は、同誌が多くの広告を掲載しているものの、講談社の自社刊行物の広告も多いことを指摘している[13]。講談社の雑誌は売れるので広告収入にあまり依拠していないことを示していよう。

広告料は取引相手との関係で、値引きされたり割引率があったりと、実際にこの値段でのみ広告が掲載できたとは言い切れない。とはいえ『キング』のみならずこれは、講談社の雑誌全般に言える特徴なのだが、広告料は段階的に引き上げられていくものの、非常に安定的であまり変化していなかった。その一方で例外もある。婦人雑誌では、その広告料（特に裏表紙の広告料の設定）が高騰した傾向が見られた。

(2) 婦人雑誌の広告料——右肩上がりの裏表紙広告

『キング』と同じ大日本雄弁会講談社の系列雑誌『婦人倶楽部』の広告料の変化を見てみよう（図3）。普通の一頁広告の料金は、『キング』、『少年倶楽部』と同様に、漸

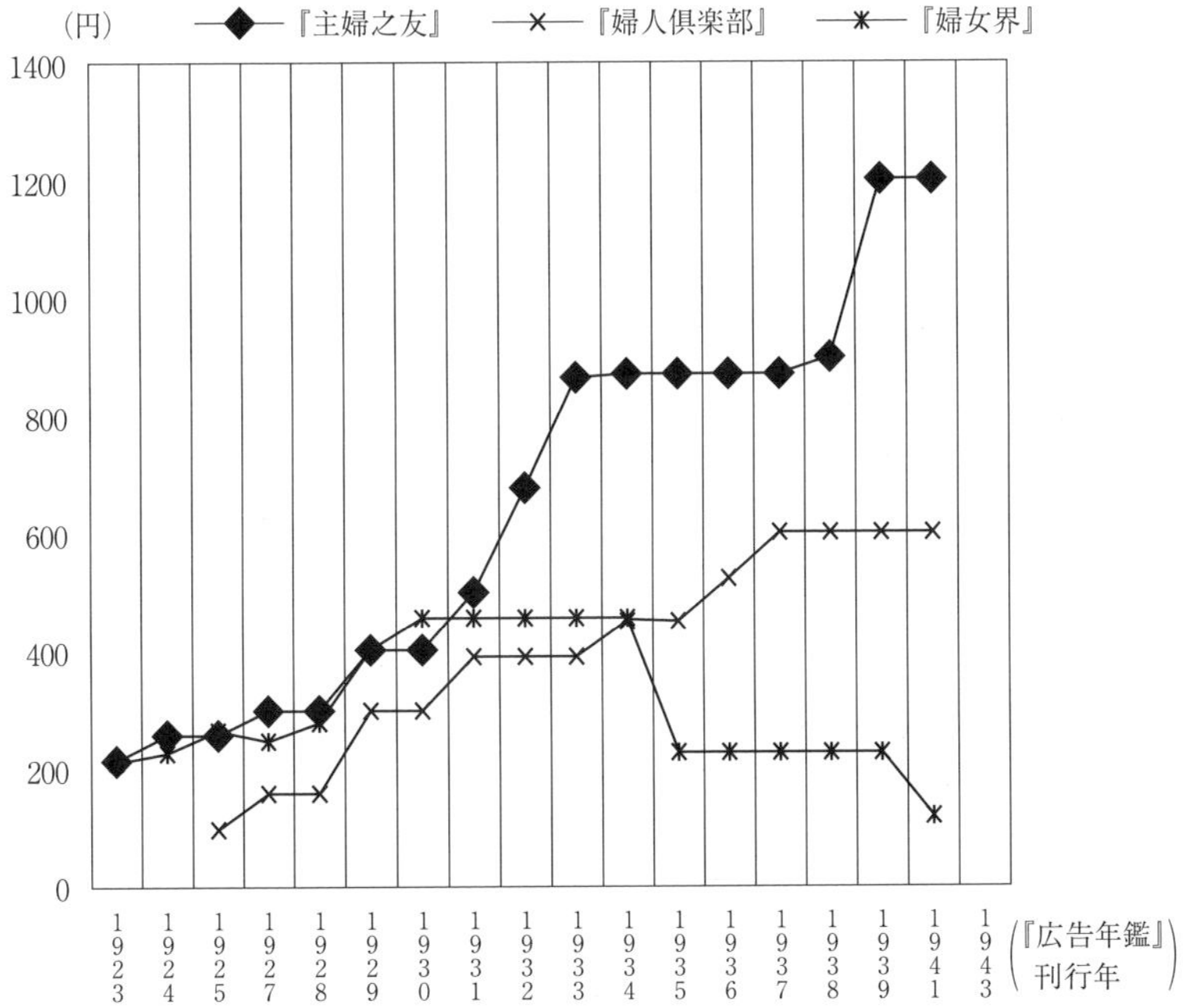

図4　婦人雑誌3誌による普通1頁の広告料金の変化

次値上げしているがそれほど急激に変化していない。にもかかわらず、裏表紙の広告料は高騰していることが見て取れる。

まず、一九二八年から二九年にかけて、二五〇円が五〇〇円へと値上げされ、続いて一九三一年にはさらに九五〇円となった。その後少しずつ値上げを繰り返しながら、一九三六年には一、二五〇円だった広告料金が、翌年には一、六〇〇円にまで上昇した。

当時の代表的婦人雑誌『主婦之友』、さらに先ほどの『婦人倶楽部』、そして両誌と時代を共有するも、その後読者人気という点で両誌に大きく幅を拡げられていくことになる『婦女界』の三誌の普通一頁における広告料の変化を見てみよう〔図4〕。

一九三〇年に入るまでは、さほど大きな差がなかった三誌（一九二九年時点で、『主婦之友』が四〇〇円、『婦人倶楽部』が三〇〇円、『婦女界』が四〇〇円という設定）だが、以後、『主婦之友』の値上がりが顕著となった。

昭和初期にあって婦人雑誌の発行部数が増大し、広告媒体としての有望性がいち早く認識されるようになった。そのなかで各社に求められたのが発行部数の公開であった。部数公開が広告主から熱望されていたが、実現は見られなかった。

そんななか『婦女界』が一九二八年に発行部数を公表した。『広告研究』に掲載された「最近に於ける広告界ニュース」によると、公開されたのは「製本屋より売捌店の受領せる入荷伝票」「各種の統計」「共同印刷所よりの請求」の三点である。婦女界社が発行部数を公開したのは、一九二九年の新年号から広告一頁を二八五円から三四〇円への値上げするにあたって、広告主を説得する必要が生じたためであったという[14]。『婦女界』の一九二九年時の広告料金一頁の値段は『広告年鑑』では四〇〇円となっているところを見ると、その後さらに料金を上乗せしたようである。『婦女界』の発行部数は『広告年鑑』にも記載があり、昭和四年（一九二九）一月時点で四五万部となっていた。

『婦女界』だけがその公表を行ったが、その恩恵は他誌にも及んだといえるであろう[15]。発行部数を公開しなかった主婦之友社と大日本雄弁会講談社でも、『広告年鑑』にあるように、同じく一九二九年には広告料の値上げが行われているからである。では次に普通一頁広告で、一九三一年以後、最も高い広告料を設定した『主婦之友』について見ていこう。

3 広告メディアとしての婦人雑誌の人気

『広告年鑑』発刊時から、婦人雑誌のみならず、他の雑誌と比較しても『主婦之友』の裏表紙広告の値段は群を抜いて高かった。『主婦之友』誌内にあって、同じく目立つ広告スペースである表紙裏（表二）に設定された料金と比べても裏表紙は飛び抜けて高い。戦前の『広告年鑑』において、広告料金の値段設定として、一〇、〇〇〇円を超えているのは、『主婦之友』の裏表紙広告のみである。

最高金額は、一九三三年刊行の『広告年鑑　昭和九年版』に記載された、一三、〇〇〇円である。先に述べたように、広告に割引が設けられていることもあるため、実際の取引金額としては不明な点もある。だが、公式に二〇、〇〇〇円を超える金額を設定しても、広告申し込みがあったためであろう。翌年から一九三六年までは「約済み（＝すでに契約済み）」となり、裏表紙広告を受け付けなくなった。

『主婦之友』は創刊時から同種の雑誌に比べ広告収入を重視した婦人雑誌であった。いち早く表紙裏（表二）、裏表紙裏（表三）、裏表紙（表四）、そしてさらに目次裏といった読者の目を引きやすい個所に広告を配置していた。こうした広告重視の姿勢は、他誌に先駆けて一九二一年五月号からいわゆる「広告主一覧表」を掲載し、広告主の便利をはかったことからも見て取れる(16)。

今も雑誌出版を続ける主婦の友社だが、一九一七年に創業者の石川武美が『主婦之友』を発行したことに始まる。誌名がそのまま社名となっていたのは、同社が当時、一社一誌主義を採用しており、『主婦之友』を刊行している出版社であることを強くＰＲしていたことに由来する。

一社一誌主義を貫き雑誌刊行を続けていくために、『主婦之友』にとって購読料のみならず、広告収入が重要となっていた。同じ婦人雑誌を発刊していても、系列雑誌（論壇誌や青年誌、幼年雑誌等）を持ち、その売り上げにも依存できた、大日本雄弁会講談社とは異なる立場にあったためである。

『主婦之友』への広告掲載料金が高かった理由には、雑誌刊行においてその収入が鍵となったことも挙げられるだろう。だがただ高い値段を設定したところで、広告効果が望めなければ意味がない。『主婦之友』の広告効果とはどのようなものだっただろうか。

（1）『主婦之友』の裏表紙広告

裏表紙広告料の高さも目を引くが、色刷りの広告には、それに次ぐ高い料金設定がなされていた〔表1備考欄〕。その料金は表紙裏（表二）よりも随分高い。一九三〇年代の『主婦之友』の特徴はまず、「色彩」（カラーページ）にある。一九三五年、『主婦之友』の特徴を分析した田町比天男は、「主婦之友の絵画化」を指摘した。ジャーナリズムという点で、新聞も家庭欄には力をいれており、ニュース・バリューの点で婦人雑誌に劣っているわけではない。しかし、新聞には「色彩に依て眼の感覚に訴へる」こと、「単一な一つの記事のために（中略）増刷りすること、「挿画や写真を無制限に収容する」ことが不可能であり、その点において、婦人雑誌は新聞よりも優れた点を有している。なかでも『主婦之友』は、『婦女界』『婦人倶楽部』『婦人公論』というこの時代の三つの代表的婦人雑誌と比較しても、色彩の豊かさにおいては突出していると田町は述べている。

どの婦人雑誌と比べて見ても主婦之友ほど大判の印画を多く用ひ、色刷りの挿絵に大袈裟なスペースを割き、眼の感覚に訴へてゐる雑誌は見当たらない。(17)

『主婦之友』の色刷り広告は定評があった。中央公論社の宮本信太郎は、『主婦之友』の「外見」について次のように述べている。

当時の雑誌は、コストの関係で表紙と大裏は別々に印刷され、いわゆる継ぎ表紙となっているものが多かったが、本誌は大裏も大切は構成要素ということで、同じ資質、同じ四色印刷に改め、継ぎ表紙をくるみ表紙としたが、英断というべきであろう。(18)

「大裏」とは先ほどみた裏表紙のことで、広告ページとなっていることが多いのは現在と変わらない。だが当時表紙は色刷りであっても、裏表紙は本紙と同じ単色印刷である場合も多かった。雑誌の顔である表紙と同じだけ裏表紙（広告）の見た目を重視したのが主婦之友社であり、社長の石川武美であった。

表１　『主婦之友』の表紙裏（表２）と裏表紙（表４）の広告料金

（単位・円）

『広告年鑑』	刊行年	表２広告料	表４広告料	備考欄※
大正14年版	1923	600	3,000	—
大正15年版	1924	800	3,000	—
大正16年版	1925	800	特別契約	三色刷＝2,500
昭和３年版	1927	900	6,000	三色刷＝3,000
昭和４年版	1928	900	6,000	三色刷＝3,000
昭和５年版	1929	1,000	7,000	三色刷＝4,000
昭和６年版	1930	1,000	10,000	三色刷＝4,000
昭和７年版	1931	1,250	13,000	三色刷＝5,000
昭和８年版	1932	1,600	18,000	三色刷＝6,700
昭和９年版	1933	2,048	23,000	三色刷＝8,500
昭和10年版	1934	2,048	契約済み	目次前後＝2,048
昭和11年版	1935	2,048	契約済み	目次前後＝2,048 口絵対面＝1,500
昭和12年版	1936	3,500	契約済み	目次前後＝3,000
昭和13年版	1937	3,500	10,000	目次前後＝3,000
昭和14年版	1938	契約済み	契約済み	グラビヤ＝2,800 口絵対面＝1,500 指定量30～400
昭和15年版	1939	契約済み	契約済み	グラビヤ＝2,800 二色＝2,800 口絵／記事対面要指定料、指定料30～400
昭和16年版	1941	—	—	
昭和18年版	1943			

※広告に色刷り（３色）や、誌面指定がある場合、料金が加算された。

裏表紙は雑誌の編集という点からすれば、その内容に大きな影響は与えない。だが裏表紙を表紙と同じく色刷りにすることができれば、そこは最も目立つ広告スペースとなる。「効果的」であることを広告主に認識させられれば、広告料を高く設定することができる。

表紙や裏表紙だけでなく、その中身も色彩にあふれていたのが『主婦之友』であった。その色彩は、読み物（活字）や記事以上に、広告において顕著であった。そしてその色刷り広告に高い値段を設定したのである。

メディア研究者の北田暁大は、婦人雑誌に現れた当時の広告の特徴について、今日の女性誌との連続性を指摘し、「気散じ」とのキーワードで論じた[19]。広告を楽しむという現代のようなメディア環境や心性は昭和初期の婦人雑誌から登場していた。雑誌には化粧品を筆頭にファッションやブランド商品、家庭用品から医薬品、図書の新刊情報まで彩り豊かな広告が読者の目を楽しませ、タイアップ記事も多い。北田は、広告と記事の差異を意識するともしないという曖昧さのなかで雑誌を楽しむ習慣を読者が身につけていった様相を、一九二〇年代後半の誌面から見て取れるという。それに呼応するかのように『広告年鑑』の刊行はあった。

図5　1934年10月号『主婦之友』裏表紙の「ヘチマコロン」（天野源七商店）の色刷り広告

以後、一九三〇年代を通じて婦人雑誌の広告スタイルは洗練されていくことになる。『主婦之友』の高い広告料金の設定は、そうした雑誌広告の時代

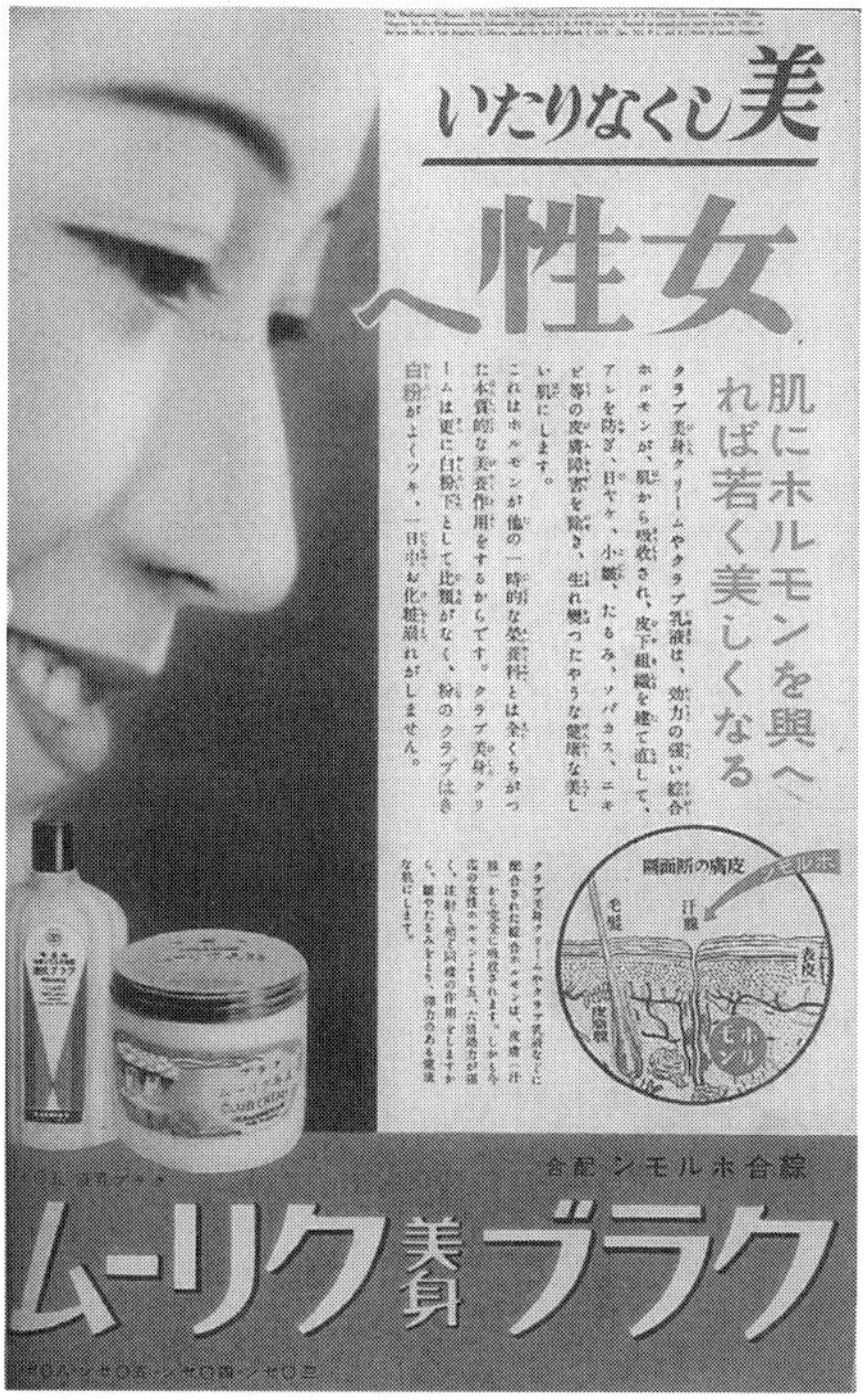

図6　1936年8月号『主婦之友』裏表紙の「クラブ美身クリーム」（中山太陽堂）の色刷り広告

と足並みをそろえていたことを示唆しているだろう。

（2）裏表紙の化粧品広告

一九三三年から三六年にかけて、『主婦之友』の裏表紙を飾ったのは実際にはどのような広告だったのか。一万円を超える広告料を支払った広告主は、一九三三年から三四年にかけては「ヘチマコロン」〔図5〕であり、一九三五年から三六年にかけては「クラブ化粧品」〔図6〕であった。

『主婦之友』の裏表紙は、広告を提供する会社は違っていても、長年、化粧品広告のためのスペースであった。モダンなイラストを使ったり、また写真を加工した色刷り広告を掲載したりしていることもさることながら、裏表紙に表紙とはまた異なる雰囲気の女性が描かれていたことも、『主婦之友』という婦人雑誌の大きな特徴であろう。

今日の女性誌でも同様だが、婦人雑誌の表紙には微笑む女性の姿が登場するのが一般的である。美人画で彩られる表紙は、書店における『主婦之友』の広告として、人々の目を楽しませる存在であった。その表紙はたびたび広告ポスターに例えられた。

そんな「美人画」を広告である裏表紙にも配置し、消費者である女性読者の目を楽しませ、また一方で高い広告料を支払ってでも広告を出したいという広告主を引きつける媒体として『主婦之友』を育て上げたのが、社長兼編集長である、石川武美であった。

萬年社の創立五〇周年を記念した一九四〇年の『広告論叢』には、石川武美が特別寄稿している。「緒言」によれば、この特集号の発刊にあたって、「多年渝《かわ》らざる眷顧を賜」ったという三名のうちの一人として、石川が登場した。(20)

(3) 高木貞衛と石川武美

石川武美は高木貞衛社長との思い出について次のように語っている。一九二〇年代に、主婦之友社と萬年社は取引関係にあり、『主婦之友』は萬年社を通じて新聞に出版広告を出し、また、『主婦之友』に広告を集めるにあたって、萬年社の力を借りたのだという。これが萬年社の高木社長との長いつきあいの始まりであった。しかし、すでにクリスチャンとして信仰を同じくしていたことをきっかけに、以前にも石川は高木に面会したことがあった。

『主婦之友』創始者の石川は、はじめから婦人雑誌出版を考えていたわけではなかった。明治の立身出世青年の一人であった彼は、大分県宇佐郡(現・宇佐市)の生まれで、中学半ばで東京へと向かい苦学することを決意する。成績は優秀だったものの、家は農家で裕福でなく、早く身を立て親孝行したいという意識も強かった。学業は優秀だったため上京してもなんとかやれるとの見込みで、一九〇三年(明治三六)九月五日に郷里を出立した。

東京では、働きながら学校に通うことは困難であるため、「働きながら本の読めるところ」を探し、出版社の同文館にて住み込みで働くこととなった。そこで事業経営に関する書物を読んだこと、さらにリンカーンの伝記に触れたことをきっかけに、事業を行う上での「信念」の強さの大切さを深く心に刻むようになる。さらにキリスト教関係の読書を通じて信仰に目覚めていく。その結果として、本郷教会へと通い海老名弾正の説教を聴いて、同教会との交流を深めるようになった。洗礼も海老名から受け、キリスト教徒として生きる決意をした。

その海老名が本郷教会の後援を受けて発刊し、青年層を中心に好評だった雑誌に『新人』がある。この雑誌に掲載する広告を高木に依頼すべく、若かりし頃の石川は大阪の萬年社を訪ねたのだという。海老名の名刺があり、高木に会えたものの、広告を得ることはできなかった。「それも無理はない、一頁五円か十円の広告料金のものは、営業的にみて、どうにも手の出しやうがなかったのであらう。その気持ちも今なら私も理解がいくが、そのことは頼み甲斐のないことを、ひそかに嘆じて」いたという。石川自身がまだ出版社社長として立つ前のエピソードだが、そのとき出会った高木と萬年社について、「萬年社の社内の様子は、いかにも事務的で、テキパキしたものにおぼえた。クリスチヤン実業家の、一つの型をしめされたやうにおもった」と記している[21]。

石川は「一社一誌主義」を掲げ、『主婦之友』だけに総ての労力を注ぎ、このただ一つのメディアを選んでくれる読者の信頼を裏切らないことをモットーとした。一九二六年の『読売新聞』の連載「雑誌界の人物」に登場した石川は、雑誌出版について次のように語っている。

私は明治三三年一七才の時東京に出て本屋に入り、雑誌を中心に仕事をしてゐましたがそれ以後は徹頭徹尾雑誌のためにつくしてゐます。私はいつも雑誌を生命としてゐます。雑誌は私の学校であり教師であつて今日まで一度もそれを裏切つたことはありません。

最早、現代に於いては宗教は雑誌に移つて来なければなりません。印刷の発明は宗教や政治や実業の上に大革命を与へました。若し今日キリストが生れて来たならば印刷宣伝をやり記者になって神の道を説くでありませう。[22]

キリスト教徒である石川は、より良い情報を雑誌を通じて読者に届けるというメディア・コミュニケーションのありようを、宗教とのアナロジーで語っている。先に見たように、より良い情報には広告情報も含まれた。その後の石川の信仰に基づくピューリタン的勤勉さは、萬年社社長である高木に同じであった。女性読者に信頼できる雑誌を提供しようとして仕事にうちこみ、そのパーソナリティと信念はそのまま『主婦之友』刊行の編集方針となった。『主婦之友』の広告掲載料の価格の高さは、同誌が紹介する商品への自信の表れであった。そして自身が編集するメディアの「効果」を熟知してのことであった。高木との出会いは広告取引のみならずキリスト教徒としてのものであったと披露されており、信仰を持つ経営者から得られたものは大きかったようである。石川が主婦之友社社長となって以後、知己となった二人は、「膝をまじへるやうにして話す機会が多」くなり、とはいっても「商売のことは殆ど話したことはない」という間柄だったという。石川は高木を「私の目にみる翁は、萬年社の社長といふよりも、基督教社会の世話役といった方が、適切でありさうである」とその交流を記した。[23] 信仰を同じくしつつ、それでいて立場は違っていても、同じく広告に関わる仕事に携わる者として、石川が高木からうけた影響は少なくなかったことをうかがわせる。

萬年社の講堂で社員に講演を行ったときを回顧した石川は、「つくづく翁の社と私の社との雰囲気に、似たところのあるのを知つた。それをいへば、わたしが翁からうけた感化影響の、決して少くないことを告白せねばならぬ。それは必ずしも信ずるものが一つであるといふことばかりと思はぬ。性格の上にも多少似通ふものが、あるかもしれぬ」と、述べていた。[24]

おわりに

萬年社が戦前に刊行した『広告年鑑』を元に、当時の雑誌メディアの広告媒体としての位置づけを概観してきた。「広告の科学」を希求していたためであろう、萬年社社長の高木貞衛は、広告を合理的な根拠に基づいて行う社会的行為として定着させようとしたのであり、それが業界の網羅的な情報を盛り込んだ年次記録である『広告年鑑』の刊行につながった。それを実現せしめた背景には、少なからず、クリスチャンとしての勤勉さがあったことは間違いないだろう。

もちろん広告のメディア効果は実際のところ、それだけを測定することは不可能である。マス・コミュニケーションとは、さまざまなメディア環境や人々の相互作用によるものだからだ。だがその「科学的・客観的」であろうとする高木を筆頭として萬年社全体の態度が、広告業界なるもの全体への信用や信頼の向上という「効果」をもたらしたのではないだろうか。それは例えば、いち早く女性読者をターゲットに広告メディアとなった『主婦之友』の発展にも、少なからず及んでいた。

『広告年鑑』発刊時は日本の出版史を眺めてみればわかるように、多くはないもののいくつかの雑誌が発行部数での上でも大きく伸張し、また独自の特徴を持った「広告」メディアとして意識されるようになった時期と重なっている。『広告年鑑』は、新聞はもちろんのことであるが、雑誌の広告掲載料を併せて掲載し刊行している点が、今日となっては、当時の雑誌という「広告メディア」の登場を知る上で、重要な資料となっているといえるだろう。

（1） 広告代理業の第一号は明治一三年（一八八〇）創業の「空氣堂組」といわれており、その後明治一七年（一八八四）に

「弘報堂」、明治二一年（一八八八）に「廣告社」「三成社」「広目社」「時事通信社」など、明治二二〜二三年にかけて「萬年社」をはじめ「弘業社」「正路喜社」他が創業した。井家上隆幸『広告のあけぼの―廣告社・湯澤精司とその時代』（日本経済評論社、二〇一三年、七六〜八三頁）及び、内川芳美編『日本広告発達史』上巻（電通、一九八六年、七六〜七八頁）参照。

（2）本書所収の山本論考第一節（一四〜二三頁）参照。

（3）『萬年社創業録』中巻、三九八頁参照。

（4）山本武利「解題　萬年社の広告活動と『広告年鑑』」（『萬年社広告年鑑』第一八巻、お茶の水書房、一九八四年）。

（5）佐藤卓己『ヒューマニティーズ　歴史学』（岩波書店、二〇〇九年、一一〜一二頁）。

（6）大正一六年版の『広告年鑑』には、「現在我国のにある雑誌数は約三七〇〇種に及び、尚益益増加する傾向がある。しかしながら広告と云ふ点から観察すれば、その媒体にして有力なものは一割にも充たないのである」との現状が記されている（「第三輯雑誌総覧」『広告年鑑』、三〇八頁）。

（7）山本、前掲注（4）「解題　萬年社の広告活動と『広告年鑑』」、一八〜二〇頁。

（8）「広告に対する社会の誤解に対して啓発の資料を供し、新聞雑誌の資質を明にするために、其の内部各部を明白にすることは、蓋し今日の急需に応ずる所以である。而して之を決行するには、推量的の文章を以てするよりも、数字的に証明するを必要とする。広告の最も発達した米国では、新聞年鑑類の発行最も多く、之に次げる英国が、年鑑発行に第二位に在るのも亦当然なことである。独り疑ふのは、新聞に将た広告に世界の第三位に在ると自負する日本に、新聞広告年鑑の少いこと」があり、「斯界奉仕の奉仕たのめに」広告年鑑を創刊したとある。「十六年版新刊に就いて」（『広告年鑑』）一〜三頁参照。

（9）山本、前掲注（4）「解題　萬年社の広告活動と『広告年鑑』」、一九頁。

（10）『萬年社創業録』下巻には「新計画を企てん」として事業は将来にあり、屋外広告とならんで「雑誌広告の如きも将来社のための大なる財源である」と記していた（九二六頁）。

（11）『キング』の特徴については、佐藤卓己『『キング』の時代――国民大衆雑誌の公共性』（岩波書店、二〇〇二年）参照。

(12) 岩橋郁郎『少年倶楽部』と読者たち』（ゾーオン社、一九八八年、七～九頁）。
(13) 同前書、四二～四八頁。
(14) 「最近に於ける広告界ニュース」（『広告研究』第一号、広告研究所、一九二九年、八二頁）。
(15) 一九三一年には、婦人雑誌の広告料と発行部数の関係について、返品率を含めたデータが、元主婦之友社編集局の嶺村俊夫によって公表されている。ただし、「最近調査」とあるのみで、どのようなデータに基づくものかは明らかではない。嶺村自身も「各社の広告料正味料金は絶対秘密にされてる《（ママ）》が故に、局外者はもとより、斯業関係者、之を正確に察知する事は殆ど不可能である」と述べている。とはいえ、婦人雑誌の発行部数に基づく上位は、『広告年鑑』に同じである。『主婦之友』発行部数六〇万部（返品率約五厘ないし一分）、『婦人倶楽部』五五万部（同五分ないし一割）、『婦女界』三五万部（同約二割五分）となっている。
　広告料に関しては、「広告料金の詳細発表は業界攪乱の怖れあり大略に止める」とし、普通一頁広告の料金は、『主婦之友』六二五円（割引正味大略三七五円前後）、『婦人倶楽部』六〇〇円（同二五〇円前後）、『婦女界』二六〇円（同一五〇～一六〇円前後）とのことである（嶺村俊夫「企業婦人雑誌形態」『綜合ヂャーナリズム講座』第九巻、内外社、一九三一年、二一七～二一八頁）。
(16) 広告メディアとしての『主婦之友』については、拙著『戦時婦人雑誌の広告メディア論』（青弓社、二〇一五年）参照。
(17) 田町比天男「『主婦之友』はなぜ売れるか」（『経済往来』一九三五年六月号、三七八頁）。
(18) 宮本信太郎「広告媒体としての雑誌の変遷」（東京アートディレクターズクラブ編『日本の広告美術――明治・大正・昭和2《新聞広告、雑誌広告》』美術出版社、一九六七年、一九頁）。
(19) 北田暁大『〈広告〉の誕生――近代メディア文化の歴史社会学』（岩波書店、二〇〇八年、初出は二〇〇〇年）参照。
(20) 三人のうちあとの二人は、仁丹本舗社長の森下博と、実業之日本社社長の増田義一であった。
(21) 石川武美「特別寄稿――回顧」（『広告論叢　創業五十周年記念特輯号』一九四〇年六月、一九三～一九七頁）。
(22) 「雑誌界の人物（一五）――石川武美氏」（『読売新聞』一九二六年七月七日付朝刊）。
(23) 石川武美、前掲「特別寄稿――回顧」、一九七頁。
(24) 同前。

＊コラム

大学の新聞広告
——同志社大学所蔵史料より

樋口摩彌

明治期以降、日本では英学校や女学校、専門学校など様々な学校が建学された(1)。これら各学校は、生徒を募集するために、学科案内や入試情報等の広告を新聞紙面に掲載した。例えば同志社専門学校（のちの同志社大学）は、明治一九年（一八八六）、『朝日新聞』に生徒募集の広告を掲載したことを端緒に、現在に至るまで掲載を重ねている(2)。本コラムでは、昭和初期を中心とする主要紙の広告欄および、同志社大学同志社社史資料センター（以下、社史資料センター）が所蔵する大正四年（一九一五）から昭和二二年（一九四七）までの広告に関する史料を調査し、昭和初期における大学の新聞広告に関する諸相を追う。

まず昭和初期の新聞紙面を通覧する。すると大学の広告は、一〜四月に集中していることがみてとれる。これは、当時の大学の入学試験が四月に実施されていたことに起因する。その広告内容は入学案内や生徒募集に関するもので、具体的には大学の教育理念・専攻・定員・入学試験日などである。またその大きさは二〇〜三〇行にわたっており、その紙幅は大きい。なお一〜四月以外も新聞記事は掲載されているが、一〜三行のごく小さいものにすぎない。すなわち新聞紙面における大学の広告は、一〜四月が最も重要な時期であるといえる。

次に新聞広告に掲載する際の契約形態について、みてみる。明治中頃の広告代理店が出現する以前、大学は新聞広告掲載にあたり、各新聞社それぞれと契約を交わしていた。そうしたなかで明治後期以降、広告代理店が出現する。この広告代理店は、大手新聞社に加え全国各地の新聞社への広告掲載を一括して取りまとめる便宜を図っていた。それゆえ大学側は、広告代理店と一度契約を交わすだけで、全国各地の新聞紙に大学の広告を一挙に掲載することが可能になった。これは大学側にとって、効率よく宣伝を行う画期であった。

一方広告代理店は、前述した一～四月の大学入試の広告掲載に向けて、前年一二月から各大学に積極的な営業活動を行っていた。社史資料センターに現存する史料からは、同志社大学は萬年社・京華社・浪華広告社などの広告代理店と取引をしていたことがわかる。とりわけその中心は、西日本を席巻し京都市内にも支店を置いた萬年社であった。「昭和七年度広告掲載書類　庶務」（同志社大学同志社社史資料センター所蔵）の簿冊には、「株式会社萬年社京都支店　堀江六郎　京都堺町通三条」の名刺が現存する。萬年社社員の堀江六郎が同志社大学を訪問し、営業活動を行っていたのであろう。その活動状況は、名刺の裏面に記されたメモ書きから窺うことができる。そこには「大毎大朝八行二段一六行止メ／単価一円四十七銭／社会面指定料　四十銭／計一円八十七銭／一回金弐拾九円九拾二銭」とある。このメモ書きから分かることは、以下の通りである。『大阪毎日新聞』『大阪朝日新聞』に広告を掲載する場合、一行のあたりの広告料は一円八七銭である。また掲載面を社会面に指定した場合、四〇銭加算され、一行あたり一円八七銭となる。それゆえ社会面に全一六行の八行二段構成の広告を掲載した場合、その料金は二九円九二銭となる。(3) また別のメモ書きによれば、『大阪毎日新聞』『大阪朝日新聞』の朝刊社会面に、四月一五・一七日の二日間、一二行二段半つまり計二五行を掲載した場合、その金額は四八円七五銭であるという。すなわち一行あたりの単価は、一円九五銭ということになる。このように萬年社は、同志社大学に対して複数の料金設定の広告を提示していたことが分かる。

またこうした大学広告には、その雛形が事前に準備されていた（図1）。図1の萬年社が同志社大学に提示した雛形からは、以下の点がよみとれる。まず掲載新聞は、『大阪毎日新聞』『大阪朝日新聞』『東京日日新聞』『東京朝日新聞』の四紙である。広告掲載の締め切り日は一二月二〇日で、一月中旬～二月中旬に広告が掲載される。また内容は大学の名称・専科・入試日・定員・理念などであるが、これらは空欄となっている。ここから各種学校に同様のものが配布されていたことが窺える。また広告料は広告の大きさに比例し、全六パターンが提示された。例えば六行広告を一回掲載した料金は、『大阪毎日新聞』『大阪朝日新聞』が二〇円五銭、『東京日日新聞』『東京朝日新聞』が一九円であり、東京よりも大阪の新聞の方が高額であった。

なおこのような雛形に基づく大学広告は、先に示した通り、広告代理店の取りまとめによって全国主要紙のみならず日本全国の地方紙への掲載も可能となった。「昭和七年新年連合地方四十新聞」(4)によると萬年社は、札幌の『北海タイムス』から鹿児島の『鹿児島新聞』『鹿児島毎日新聞』まで全四〇紙に、新年一月に学校案内の広告の掲載が可能であることを提示している。このパッケージ化した広告販売方法は萬年社が先例となったが、他にも浪華広告社など別の広告代理店も行っていたことが史料からわかる。

こうして広告が掲載された新聞は、顧客元に掲載報

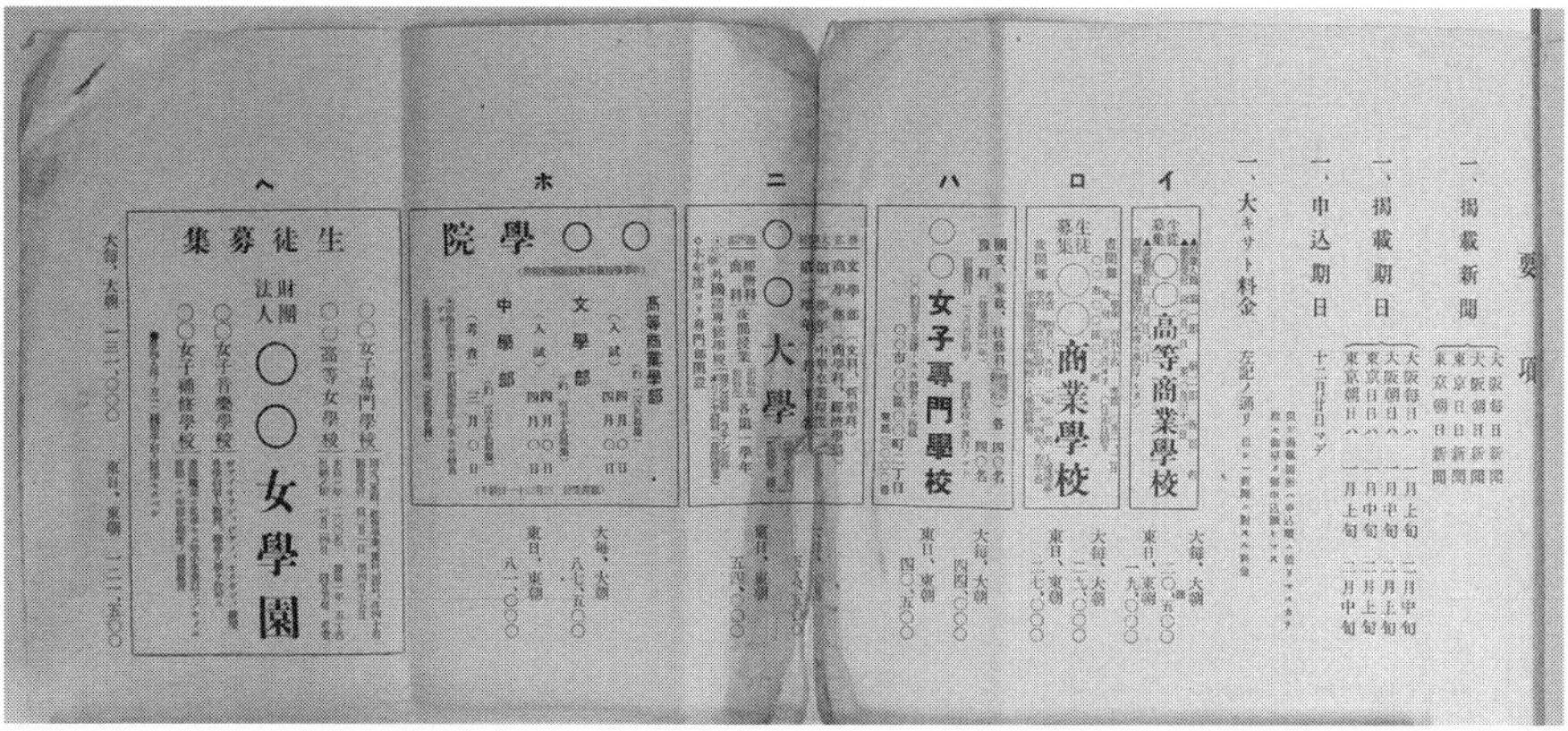

図１　大学の新聞広告の雛形（簿冊「昭和六年新聞広告掲載書類　庶務部」 社史資料センター所蔵）

告として一部送付されたようだ。同志社大学はそれらをスクラップ帳にまとめている（図2）。図2の右上には『福山日々新聞』、左上には『山陽新報』に掲載された新聞の切り抜きが貼られている。前者には赤い丸印が、後者には指差し柄のスタンプが押されている(5)。これらは同志社大学の広告が新聞紙面に掲載されたことを示すために、広告代理店が記したものと考えられる。また『台湾日々新報』『満洲日日新聞』に掲載された同志社大学の広告もスクラップされている。ここから内地ではない台湾や満洲の新聞にいたるまで、広告代理店を通じて手広く広告を掲載していたことが窺える。なお現存するスクラップ帳には、大正九年（一九二〇）から昭和一三年（一九三八）までの広告が一括して貼付されている。ここから大学側は、掲載広告を数年間分を通覧していたとみられる。

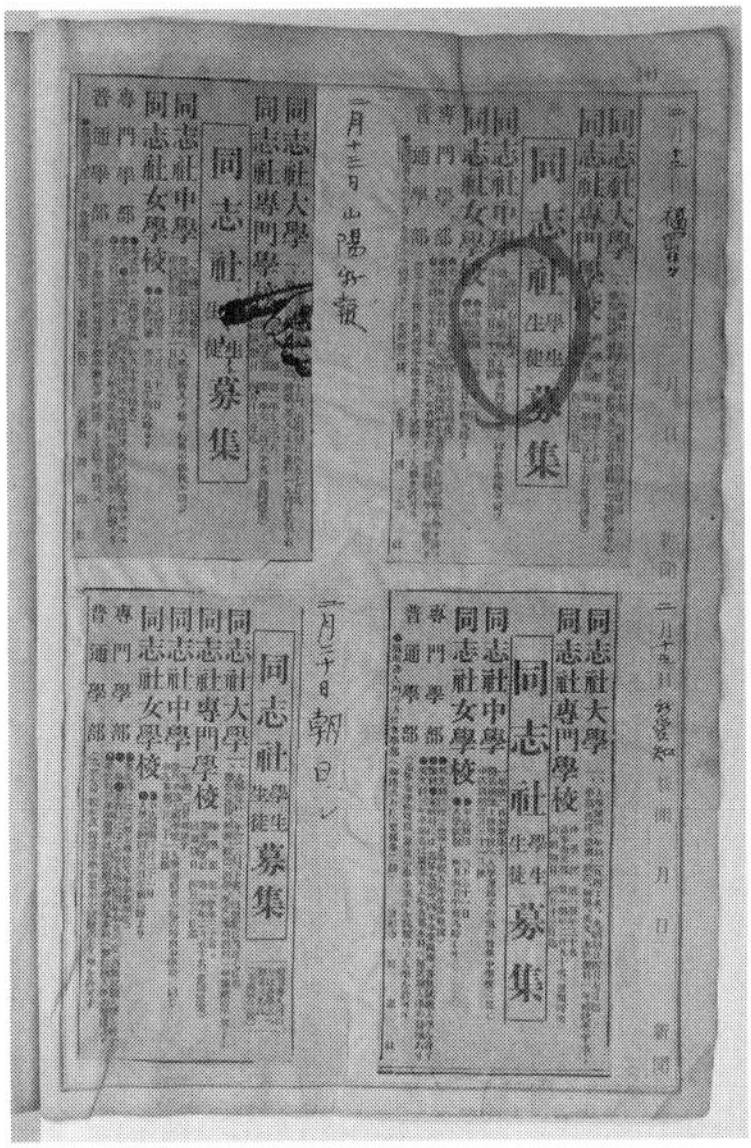

図2　各新聞に掲載された同志社大学の広告（簿冊「新聞広告切抜」社史資料センター所蔵）

本コラムでは大学と広告代理店の取引を追った。むろん広告代理店の顧客は、大学のみならず多岐にわたる。この現存資料からは、大学をはじめとする様々な広告主が、どのような資料をもとに、どのような検討を行い、いかに自社広告を出していたか、さらにはそれに付随する広告代理店のやりとりを窺い知ることができるのである。

（1）これらの各学校の一部は、大正七年（一九一八）発令の大学令にて、大学と改組する。

（2）『朝日新聞』明治一九年（一八八六）九月一九日付「同志社予備校生徒募集広告」。「同志社大学」の名称に

なるのは大正九年（一九二〇）であるが、ここでは「同志社大学」と統一して表記する。

（3）補足的に述べると、同志社大学の昭和五年度の広告費は一六八〇円である（「昭和五年度同志社歳入歳出予算書」社史資料センター所蔵）。

（4）簿冊「昭和六年新聞広告掲載書類　庶務部」（社史資料センター所蔵）。

（5）同志社大学社会学部メディア学科には、関西の広告代理店である大阪勉強広告社が株式会社多木製肥所（現・多木化学株式会社）に納品した新聞が多く現存する。そこにも赤の丸印が施されるなど、同一の特徴がみられる。また、萬年社コレクションにも赤の丸や指差し印を押した新聞がスクラップブックに多数残されている。

第八章　アジア・太平洋戦争期における国家宣伝と広告業界——日本宣伝文化協会と『エホン　ニッポン』

中嶋晋平

はじめに

連合国への宣戦布告のニュースが日本中を駆け巡った昭和一六年（一九四一）一二月九日、萬年社社長中川秀吉のもとに、一通の「速報」が封書でもたらされた。

日本宣伝文化協会　速報　第一
日米遂に決裂す！

来るものが遂に来た！　緊張裡にも吾々は勇躍を禁じ得ないが、今後直面する重大事態を思ふにつけ、民間宣伝人の担ふ責務の厳しさに深く意を注ぎ、滅私奉公の蹶起を奪ひ合はうではないか！

宣協は民間宣伝決戦体制の総本部だ！

断乎たる決意を胸に、挙国一致の熱誠を沸きたぎらせるために、吾々は打つて一丸火の玉となつて、国家宣伝の尖兵とならねばならぬ。

翼賛会宣伝部とがつちり手を組んで、当事務局は既に武装を完了した。

打倒米英の標語決定！

大政翼賛会では、直ちに標語を決定した。

左の通りである。

「屠れ！　米英　我等の敵だ　進め一億　火の玉だ！」

次の指令のあるまで、標語はこの一本槍に邁進されたい。そして直ちにこの標語を前面に押し立て〻、戦闘に参加されたい。民間宣伝界の総力を発揮する好機が遂に来た！　吾等は一億の先頭に立つて、東亜よりの米英勢力の駆逐打倒に挺身しなければならない！(1)

激烈な筆致で萬年社に戦争協力を呼びかける「民間宣伝決戦体制の総本部」、日本宣伝文化協会とはいかなる組織か。この素朴な疑問が本論文の出発点である。

日中戦争の開始以降、広告業界が国家機構によって統制を受け、また国民の積極的な戦争動員を促すための宣伝に利用されたことはよく知られている。(2)また近年では、そうした上からの統制だけでなく、自らの活躍の場を求めて、積極的に国家宣伝に協力していった広告デザイナーの存在が明らかにされてきている。(3)しかしその一方で、広告代理店をはじめ、広告業界全体が、当時どのように国家宣伝に関わったのかについての研究は、近年やや停滞していると感じられる。当時の広告業界は、総力戦体制下における統制経済への移行や広告取締、新聞・雑誌の広告スペースの減少などにより大打撃を受けていた。そうした状況を打開するため、広告業界が献納広告や広告の自主規制という形で国家宣伝に協力していった点は明らかにされている。(4)しかし、これらは広告業界による国家宣伝への協力の一部であり、当時の広告デザイナーたちがそうであったように、広告業界全体としても、長年蓄積されてきた大衆向け商業広告に関する知識や技術、業界内外のネットワークを活用し、さまざまな形で国家宣伝に協力していたと考えられる。しかし、広告業界全体が具体的に国家とどのように関わり、自らの知識と技術を生かした国家宣伝を実践していたのかについての実証的な研究は、十分に進められてきたとは言い難い。戦時期の宣伝研究は資料発掘の困難さもあって、報道技術研究会など特定の対象に研究が限定される傾向が続いている[5]。

こうした状況を踏まえ本章では、対米開戦直前の昭和一六年（一九四一）一二月に、民間の広告業界を統合一元化して国家の戦争遂行に協力することを目的に創設された団体、日本宣伝文化協会に注目し、アジア・太平洋戦争期における国家宣伝と広告業界とのかかわりについて検討する。同協会については、その存在自体は、先行研究でも触れられているが、具体的な記述はみられない。そのため、同協会はその組織の概要から具体的な活動内容に至るまで、ほとんど明らかにされていないのである。本章は、同協会の実態解明を足掛かりに、アジア・太平洋戦争下における国家宣伝と広告業界との関係を明らかにしていくものである。

本章では、萬年社が保管していた日本宣伝文化協会の会報および理事会・評議会議事録、その他日本宣伝文化協会の関連資料を中心に分析を行う。昭和戦前期、関西有数の広告代理店であった萬年社の社長中川秀吉は、理事として日本宣伝文化協会に関わっていた。そのため、冒頭の「速報」をはじめとする協会に関する多くの資料が残されることになった。資料の散逸が著しい戦時期の宣伝および広告研究にとって、これらの資料は大きな価値を持つものといえよう。

1　日本宣伝文化協会の設立

まず日本宣伝文化協会の設立に至る経緯をみていくことにする[6]。協会設立の直接の契機となったのは、昭和一六年五月一六日、大政翼賛会宣伝部長の久富達夫が、広告主、新聞社、雑誌社、宣伝媒体業者、その他関係者八四名を招き、組織の結成を諮ったことに始まる。ただ発会式の速記録には、「民間の宣伝活動を通じて、国策の遂行に協力し、併せて宣伝文化の向上を図る為めの機関を設立したいといふ希望は以前から各方面に」[7]にあったと記されており、広告業界の側にも国家宣伝への協力の意図があったことが見てとれる。井上祐子は、日中戦争の勃発から一九四〇年にかけて、商業広告に対する規制の強化、統制経済による広告の減少、広告に対する社会からの厳しいまなざしのなかで、国家宣伝に活路を見出し、次第に広告技術者たちが政府や軍に接近していった経緯を明らかにしている。[8]すなわち広告技術者たちは、既存・新設の団体、あるいは個人的な繋がりを通して国家との結びつきを強め、日中戦争以降、国家宣伝に対する官民共同体制を構築していくことになるが、日本宣伝文化協会の設立はそうした流れのなかに位置付けることができる。

では、協会の設立について大政翼賛会にはどのような意図があったのか。この点について、「協会の企画者」とされる大政翼賛会宣伝部副部長、本領信治郎の文章から確認する。

如何に国策宣伝が啓蒙的でなくてはならぬからといつて、下手に説教的になつたのでは鼻つまみものになつて、国民は逃げることになる。そこで宣伝の技術といふことがむづかしい問題となつてくるのである。（中略）けだし、宣伝に技術は重要である。（中略）実際、研究して見れば、何かと宣伝の技術について名案も出ることだろうが、宣伝研究の一機関として近く私は某有力者をはじめ、宣伝関係の多数の有力者達と共に、国策宣伝研究所（仮称）なるものを設立して、これを大政翼賛会宣伝部の外郭団体として活用し、また広く社会の用にも供したいと思つてゐるのであるが、すでにその具体的成案を得たので極めて最近に実現するであらう。[9]

このように、当初は国家宣伝の研究機関としての役割を持つ組織の創設が念頭にあったようである。その意味では、報道技術研究会のような技術者を中心とした団体を想定していたようにも思われるが、結果的には、各種企業主を中心とした団体として誕生させることになる。その正確な理由は明らかではないが、協会設立に際して本領は、宣伝の研究に加え、国策宣伝において「民間に存在する幾多の宣伝媒体物をも利用しなければならない」(10)ことを挙げている。こうしたことから、実際に宣伝媒体や宣伝のためのスペースをもつ広告代理店や各種企業の代表者を中心とした組織にしたのではないだろうか。

久富との会合をきっかけに、二五名の委員による設立準備委員会（委員長は博文館社長、大橋進一）が組織され、日本宣伝文化協会は結成に向けて動き出す。大阪・名古屋の二つの支部の設置、各種関連団体との調整、設立発起人総会、法人設立のための定款の起草などを経て、日米開戦直前の昭和一六年一二月二日、発会式が開催される。

こうして大政翼賛会の主導により、日本宣伝文化協会は誕生した。その設立の意義について、発会式の冒頭、設立委員の井上成意は次のように宣言している。

民間宣伝界を綜合一元化したる当協会は、翼賛精神の結晶体と致しまして、国策宣伝協力推進の、その本部として、政府並びに大政翼賛会の御支持を仰ぎ、迅速且つ正確に宣伝の本義を果し、国家総力戦体制に率先御奉公する決心で御座います。民間宣伝界の最高機関であり、宣伝を通じて愛国の熱誠を捧げんとする中心組織であるところの日本宣伝文化協会は、難局突破の協力陣営の一翼と致しまして、一路目的達成に邁進する覚悟でございますが、その為めには発起人各位を始め、全会員の盛り上がる熱と努力、上からの適切なる御指導を得まして、渾然一体として国家の命ずるところに向つて、猛進する態勢を速やかに整へなければなりませんので御座いますから、各位の一層の御援助、御鞭撻を切望する次第で御座います。(11)

「民間宣伝界の最高機関」と銘打たれた日本宣伝文化協会はこうしてスタートした。津金澤は、一九二〇年代後半あたりから三〇年代にかけて、日本のモダニズム広告の確立期が戦時体制と重なりあって進行し、大衆向けモダニズム広告の方法論と優れた宣伝技術が当時の国策宣伝にも活用された点を指摘している[12]。こうした点からみれば、日本宣伝文化協会は、アジア・太平洋戦争期において国家と広告業界とを直接結び付け、大衆向け商業広告の知識と技術を国家宣伝に役立てるための重要な組織であったといえる。そのことは、創設当初から日本宣伝文化協会が類似の広告業界団体を統合する際の母体となることが構想されていた点からも裏付けられる。昭和一六年一二月三日に行われた第一回理事会において、「申合セトシテ民間各宣伝団体ニ対シ漸次発展的解消ヲ遂ゲシメ本協会ニ合流セシメルコトヲ申合ス」[13]とある。実際、昭和一八年(一九四三)三月、「日本宣伝協会」へと改組するのにあわせて、大東亜宣伝連盟、帝都薬粧広告粛正連盟、大阪広告協会、大阪広告主連盟、大阪広告主倶楽部、木曜倶楽部、日本広告倶楽部といった団体が同協会へ統合され解消されている事実に鑑みれば、日本宣伝文化協会は戦時下における最も有力な業界団体であったといえる。

2 国家宣伝への協力

(1) 南方占領地向け宣伝メディア『エホン ニッポン』

次に日本宣伝文化協会が戦時下においてどのような役割を果たしたのか、という問題である。日本宣伝文化協会はその定款のなかで協会の役割を、①政府、大政翼賛会及公共団体との宣伝に関する連絡、②政府、大政翼賛会及諸団体との宣伝に関する委嘱事項の遂行、③宣伝の指導及統制、④宣伝文化向上の為の諸事業、⑤会員の委嘱事項の処理、⑥宣伝人の教育育成、⑦其の他本会の目的達成の為に必要なる事業、⑧広告宣伝に関する調査研究(この項目は日本宣伝協会に改組した際追加されている)、としていた[14]。これらの事業について協会は、大政翼賛会やその外郭団体、情報局など数多くの団体から宣伝の委嘱を受け、さまざまな形で展開していた。そのなかでもとりわけ異彩を放っているのが、『エホン　ニッポン』の発行である。日本宣伝文化協会は、大政翼賛会の主導により設立された団体という性格上、戦意高揚であれ、敵愾心の扇動であれ、手掛けたほとんどの国家宣伝の対象は日本国民であった。ところがこの『エホン　ニッポン』は、のちに詳しくみていくように、当時、南方と呼ばれていた東南アジアの占領地の人々を対象とした宣伝メディアなのである。

現在までに判明した限りでは、日本宣伝文化協会が南方占領地向けの文化宣伝に協力した事例は、『エホン　ニッポン』のみである。それゆえ、同協会がその主要な担い手であったとはいえないだろう。しかし、映画や新聞、紙芝居など[15]、さまざまなメディアが、それに携わる人々とともに占領地における宣伝活動に利用されていたことが先行研究によって明らかとなっているものの、絵本に注目した研究は見当たらない。『エホン　ニッポン』とはいかなるメディアだったのか。それを明らかにすることによって、日本宣伝文化協会がさまざまな面で国家宣伝に関わったことを、明確かつ実証的に示すことができるとともに、『エホン　ニッポン』の内容分析と絵本の制作に携わった人々の発言などをあわせて検討することで、日本の南方占領地向け宣伝の一側面も明らかにすることができる。

（２）『エホン　ニッポン』の発刊

昭和一七年（一九四二）一〇月一日に発行された『日本宣伝文化協会会報』創刊号は、さっそく「南方の児童におくる日本文化の精華／エホン　ニッポン創刊す」の記事を掲載し、協会が南方占領地向け宣伝メディアとして『エホン　ニッポン』を近々発行することを伝えている。この記事から読み取れる同誌発行の経緯は次の通りである。

かねてから情報局第三部を中心に当協会に於いて立案企画中の南方向絵本「エホン　ニツポン」創刊号は編輯、印刷製本を完了して愈々共栄圏の各地域に向けて選出されることになつた。

昨年十二月八日、英米に対する宣戦の大詔が発せられてから僅々数ヶ月を出ずして、彼等の東亜侵略の基地であつた香港、ヒリツピン、マレー、蘭印、ビルマ等、悉く我が威力の前に慴伏《しょうふく》し、既に治安、行政、産業、文化等の各方面の工作が順調に進捗してゐるが、永年英米蘭等の桎梏に苦しんで来た諸民族に、真の共栄圏確立の協力者たる活力素を与へることが焦眉の急務となるに至つた。しかしながら、皇軍の真の協力者は白人文化の穢臭《えしゅう》に染まぬ小国民の中にそれを見出さなければならぬ。これに関して国家に於ても夙に深甚な考慮がはらはれて居り、情報局第三部で万々の手段方法を考案中であつたが、その一つとして、先づ最も親しみ易い絵本を通じて十歳以下の児童に呼びかける方策が具体化され、編纂刊行其の他一切の任務を当協会に委嘱されたのである。(16)

この記事では、日本宣伝文化協会が、対外宣伝を担当する情報局第三部の事業に協力する形で、『エホン　ニッポン』の企画立案を行っている旨を伝えている。そして絵本発行の目的として示されているのは、長年白人文化に慣れ親しんでいた東南アジア占領地域の人々を、大東亜共栄圏の確立を目指す日本の協力者とするための宣伝が求められる中、とりわけ白人文化の影響の少ない児童に対して必要であり、その手段として、親しみやすい絵本が選ばれたということである。また『エホン　ニッポン』の編集に当たって、博文館で少年少女雑誌の編集者をしていた高森栄次を招き、政府からは陸海軍および外務省の専門家、民間からは日本宣伝文化協会の代表者のほか、小国民文化委員会理事や帝国芸術院会員、児童心理学者らが参加した編集会議が数回にわたって開かれ、内容や形式、発行部数などが決定されたことも伝えている。同誌の概要は、以下の通りである。(17)

一、表題「エホン　ニツポン」……これを主表題とし、各月の主題を傍題としてその下に附すること。
一、仕向先　南方圏諸地域。
一、読者層　概ね十歳以下の児童とし、都市付近の居住者を対象とす。
一、刊行部数　最初五万部。
一、刊行回数　月間を建前とす。
一、一部定価　十銭―十五銭くらゐ。
一、型態　Ｂ列五号、表紙を別として本文十六頁。
一、紙質　表紙二〇〇斤、本文一二〇斤。
一、編輯内容　東亜諸民族の親善融和の促進。日本事情紹介。その他。
一、用語　マレー、泰、ビルマ、安南、タガログ（ヒリツピン）の五語とし一万部宛分刷、但し絵画及び日本語（片仮名）は共用。
一、筆者　内容に応じて選択。
〇第一号内容は「交通機関を主とせる日本の都市の紹介」
〇第二号は「日本の児童の生活の紹介」
〇第三号は「日本の商店街の紹介」
〇第四号は「日本の陸海軍の偉容」

では、ここに至るまでの詳細な経緯について、協会の理事会議事録から確認する。
協会に対し情報局第三部が「南方絵本」の発刊を委嘱したことを最初に確認できるのは、昭和一七年六月一一日の第一五回理事会においてである[18]。この段階での情報局からの指示では、①一〇歳以下の児童を読者対象とすること、②日本と親和協力する思想の普及を目的とすること、③頒布先の言語と日本語の両方で解説を付けること、④頒布先は都市およびその近郊とすること、⑤体裁はB列五号（現在のB5サイズ）一六ページで四度刷りとすること、⑥月刊とし発行部数は当分の間五万部とすること、⑦配布は海軍を通じて行われること、などである。

さらに、具体的な企画や内容は情報局第三部の編集委員会において決定されることとなっており、費用は情報局と協会双方の負担とされていた。この議事録を見る限りでは、『エホン　ニッポン』の企画や内容についての主導権は情報局にあり、当初日本宣伝文化協会に与えられた自由はそれほど多くはなかったとみられる。しかしその後、協会内に「エホン　ニッポン刊行会」という組織が設置され、「編纂刊行其の他一切の任務」を任せられるなど、関与の度合いを増していった。その後の理事会で、「刊行ニ関スル一切ノ経費ハ収支トモ日本宣伝文化協会ニ於テ負担シソノ責任ヲ負フモノトスルコト[19]」が決定されている。費用の面では、協会が全面的に責任を負うことになったわけで、協会の関与の高さを示すものと言えよう。

その後、七月九日に開催された第一七回理事会において、「第一号ハ汽車、電車、飛行機其他ノ乗物ヲ主眼トシテ日本ノ文化ヲ紹介スルコト、ソノ下絵ハ四画家ニ委嘱中ニシテ七月一二日ニハ完成ノ見込ナリ[20]」とあり、テーマ及び執筆者が決定している。

また九月七日に開催された第二〇回理事会では、第二号以降のテーマについて決定がなされ、「第二号ハ「日本ノ子供ノ生活」、第三号ハ「日本ノ店」、第四号ハ「日本陸海軍ノ威容」を夫々内容トスルコトニ決定。而シテ第三号ノ下絵ハ既ニ完成セリ[21]」として、『エホン　ニッポン』の企画・制作が着実に進捗していることが報告されている。

協会は、『エホン　ニッポン』の制作が「全くの国家的事業」であることから、「下絵一枚にも慎重」に吟味し、

「一葉の絵画と雖も慎重なる討議と検討が加へられ、中には描き改めること十数度に及ぶものさへあった」[22]としている。協会が同誌の制作に力を注いでいた様子がうかがえる。

こうした経緯を経て発行された『エホン　ニッポン』だが、その意義について、協会は会報で次のように強調する。

待望の「エホンニッポン」が遂に創刊せられた。現地よりの屡次の要望に応へて、見事なる出来栄を示す「エホンニツポン」を贈るに当り、些かの感なきを得ない。

南方児童に対する文化工作の第一着手として為されたこの絵本の刊行は、慎重なる企画と、各方面の絶大なる支援によつて生れたものである。従来英米的な物質文化の表皮にのみ接触させられ慣らされて来た南方児童の大部分が、知能的にこそ程度は低いが、感覚的にはわれ等の想像する以上にませてゐるといつた状態にある、指導者としての帝国がこれに対して如何なる方法によつて啓発指導すべきかといふことは、具体的に相当難問題だつた。単に学校教育にのみ依存出来ないことは勿論である。

彼等は精鋭なる皇軍の威容は知悉してゐる。また日本民族の逞しき建設力をも日日見聞してゐるであらう。しかし一面それによつて長年月の間に浸透した英米的文化が直ちに払拭されるとはいへない。帝国と、自らの居住する大東亜を認識せしめる手段として、絵本が選ばれたのは当然であつた。彼等をして再び貪婪《どんらん》なる英米文化に悶死させてはならぬし、又奴隷的地位から希望ある明朗なる新秩序へと向はしめなければならぬ。こゝに明日の大東亜建設の一員たる南方児童に、帝国の「こゝろ」を伝へ、大東亜民族としての矜持を有せしめ、よつて共存共栄の実を挙げしむる為の絵本の意義が生じて来るのである。[23]

この記事からは、『エホン　ニッポン』が、占領地域における文化工作を担う人々からの要請に応えたものであるということが確認できる。また先行研究が示す占領地に対する他の宣伝工作の目的とも一致するようにみえる[24]。すなわち、英米文化を否定して、日本文化や日本を盟主とする「大東亜民族」というイデオロギーを浸透させ、日本のアジア戦略を「アジアの解放」と置き換え正当化するための論理に基づいて制作されたことが確認できる。一方で、受け手を児童に限定している点は、他のメディアとは異なる特徴といえるのではないだろうか。会報によれば、『エホン　ニッポン』第一号は予定通り南方の各言語一万冊ずつ、計五万冊が制作された。昭和一七年に出版された絵本の平均発行部数三万部と単純に比較すればかなり多く発行されたといえるが、広大な東南アジアの占領地域に配布するにしては少量であったため、国内では、会員に三百冊が配布されたのみである。こうした事情から、現在『エホン　ニッポン』の現物を確認できるのは、国内外でわずか三か所、四号分のみであり[25]、また最終的に何号まで発行されたかは確認できていない。

（3）『エホン　ニッポン』の表現上の特徴

先述したように、『エホン　ニッポン』はほとんど現存しておらず、また発行に至る経緯や概要などが、資料の不足などによりほとんど明らかにされていない。そこで本項では、『エホン　ニッポン』第一・二号の内容分析を通じて、南方占領地向け宣伝メディアとしての特徴を明らかにする。また同時に、戦時下における南方占領地に対する文化工作という戦中・戦後の日本とアジア諸地域との関係に多大な影響を与えたこのエポックメーキングな出来事に対して、当時の広告業界がどのような認識を持っていたのかについてもふれる。

『エホン　ニッポン』創刊号の内容は**表1**の通りである。

ここで『エホン　ニッポン』の表現上の特徴を確認する。まず一つめは、文字情報が極めて少ないことである。

表1 『エホン ニッポン』第1号（タガログ語版）の内容

頁	文字情報	描写
表紙	エホン ニッポン EHON NIPPON ニッポン ノ ノリモノ ANG MGA SASAKIYAN N͠G NIPPON	汽船のイラスト。
表紙（裏）	ニッポン ノ モジ Ang panunulat n͠g Nippon	五十音のローマ字対応表。
1	ヒコーキ Salipawpaw	都市上空を飛ぶ旅客機。機内に女性と子ども。翼には「E」の文字。
2～3	ジドーシャ Oto；Koche	市街地を走る複数の車。オープンカーから手を振る子どもとそれに応える歩道の女性と子ども。「チカテツドー」の看板も見える。
4～5	ミナト Katwa	港に停泊する客船と見送る人々を中心に、周囲には複数の船。上空には飛行機。ほとんどの船体に日の丸。
6～7	ヒコージョー Kampo n͠g Salipawpaw	複数台の飛行機が駐機。翼には「J-B」の文字。展望席でお茶を楽しむ女性と男性の姿。
8～9	コドモ ノ コーエン Paaliwan n͠g mga bata	観覧車やゴーカート、観覧車など多くの乗物を楽しむ多数の子どもと見守る大人。
10～11	デンシャ Trambia	ビル群の間を走る複数の路面電車や高架を走る流線型の電車。
12～13	キシャ Tren	駅に停車する機関車。ホームには売店で買い物をする和服の女性と洋装の子どもたち。奥にはスーツ姿の男性と洋装の女性。「オーサカユキ 10.35」の看板が見える。
14～15	キセン Barko ハシ Tulay モクバ Kaboyo-kaboyohan na kahoy	川を下る観光船と可動橋。それを川岸から見物する複数の子どもたちと女性が1人。和服の人物は1人。川岸に設置されている回転木馬で遊ぶ子どもたちも描かれている。
16	ヤマ エ ノボル デンシャ Trambia na umaahon sa bundok	流線型の索道（ロープウェイ）に乗る複数の子どもたちと大人。眼下には大都市が広がり、道を走る自動車や港に停泊する船。奥には富士山が描かれている。

広告	(表)エオカクナラバオーサマクレィヨン (裏)ニッポンセキユカブシキカイシャ	(表) 商品（クレヨン）のモノクロ写真。左記の言葉を五か国語で表記。 (裏) モノクロで石油掘削場（？）の絵。
奥付	エホン ニッポン（1） ショーワ 17ネン 10ガツ 15ニチ インサツ ショーワ 17ネン 10ガツ 20ニチ ハッコー ヘンシュー・ハッコーショ エホン ニッポン カンコーカイ ニッポン トーキョーシ キョーバシク ギンザ 4ノ2 インサツショ キョードー インサツ カブシキカイシャ ニッポン トーキョーシ コイシカワク ヒサカタマチ108 ハッコーニン ハッタ ヤスオ ヘンシューニン タカモリ エイジ ハイキューショ ニッポン シュッパン ハイキュー カブシキカイシャ	読者対象となる南方児童に対するメッセージが日本語とタガログ語で併記。
裏表紙	ダイニッポン コークー カブシキカイシャ	双発機のイラスト。

今回分析に使用した創刊号はタガログ語版であり、日本語とタガログ語との併記になっている。奥付には「ミナミ ノ トモダチ エ」と題し、占領地（この場合はフィリピンの都市近郊）の児童にあてたメッセージが掲載されている。すなわち、「ワタクシタチ ノ ミナミ ノ トモダチ、 アタラシク ナカヨシ ニ ナッタ シルシ ニ、ウツクシイ〝エホン ニッポン〟ダイ1ゴー オ オクリマス。コノ ホン デワ ニッポン ノ ノリモノ オ イロイロ シラセマシタ。コノ ツギワ モット タクサン ニッポン ノ コト・オ カイテオクリマス。 タノシミニ マッテイテ クダサイ」という文章が、日本語とタガログ語の両方で書かれ

ており、日本文化紹介を通して、占領地の人々との関係強化を図るためのメディアであることが示されている。

しかし奥付を除けば、図1のように文字情報はタイトル程度しかなく、詳しい解説は書かれていない。先行研究には、占領地における日本語普及との関連で『エホン　ニッポン』に言及しているものもある。(26) たしかに五十音と現地語、あるいはローマ字との対応表はそれを裏付けている。ただし、それ以外の文字情報が極めて少ないことに鑑みれば、日本語の普及を目的に『エホン　ニッポン』が制作された可能性は低いように思われる。絵本は絵と文章によって成立するメディアであるが、先に議事録や会報などで確認したように、『エホン　ニッポン』は、文化宣伝という目的を達成するために、色彩豊かな絵によって送り手のメッセージを、感覚的、直感的にわかりやすく伝えることを重視した内容になっている。こうした表現方法は、「ニッポン　ノ　コドモ」をテーマとした第二号においても同様である。今回確認できたのはビルマ語版だが、ビルマ語と五十音の対応表、奥付のメッセージを除けば、「コドモ　ノ　ガクタイ」〔図2〕や「コドモ　ノ　ヘヤ」といったように、絵のタイトル程度の文字情報しか記載されていない。

二つめの特徴は、日本の物質文化の豊かさや科学技術の高さを強調した表現が目立つ点である。これは第一号により顕著な特徴だが、例えば、「デンシャ」と題された見開き二ページ〔図3〕には、高層ビルの間を複数の路面電車や大勢の通行人が行き交い、その頭上には、当時流行した先端科学技術を表象する流線型の電車が立体的に交差する絵が描かれている。ビルの屋上に日の丸の国旗が掲げられていなければ、アメリカやヨーロッパの都市と見間違えるほどである。

また、「ヤマ　エ　ノボル　デンシャ」と名付けられた絵には、いわゆるロープウェイが描かれている〔図4〕。日本では、明治四五年（一九一二）に、大阪の初代通天閣とルナパークとの間で初めてロープウェイが架設されて以降、日本各地でロープウェイが運行されていた。その意味で、当時の日本人にとってロープウェイ自体は、すでに既知の乗物であった。しかし、『エホン　ニッポン』に描かれているロープウェイは、実際の運行に用いられたものと異なり、「デンシャ」の表象と同様、流線型をしているのが特徴的である。また山に架設されたロープウェイの下には、複数の自動車が走り、遠景にはビル群とともに、港に停泊している多数の汽船が描かれ

図1　『エホン　ニッポン』第1号「ヒコーキ」

図2　『エホン　ニッポン』第2号「コドモ ノ ガクタイ」

図3　『エホン　ニッポン』第1号「デンシャ」

ている。この絵も、ビル群のさらに遠景に富士山が描かれていなければ、日本を場面としていることがわからないかもしれない。すなわち、『エホン　ニッポン』は、当時、流行した流線型の表象や近代的な建築群を取り入れることによって、日本の科学技術の高さを強調しているのである。

また「コドモ ノ コーエン」〔図5〕と題された見開き二ページには、遊園地が描かれている。そこには、飛行機塔や豆汽車、ゴーカート、ウォーターシュート、観覧車などの遊具が所狭しと配置され、それらで遊ぶ多くの子どもたちが描かれている。また「キシャ」〔図6〕のページには、機関車とともに「オーサカユキ」と看板が掛けられた駅のホームも描かれているが、ホーム上の売店には、店から溢れんばかりの果物や飲み物、弁当、雑誌などの商品が並べられている。こうした表象は、日本が物質的に豊かであることを感じさせる。

当時の絵本にこうした表現が用いられること自体は、珍しいわけではない。例えば、『エホン　ニッポン』第一号と同じく、昭和一七年（一九四二）に出版された絵本『ノリモノ』（小池巌画、中田秀夫編纂）には、旅客機や汽船、流線型の機関車、ロープウェイが描かれている。また当時、絶大な発行部数と人気を誇った大日本雄弁会講談社発行の「講談社の絵本」シリーズの一つ、『乗物エホン』（昭和一五年四月）には、汽船「ぶらじる丸」や、流線型ではないが「ケーブル・カー」（実質的にはロープウェイ）などのほか、「飛行機塔」「マメギシャ」などの子どもの遊具、あるいは『エホン　ニッポン』と似た構図を描いたものとして、線路が立体的に交差した構造を持つ「渋谷駅」や可動橋の「勝鬨橋《かちどき》」がある。

このように『エホン　ニッポン』は、当時のいわゆる

図4　『エホン　ニッポン』第1号「ヤマ エ ノボル デンシャ」

図5　『エホン　ニッポン』第1号「コドモ ノ コーエン」

図6　『エホン　ニッポン』第1号「キシャ」

知識絵本に分類されるものと類似の対象と表象とによって構成された絵本であり、内容そのものが特異というわけではない。しかし他の絵本と違う『エホン　ニッポン』最大の特徴は、改めて言うまでもなく、これが南方占領地向け文化宣伝のための絵本、という点である。そしてこうした特徴が、当時日本が直面した南方占領地向け文化宣伝という未知の課題に取り組んだ広告業界のあり様を浮き彫りにする。

（4）座談会「エホンニッポンを囲んで南方宣伝を語る」

なぜこのような特徴を持つ絵本が作られたのか。またこの『エホン　ニッポン』を、委嘱元である情報局あるいは軍政を担う軍はどのように評価したのか。この点について見ていくことにする。

『エホン　ニッポン』第一号が出版された一〇月下旬、創刊を記念した座談会が開催されることとなった。この座談会の目的は、一つは『エホン　ニッポン』に対して各方面からの批評を受けることにあったが、もう一つの目的は、「南方経営は国家の当面する緊急の課題であり、従ってこの宣伝方策は各方面の関心を集めてゐる状況に鑑み、「南方共栄圏宣伝に関する各種の意見を聴取する」[27]ことであった。この座談会には、協会から井上成意常務理事、松本淳三第一部長のほか、協会内に設置されていたエホンニッポン刊行会のメンバーとして大久保和雄、また嘱託として編集に当たっていた高森栄次など五名が参加している。また外部からは、大本営陸軍報道部長谷萩那華雄、情報局第一部長佐藤勝也（海軍大佐）、『新聞学』の著者で人口問題研究所研究官の小山栄三、軍宣伝班員として従軍した経験をもつ洋画家の向井潤吉と栗原信などが参加している。

座談会では、まずこれまで見てきた『エホン　ニッポン』の目的および刊行に至る経緯についての説明を大久保が述べたあと、協会に依嘱した情報局の代表として、実際に南方の文化宣伝の実情を見て回った佐藤部長が絵本という宣伝メディアの意義について述べている。

佐藤　何といつても今の原住民への宣伝は絵よりほか駄目だ、といふことをつくづく感じました。だから映画といふものと絵といふものを主体とした宣伝をやらなければ駄目だといふこと、ともう一つは宣伝をやるためには結局日本の威力をしめさなければならない。それは武力ばかりでなく、産業であらうが、文化であらうが総て日本の威力を示さなければならない。実に向ふの者は日本に対する認識は零に等しいのであつて、まるで知らないんですからね。また知らないやうに米英あたりから教へられて来たのですから、それを啓蒙するためには威力を知らさなければならないといふことは明瞭です。さういふ意味に於いて絵の宣伝といふものは非常に大事だと思ひます。偶々情報局で南方の子供に対する絵本を出さうといふ話が起きまして、私は非常に賛成したのです。(28)

こうした、南方占領地向け宣伝メディアの中心として視覚メディアを位置付けるという方法の有効性は、占領地の軍政当局では早くから認識されており、現地の映画会社を接収するなどして、その利用が進められていた。(29)こうしたなかで、同じ視覚メディアとして紙芝居(30)などとともに、絵本も宣伝手段として注目されたといえる。ただし、こうした位置づけとなる『エホン　ニッポン』の問題点について、陸軍報道部長の谷萩は次のように指摘する。

谷萩　これ（『エホン　ニッポン』）を観てをるとまるでアメリカやイギリスと日本といふものは変わつてないぢやないか。これぢやただ人間が日本人らしい容貌をしてゐるだけで殆んど文化の象は、日本の特色といふよりも寧ろアメリカの文化、イギリスの文化そのまゝ現してゐるやうな風にもとれます。さうなると向ふは今迄米英側の宣伝で、米英の文化そのまゝを受け入れてゐるんですから、そこで日本の偉大なる文化を知らせようといふためには、余り特質が現はれてゐないと考へられるのではないかと思ひます。日本の家の建方でも其他でも全くこれは米英と同じだ、どうもペーパーの家も木の家も日本式の家が一つもない。着物だつて何だつて全部これは西洋服を着てゐるぢやないか、一人だつて日本の優美な衣服を着た人がゐないぢやないか。かういふことになると日本といふものは矢張り文化的に英米に征服されてゐる。矢張り米英の方が文化的に偉いんだ、といふことになりやしないかと思ひますがね。[31]

すなわち、国内向けのいわゆる「科学絵本」「知識絵本」と呼ばれる絵本については、戦時下における国家の科学振興政策と、昭和一三年（一九三八）に内務省警保局図書課から出された通達、「児童読物改善ニ関スル指示要綱」に合わせる形で、日本の科学技術の高さを示すもの、あるいは子どもたちの科学に対する関心を喚起するための表象が用いられていた。[32] ところが、南方占領地向けの宣伝絵本である『エホン　ニッポン』のなかでそのような表現を用いることは、日本を盟主とする大東亜共栄圏建設のために、占領地での唯物自由主義の英米思想を排除し、現地人の皇民化と日本文化の浸透を図ることを目的とする文化工作の趣旨に反するのではないか、という見方が示されているのである。

こうした陸軍報道部部長の意見に対し、実際に従軍した経験を持つ向井潤吉は、文化工作が抱える課題について次のように述べる。

向井　かういふ話があります。フイリツピンの報道部で捕虜教育をやつてゐるんです。一遍に二千人とか三千人とか、インテリだけを集めて尾崎士郎とか火野葦平が行つて、高邁なる日本精神を説くんですが、ところが話だけぢや一向身が入らない。それで矢張り映画を見せる。その映画に日本の重工業が出てゐるんですがこの映画に出て来るのはアメリカ人は働いてゐないぢやないか、全部日本人がやつてゐる。日本でもかういふものをやつてゐるのかといつて先づ彼等は米英と比較して関心するらしいですね[33]。

南方占領地の人々に対して映画が効果的であることは、それまでの宣伝工作において実証済みであり、また現在までの宣伝研究でも指摘されてきたことである。しかし、ここで問われているのは、「何を見せることが宣伝の効果を高めるのか」、という内容の問題である。

これまでの視覚メディアを用いた南方占領地での宣伝に関する研究は、その基礎としてイデオロギー的教化の側面を強調してきた。すなわち、南方の占領地域の人々の協力を得ることを目的とした宣伝の実態を明らかにするために、日本文化の紹介や「大東亜共栄圏」、「欧米からの解放」といった日本の侵略を正当化する言説、あるいは反英米思想を直接扱ったメディアが注目されてきた。ナショナリズムを煽る映画も、「増産奨励」の紙芝居も基本的にはその枠組みのなかで関連付けられてきた。これらは資料の散逸が著しい南方占領地向け宣伝工作の実態を明らかにするうえで重要な証拠であることは間違いない。

しかし一方で、そうしたイデオロギーを前面に出した宣伝のあり方に否定的な意見が、実際の現場で工作に携わる人々からあがっていたことも知られている。フィリピンで宣伝班将校として活動していた人見潤介によれば、大東亜共栄圏などのイデオロギー的なメッセージは、そもそもそれに対応する現地語が存在しないなどの理由で通訳すらまともにはできず、従って現地の人々には容易には理解されなかったという[34]。

向井の発言も、人見と同様、現地で宣伝工作を担った人間として、日本精神などのメッセージは講演会などの場では理解されないことを述べるとともに、宣伝メディアとして有力と考えられていた映画についても、現地の人々の興味を引くのは、日本文化の独自性ではなく、日本における英米文化との類似性であることを指摘している。

『エホン　ニッポン』の制作に関わった大久保も、向井の発言を受けて、『エホン　ニッポン』の宣伝メディアとしての役割について、次のように説明する。

大久保　「エホンニッポン」の狙ひ処は要するに米英的な文化――向ふに既存しているところの米英文化といふものを一応否定して、日本にも米英と違つた形に於てかういふやうな高度の物質文化の面も獲得してをるといふ点を見せて、日本といふ国が草ぶきでちいさな紙の家に住んでゐるといふ観念を一応否定する処に役割があつたんぢやないかと思ひます。それから徐々に日本的な特殊な文化もだんだん出して行く。今迄の既存の観念では、日本人といふものは非常に文明が遅れてゐて、汽車もなければ電車もない。紙と木で出来た家の中に住んでゐて粗末な生活をしてゐるといふ観念だけが南方民族の一部にあるんぢやないか。立派な文化といふものはイギリスとか、アメリカとか、オランダとかいふやうな所にあるだけで、日本には何もないんぢやないかといふ謬つた考へを一応打破つて、云ひかへれば既にあるものを、マイナスにして一度白紙に戻して置いてから本当に文化工作がこの次ぎに出て行くといふところに狙ひ処があつたんぢやないかと思ひます。さういふ点で世界に比類のない日本独特の特殊的な文化や精神文化はその次にもつて行つた方がいゝぢやないか――これはまあ非常に政策的な方針なのですけれども――創刊号の役割であつたと思ふのです。（中略）

大久保　（中略）勿論精神力とか、日本の文化とか、日本独特の偉さといふものは大切ですが、物質科学に於ても日本は欧米に匹敵するものだけのものを持つてゐるといふ点を出したかつたと思ふんです。南方経営百年の大計といふ大局の観点からすると、いろいろと意見のあるところですが緊急な必要からして……(35)

このように、『エホン　ニッポン』は、それまでの宣伝工作の経験を踏まえ、また長期的な占領政策という観点から、南方占領地域におけるイデオロギー的教化の前段階として、日本が英米に比べて文化的に遅れているという、イメージを払拭することを意図して制作されていることが見て取れる。そしてその効果を高める方法として、現地の人々が理解しやすいように、あえて英米流の物質主義的な表象を採用し、日本の科学技術の高さ、物質的な豊かさを強調することによって、日本が英米に代り得る、新しいアジアの盟主に相応しい存在であることを、メッセージとして込めたのである。

（5）精神性か物質性か　国家宣伝と商業広告

精神性か物質性か。宣伝の表現方法をめぐるこうした議論は、協会発行の会報上においても、見事なコントラストを描いている。例えば、会報第二号に「宣伝のアメリカ性を殲滅せよ」の記事を寄稿した情報局員は資本主義経済下における商業広告を痛烈に批判し、日本の高邁な精神性を強調することを広告業界に求める。

驚くべし！　建国二千六百年、大和民族の血の純潔を誇り、国土の安泰を護り通してきた我等だが、その一部、特に宣伝人中にはこのアメリカの宣伝形式を憧れたり、今でもアメリカ的のものを清算しきれないでゐたり、宣伝とはこうしたものと心得顔の宣伝人すらある。

アメリカ人の愛称する I'm from West！　なる言葉と魂を考へその粗暴な物質的な宣伝性を嗤ふ今、大和民族本然の血を湧き立たせて、乾坤一擲彼等と輸贏《しゆえい》を決する大戦下、今こそ「敵を知り、己を知る」日本的宣伝戦の旗下に立還らねばならぬ。――宣伝のアメリカ性を殲滅してすめらみいくさの完遂のお役に立たうではないか。(36)

一方、広告業界関係者と思われる人物が寄稿した次の記事は、まさにこの対極にある。

「新体制」といふ言葉が、一つの合葉《ママ》のやうに流布されてゐたころ、商業宣伝・産業宣伝が利益追求の手段として考へられ、露骨な色眼鏡でみられた。

けれども、国家の総力を集めて戦争目的貫徹に邁進してゐる今日、いろいろな制約や掣肘を受けることは当然であるが、必要な商業宣伝・産業宣伝は、圧殺すべきでなく、むしろこの困難な時期であるからこそ、育成伸長させなくてはならない。殊に、皇軍の挙げた見事な戦果によって、大東亜共栄圏といふ大きな国家理想が現実の課題となり、広茫たるこの生活空間が、わが国の経済的・政治的・文化的指導下に置かれることとなつたので、必然的に商業宣伝・産業宣伝の役割も重大になつてきたといふべきである。

しかし、間違つてならぬことは、商業宣伝はそのまゝの姿で、国家目的の遂行に協力すべきであつて、国家宣伝との混淆《こんこう》や妥協は徒らに商業宣伝の効果を減殺するばかりでなく、国家宣伝の至高性、至純性を混濁させる結果に陥るといふことである。コテイの白粉の商業宣伝が、フランスの国家的存在を誇示したことはなかつたらうか。フォードの産業宣伝が、アメリカの国力を宣伝したことがなかつたらうか。コテイの広告は、美しく瀟洒《しょうしゃ》であればあるほど、フランスの文化を他国へ宣布し移植した。そこには国策宣伝への安易な媚態は少しもなかつたのである。（中略）

日本製の石鹸が、剃刀が、ノート・ブックが、保健剤が、玩具が彼等の生活的欲求を満たし得てこそ、英・米・蘭の桎梏から逃れたことを、彼等は心から喜ぶであらう。商業宣伝・産業宣伝は、彼にこの喜びを知らしめるための大きな使命を荷つてゐる。美しい商業宣伝美術を作れ、力強い産業宣伝技術を磨け。[37]

敗戦後の占領期における、メディア統制を通じた日本のアメリカナイゼーションの実態を知る我々にとって、この論理は十分に説得的であるが、それはともかく、軍官民それぞれが、異なる立場や経験から、戦時下における商業広告と国家宣伝との関わりについてさまざまな考えをもち、統制、妥協、対立など、さまざまな相互行為を通じて商業広告を国家宣伝に活用しようとしたのである。

もちろん、ここで紹介した記事は一例であり、商業広告と国家宣伝とをどのように結び付けていくかについての考え方は、軍官民それぞれのなかでも幅が広い。先の座談会に出席した佐藤情報局第一部長のように、宣伝において高邁な精神性を強調することから距離を置き、冷静に国家宣伝の方法について考えていた軍人がいたことはその表れである。[38] そのことを踏まえた上で、会報や理事会の記録、『エホン　ニッポン』を読み解くことで見えてくるのは、国家宣伝への「協力」、情報局からの「委嘱」という限定された範囲ではあれ、商業広告で培われた経験や知識を活かし、積極的に国家宣伝に関わろうとした広告業界の姿である。

そもそも、広告関連の業界団体である日本宣伝文化協会が、なぜ『エホン　ニッポン』を発行することになったのか。議事録や会報には、情報局が日本宣伝文化協会を選んだ理由は記述されていないため、正確なところはわからない。しかし昭和戦前期において、企業が販売促進や自社のPRのために絵本を制作していたということとおそらく無関係ではないだろう。昭和戦前期は「絵本」という言葉が社会に定着し、それまでとは比較にならないほど、量的にも質的にも発展を見せた時期とされる。[39] こうした中にあって、森永やグリコ、わかもともいった製菓・製薬企業を中心に、それまで販促用の付録や「オマケ」として発行していた冊子や絵カードといった類のものを、読み物としてのクオリティも高い「絵本」へと発展させていた。[40] こうした販促用の企業絵本は、昭和一五年（一九四〇）を境に姿を消していったが、絵本という視覚メディアを駆使して、受け手の関心を引くための経験と知識に情報局が目をつけ、日本宣伝文化協会に白羽の矢を立てたのではないだろうか。

これらの点から、日本宣伝文化協会が南方占領地向け宣伝絵本『エホン　ニッポン』の制作を通じて、国家宣伝に積極的に関わっていた事実を指摘できる。

おわりに

宣伝メディアとしての絵本、そして『エホン　ニッポン』は、南方占領諸地域における日本の円滑な統治に寄与したのだろうか。たしかにフィリピンにおける軍宣伝班の計画には、教育程度の低い現地の人々に対して利用すべき視覚メディアとして絵本が挙げられ、現地での制作が計画されていたことが史料から確認できる(41)。しかし同じ視覚あるいは紙メディアでも、やはり映画や新聞などよりは下位のメディアとして扱われていたようで、実際に絵本が制作されたかどうか、今のところ確認できていない。残念ながら『エホン　ニッポン』についても、どのような場所で、どのような人々によって消費され、どのような効果を挙げ得たのかを明らかにすることは難しい。そもそも、長期的な占領政策という観点から、主に児童を対象とした宣伝メディアであったという性質上、三年あまりでその占領政策自体がとん挫してしまったことを考えれば、『エホン　ニッポン』が目的を果たしたとは考えられない。しかし南方占領地向け宣伝メディアとして、実際に絵本が制作され、そこに広告業界や広告に携わる多くの人々が関わっていたという事実は、記憶にとどめておくべきだろう。

昭和戦前期において「絵本」は、ようやくその存在が社会的に認知されるようになった〝新しいメディア〟であった。絵本に対する論評や研究が徐々に現れ始めるなかで、絵本を対外文化宣伝に利用すべきとする意見が、『エホン　ニッポン』の発行とほぼ同じ時期に現れる。児童文学評論家であり、実際に対外文化宣伝に関わった経験をもつ古谷綱武が『児童文化の理想』（一九四二年発行）のなかで、先に見た向井や大久保あるいは佐藤と同じく、長期的な視点から、後進国の子どもたちへの文化宣伝の手段としての絵本の重要性を指摘している。『エ

ホン　ニッポン』は、まさしくそうした時代状況、メディア環境の産物だったといえよう。そして、その誕生に際して本領が期待したように、日本の広告業界は日本宣伝文化協会を通じて、「宣伝の技術」をこの「新しいメディア」のなかに注ぎ込むことで、南方占領地向け文化宣伝という、未知の課題に挑んだのである。

『エホン　ニッポン』の発行に至るプロセスや表象、そしてそれをめぐる議論から見えてきたのは、武力戦とともに重要な位置づけを与えられた思想戦・宣伝戦に対して、軍官民一体となって、試行錯誤を繰り返しながら、精力的に取り組んだ、戦争という時代の一側面である。そしてこのことは、戦争の勝敗にかかわらず、当時、日本の広告業界に携わる人々が、さまざまな社会的・経済的制約のもと、日本の戦争遂行に人やモノ、知識、経験を提供しながら関わったことの証明でもある。ただ『エホン　ニッポン』は、日本宣伝文化協会が行った国家宣伝への協力の一部に過ぎない。この協会を通じて、日本の広告業界がどのような国家宣伝に関わったのか、その全体像を今後明らかにしていく必要があるだろう。

（1）『日本宣伝文化協会　速報　第二』（一九四一年、萬年社コレクション）。
（2）内川芳美編『日本広告発達史　上』（電通、一九七六年）など。
（3）難波功士『撃ちてし止まむ　太平洋戦争と広告技術者たち』（講談社、一九九八年）参照。
（4）前掲注(2)内川編など。
（5）津金澤聰廣「『プレスアルト』（一九三七～四三年）にみる戦時宣伝論」（『Intelligence』一、二〇〇二年、七三～八〇頁）。
（6）日本宣伝文化協会『社団法人日本宣伝文化協会　発会式速記録』（発行日不明、萬年社コレクション）、日本電報通信社編・刊『新聞総覧』三三（一九四三年）参照。
（7）日本宣伝文化協会『社団法人日本宣伝文化協会　発会式速記録』（発行日不明、萬年社コレクション、四頁）。

（8）井上祐子「国家宣伝技術者」の誕生――日中戦争期の広告統制と宣伝技術者の動員――」（『年報・日本現代史』七、二〇〇一年）。
（9）本領信治郎「国策と宣伝」（『日本電報』三月号、一九四一年、三頁）。
（10）元大政翼賛会宣伝副部長本領信治郎氏談「日本宣伝文化協会設立に際して」（『日本電報』七月号、六頁）。
（11）日本宣伝文化協会『社団法人日本宣伝文化協会　発会式速記録』（発行日不明、萬年社コレクション、二頁）。
（12）津金澤聰廣「『プレスアルト』にみる戦時期デザイナーの研究（上）」（『日経広告研究所報』一八九、二〇〇〇年、二～六頁）。
（13）『昭和十六年十二月　日本宣伝文化協会理事会議事録』（萬年社コレクション）。
（14）日本宣伝文化協会『趣意書・定款・会員名簿』（発行日不明、萬年社コレクション）。
（15）南方占領地における宣伝のためのメディア利用については、寺見元恵「『第十四軍・軍宣伝班　宣伝工作史料集』第二巻　解説」（『南方軍政関係史料13』第二巻、竜渓書舎、一九九六年）がフィリピンでの実態を明らかにしている。またメディア別では、映画については、倉沢愛子「宣伝メディアとしての映画」（奥村賢編『日本映画史叢書⑩　映画と戦争――撮る欲望／見る欲望』森話社、二〇〇九年）、紙芝居については、百瀬侑子「宣撫工作メディアとしての紙芝居――日本占領下インドネシア（1942-45年）を中心に」（『東南アジア　歴史と文化』三一、二〇〇二年）を参照。また新聞については、二〇一三年にジャワ新聞の復刻版が発行されている。
（16）「南方の児童におくる日本文化の精華／エホンニッポン創刊す」（『日本宣伝文化協会会報』一、一九四二年一〇月一日付、四頁）。
（17）同前。
（18）『昭和十六年十二月　日本宣伝文化協会理事会議事録』（萬年社コレクション）。
（19）同前。
（20）同前。
（21）同前。
（22）前掲注（16）。

(23)「南方絵本の使命」(『日本宣伝文化協会会報』二、一九四二年一〇月二〇日付、一頁)。
(24)前掲注(15)寺見論文。
(25)第一号および第七号はオーストリア国立図書館、第二号は大阪府立中央図書館国際児童文学館、第九号は神奈川近代文学館にそれぞれ所蔵されている。各資料の閲覧・複写については各所蔵先の方々にご協力いただいた。
(26)平井昌夫『国語国字問題の歴史』昭森社、一九四八年、三六九頁。
(27)「南方を語る座談会開催」(『日本宣伝文化協会会報』三、一九四二年一一月一日付、四頁)。
(28)「座談会　昭和十七年一〇月二六日　エホンニッポンをかこんで南方宣伝を語る　1」(『日本宣伝文化協会会報』七、一九四三年一月二〇日付、七頁)。
(29)前掲注(15)倉沢論文。
(30)前掲注(15)百瀬論文。
(31)前掲注(27)、八頁。
(32)瀧川光治「日本最初の科学絵本シリーズ――東京社の「小学科学絵本」」(鳥越信編『はじめて学ぶ日本の絵本史Ⅱ――15年戦争下の絵本――』ミネルヴァ書房、二〇〇二年)。
(33)前掲注(27)、八頁。
(34)中野聡「『第十四軍・軍宣伝班　宣伝工作史料集』第一巻　解説」(『南方軍政関係史料13』第一巻、龍渓書舎、一六～一七頁、一九九六年)。
(35)前掲注(27)、八～九頁。
(36)「情報局の頁　宣伝のアメリカ性を殲滅せよ」(『日本宣伝文化協会会報』二、一九四二年一〇月二〇日付、二頁)。
(37)「共栄圏と商業宣伝」(『日本宣伝文化協会会報』三、一九四二年一一月一日付、七頁)。
(38)佐藤は『エホン　ニッポン』の目的について、長期的な観点から南方占領諸地域の子どもたちを「日本に親しませるといふのが狙ひ」であると述べた上で、次のように発言している。

大体これは子供が対象なんで、難かしい文化宣伝ぢやないのであつて、結局子供といふものを日本に親しませるといふのが狙ひであるんですね。だから五つや六つの子供に対して日本の文化が米英とは違ふのだといふことをいきなり説いたところで、さうすぐぴんとこない。寧ろ子供に親しみを持たせるといふ方が大事ぢやないかと思ふです（ママ）ね。日本文化の宣揚といつたやうなことは、これは別個の問題として成人した人間に対してやる。併し無論書く心持は今迄の米英の個人主義なり、物質主義といつたやうなものは排撃しなければならんが、対象は子供なんだから、然もまだ学齢に達しないやうな子供を通じてなんだから、只日本の威力を示して、日本といふものに親しみを持たせる、かういふ狙ひでまづ子供に対して教育をする。かういふ行き方でやるべきだと思ふんだね。

（前掲注(27)、九頁）

(39) 鳥越信「十五年戦争下の絵本」、鳥越編前掲注(32)。

(40) 平岡弘子「企業と絵本」、鳥越編前掲注(32)。

(41) 渡集団報道部編・寺見元恵解説『南方軍政関係史料13第十四軍・軍宣伝班　宣伝工作史料集　第二巻――渡集団報道部宣伝計画集――』（龍渓書舎、一九九六年、二八〇～二九〇頁）。

＊コラム

中国大陸における萬年社と海外進出
——中島真雄の新聞活動と広告

華　京碩

はじめに

中国大陸における日本人経営の新聞は一八八二年七月創刊の『上海商業雑報』（創刊者：岡正康、江南哲夫）に始まる。日清戦争以後、日本の新聞人たちは中国での影響力を拡大するために中国語新聞を発行する必要性を感じ、中国語新聞を作り始めた。それらの日系中国語新聞は様々な日本の会社の広告を掲載し、萬年社をはじめとする日本の広告代理店からも注目されるようになった。萬年社は一九〇四年、北京の日系中国語新聞『順天時報』と一手取扱契約を結び、二年後の一九〇六年には、社主の高木貞衛が中国大陸を視察に訪れるなどして、中国で発行される日系新聞に対する広告業務に力を入れた。萬年社コレクションの中には、『順天時報』、『盛京時報』（創刊者：中島真雄）、『泰東日報』（創刊者：金子平吉）など日系中国語新聞に掲載された広告が多く含まれており、そこからも萬年社が中国大陸新聞の広告を重視していたことがうかがえる。

図1　中島真雄（『不退庵の一生—中島真雄翁自叙伝』1頁より）

萬年社と何らかの関係にあった大陸の日系新聞の中には、北京の『順天時報』以外に、天津の『天津日日新聞』、大連の『満洲日日新聞』『泰東日報』、奉天『盛京時報』のような中国近代新聞史において影響力の強い新聞紙があるが、これら当時萬年社と深い関係を結んだ新聞の多くは、新聞人・中島真雄（一八五八～一九四三）と関係のある新聞だった。

萬年社が中国大陸の日系新聞、とりわけ中島が創刊した『順天時報』と『盛京時報』に関心を持つことになったのは、以下の理由が考えられる。

まず、中島は政財界に深いパイプを持つ人物であり、そのような大物新聞人と協力関係を構築できれば、萬年社の経営にも大きな力になるからである。次に、『順天時報』と『盛京時報』の経営はいずれも日本政府側から巨額の経済支援を受けていたため、他の大陸日系紙に比べ経営が安定していたからである。最後は、萬年社自身の発展にとって、海外での新聞広告事業の展開は重要であったからである。萬年社の海外進出について、高木貞衛は「此の時期に於いて、我我お互の為すべきことは、単に内地に於ける広告を勧誘するばかりでなく、進んで海外に我我の双手をさし延べ、我我の業務の拡張を図らねばならぬ」と語った[(1)]。また、萬年社は社主の鮮満視察に関しては、「日露戦後に於ける我が国力の伸張に伴ひ、鮮満各地の広告界開発の益々忽せにすべからざるを見、高木社長が営業者に先んじて彼地に向はれたのは、実に明治三十九年九月十日であった」と記した[(2)]。すなわち、萬年社としては、『順天時報』との広告契約は大陸事業の前哨戦となり、『盛京時報』の広告に対する関心も将来満洲に進出するさいの、予備知識を積むこととなるからだった。

小稿は日中両国の新聞史関係資料を基に、萬年社とも関係が深かったと考えられる中島の中国大陸における新聞活動と広告について述べたい。

1　新聞人・中島真雄について

中島真雄は一八五八（安政五）年二月に長州藩萩城下の平安古（現：山口県萩市）の士族の家庭に生まれた。中島自身の自叙伝『不退庵の一生――中島真雄翁自叙伝』[(3)]によれば、彼の子供時代は親からの愛を受けることなく、成年までの生活はあまり幸福とはいえなかったという。そのため、成年後の彼は〝変わり者〟になった。明治維新後、多くの長州藩出身者が明治政府や軍の要職に就くことになり、政府の中核を担うことになる桂太郎（一八四八～一九一三）や田中義一（一八六四～一九二九）なども平安古の出身であった。一八七〇年、中島が一二歳のとき、叔父の三浦梧楼（一八四七～一九二六）が陸軍少将となるが、一九歳のとき中島は三浦家に引き取られる形で上京する。一八七八年、三浦は中将に昇進し、西部監軍部長に就任した。中島は軍の中核に入った三浦の側で過ごした関係で、寺内正毅（一八五二～一九一九）や田中義一など長州閥の大物としばしば付き合う機会を得た。結果、中島は軍部や政界のほか、財界も含めた幅広い人脈を獲得することになった。

中島は少年時代、すでに大陸に対して一定の憧れを示していたが、本格的に大陸に進出したのは一八九〇年のことであった。その年の三月、彼は荒尾精（一八五八～一八九六）とともに上海に渡った。その後、荒尾が設立した日清貿易研究所の仕事に従事するかたわら中国語の勉強も始めた。そして、そこで宗方小次郎（一八六四～一九二三）や中西正樹（一八五八～一九二三）らとともに「中国浪人組」を結成した。その時期、中島は地元長州の山根虎之助（一八六一～一九一一）と井上幸一（一八七〇～一九三四）が経営する『長州日報』に中国関連の記事を寄稿することもあった。それは彼が初めて新聞事業と関わりをもつ契機となる。

中島は上海で四年ほど過ごした後、福州に移るつもりであったが、日清戦争が勃発したため、一八九四年一一月に日本に帰り、『長州新聞』の記者を務めることになった。翌年、中島は『長州日報』の従軍記者として、山東省へ取材に赴いた。一八九五年五月ごろ、彼は初めて台湾に渡り、児玉源太郎（一八五二～一九〇六）らと親交を結んだ。その後の二年間は、上海の荒尾の関連機関で仕事をした。後述するとおり、一八九六年から中島は中国大陸で様々な中国語新聞を創刊するが、その中で最も有名な新聞が『順天時報』と『盛京時報』である。一九二五年に至り、中島は新聞発行の第一線から引退した。その後、彼は日本に戻り、神奈川県の北鎌倉長寿寺に隠居した。そこで、中島は一〇年かけて上海の東亜同文会における活動に関する『対支回顧録』を完成させ、一九四三年八月三日、波乱万丈の一生に幕をおろした。享年八五歳であった。

2　中島真雄の大陸における新聞活動

一八九六年、「露清密約」の締結に危機感を感じた日本政府は大陸工作に力を入れ始め、それがきっかけとなって、一八九七年に中島は東亜同文会の福州支部長として中国に渡り、福州に入った。同地において中島は、前田彪（一八六六〜一九一五）や井手三郎（一八六三〜一九三一）らとともに、同年一一月に中国語雑誌『福報』を買収し、誌名を改めて『閩報』を創刊した。『閩報』の経営はかなり成功したので、その後、東亜同文会系新聞人による新聞事業のモデルとなった。

一九〇〇年に北清事変が勃発すると、西太后は西安に逃亡し、清政府による北京における新聞発行禁止令は無効となった。中島はそれを新聞発行のチャンスと捉え、北京に赴いた。彼はまず北京の日本公使館に新聞発行の援助金を要請したが断られた。その後、知り合いの清国順天府尹陳壁（一八五二〜一九二八）の支持を得るとともに、児玉源太郎からも資金面の支援を得て、北京初の中国語新聞『順天時報』の発刊にこぎつけた。同紙はその後日露戦争の際に、中国人の親日世論を誘導するのに大きな役割を果たすことになり、中島自身も日本政府、特に外務省から注目を浴びることとなった。そして、一九〇五年三月に『順天時報』は外務省に売却され、その直轄紙になる。

日露戦争後、満洲における日本の文化統治の一環として、参謀部は中島に満洲行きを要請した[4]。それに従い中島は北京を離れ、営口に入った。同地で満洲統治の任に当たっていた福島安正少将（一八五二〜一九一九）に面会し、満洲における新聞経営に対する便宜供与をとりつけた。

こうして、中島は一九〇五年七月二六日に営口で『満洲日報』を創刊し、日本の満洲政策を宣伝した。さらに、一九〇六年一〇月一八日、中島は日中両国各方面の支援を得て、中国語新聞『盛京時報』を創刊した。これらを皮切りに、中島は『蒙文報』（一九一八年創刊）、『大北新報』（一九二二年九月二一日創刊）などの新聞を次々と創刊していく。中島自身は『盛京時報』と『大北新報』の経営を担当し、中国大陸の日系新聞人の長老格となった。

中島は一八九〇年に上海に渡ってから前後あわせて三〇年近く中国で新聞関連活動に従事する。その間、中国語新聞四紙、日本語新聞三紙、蒙古語新聞一紙を創刊したのである。その驚異的な創刊速度と経営能力は決して普通の新聞人とは言えないところがあった。このように、日本の大陸進出の重要地域において彼が新聞を武器にし、活躍できたのは、長州閥・軍界・政界・財界との特殊な関係によるところが大きかった。

まず、中島は前述のように三浦梧楼将軍の甥であり、長い間に三浦の傍で過ごしたので、軍の人脈はかなり豊富であった。それは彼の新聞活動と日本軍の大陸進出の時期経路がほぼ一致することからも分かる。次に、中島は政財界とも密接な関係を維持した。彼の新聞活動は日本と中国の政財界の大きな支援を得ていた。特に、中島は日本だけでなく、中国政財界の関係者ともかなり緊密な関係にあった。『盛京時報』を創刊したときも、「奉天総交渉局交渉司」の陶大均（一八五九～一九〇六）、奉天民政使の張元奇（一八六〇～一九二二、のちに満洲国郵電部尚書となる）、実業家・魏鴻賓（不詳）など、政財界大物の支援を得た。さらに、上海東亜同文書院を中心とした日本の在中情報機関とも関連があった。早期のパートナー前田彪をはじめ、荒尾精、根津一（一八六〇～一九二七）、田鍋安之助（一八六三～一九四六）、中西正樹などは情報機関の関係者として知られるが、彼らとも終始密接な関係を維持した。すなわち、中島は新聞人でありながら軍部のあり方に関する秘密情報を早く入手できたのである。

3 中島真雄の新聞経営と広告

中島の新聞活動は一貫して日本の大陸進出と繋がりを持っていたので、日本政府、とりわけ外務省から巨額の支援を得ることができた。外務省記録によれば、北京の『順天時報』は「明治三十五年中外務省ヨリ二万弗ヲ補助シ債務償却及事業拡張ヲ為サシメ爾来毎年補助ヲ継続ス、大正六年度補助二万一千円、大正七年度補助二万一千円」[5]の支援を受けている。一方、奉天の『盛京時報』は創刊の翌年から外務省より毎月五〇〇円、満鉄から毎月二〇〇円の補助をもらい、輪転機購入や社屋建設の時には、さらに数万円の巨額な支援金を獲得していた(6)。それらの支援によって、中島の新聞経営資金は相当充実し、しばしば派手なイベントを開催することもあった。ただ、中島も新聞紙の紙面づくりには広告が必要不可欠な要件であり、新聞社の財政健全化にも大いに役に立つことを知っていた。そこで、『順天時報』や『盛京時報』の経営では広告に相当な力を入れた。

図2　『順天時報』一面の広告（一九〇五年三月一日付）

『順天時報』は一九〇一年創刊の頃から横浜正金銀行と日本郵船公司の広告を皮切りとして広告を掲載し始めた。当時北京の有力新聞紙は『順天時報』一紙だけであり、その広告様式も単純な文字式のものが多かった。また、『順天時報』の広告の中で日本の薬品関係の広告が特に目だっており、紙面の相当な部分を占めていた。ただ、『順天時報』が掲載した広告の中には商業目的ではないものもあり、話題になることもあった。例えば、一九〇三年に中国文学の巨匠章炳麟は『順天時報』で結婚相手募集広告を掲載し、保守的な北京社会に衝撃を与えた。『順天時報』の広告は人気があることを知った萬年社は一九〇四年四月二一日、順天時報社と広告契約を結んだ。一九〇五年から『順天時報』の広告は絵や図の比率が著しく増加し、広告の量も増えた。その変化は萬年社との契約効果によるものではないかと考えられる。

　一方、『盛京時報』の広告について、中島は頭を抱えていた。満洲地域はもともと識字率の低い地域であり、新聞紙の必要性を理解できない現地人が多数いた。

初期の『盛京時報』の編集者である佐藤善雄の回想『新浪人の人生記』(7)によれば、普段、広告代金は新聞社の重要な収入源の一つであったが、奉天の中国人は、新聞の広告とは何であるかすら知らない人が多かった。盛京時報社は創刊後の約一年間、中国商人に無料で広告を提供した。それが契機となり、奉天の薬局をはじめ、中国人商人がようやく広告宣伝の必要性を感じ、広告を掲載し始めた。しかし、それでも新聞広告量は充分とは言えず、広告の穴を埋めるため、『盛京時報』は日本国内の『朝日新聞』に広告代理店募集の知らせを掲載した。『盛京時報』は『朝日新聞』一面に「邦人の経営せる漢字新聞　盛京時報は清国を誘導する師友なり　機関なり満洲を知り、清人に我商品を知らしむるは在邦実業家の任、而後日の成功を期せ」(8)と社告を載せ、日本国内の会社に広告掲載を呼び掛けた。萬年社もその時期から『盛京時報』に注目し始めた。また、『盛京時報』の広告は予想もしないところで威力を発揮した。現地の中国人が土地の争議・訴訟などの事件を広告として、『盛京時報』に掲載したのである。国際的な恥をかきたくない政府は速やかにこれらの訴訟を解決した。このような事件が何度も繰り返されたため、『盛京時報』の広告は徐々に人気を博した。

盛京時報

正金銀行

図3　『盛京時報』一面の広告（一九〇六年一〇月一八日付創刊号）

　一九一〇年代以降、『盛京時報』の広告の量は満洲地域の他の新聞より群を抜いて多くなった。新聞紙の一面の半分に広告を掲載するほどであった。全八ページ中、一〜二ページがすべて広告であったケースも多かった。広告の内容を見ると、薬品、銀行、洋行の宣伝が圧倒的に多い。特に横浜正金銀行、三井洋行、三菱洋行など日本会社の広告が九割を占めた。そして、『盛京時報』は中国語新聞でありながら、広告の部分は日本語・中国語混用の場合も少なくなかった。例えば、一九二三年八月一三日の蠅退治広告は「蠅退治宣伝後藤テシン」[9]と書いている。さらに、『盛京時報』の広告料金は他の新聞より相当高かった。一九三八年までは一行一元、その以後は二元まで上がった。同時期の南満洲鉄道株式会社（満鉄）機関紙『満洲日日新聞』さえも一行八五銭であり、北京の『順天時報』は一行五〇銭、一面だと七〇銭の値段であった。[10]これらは、中華民国時期の『盛京時報』の広告が北京や大連の日系中国語新聞の広告より影響力が大きかったことを物語る。ただ、『盛京時報』の紙面に萬年社名義の広告は見当たらない。これは盛京時報社東京および大阪支局長になっていた瀬戸保太郎（一八九〇〜一九六〇）が関与する日満社・日華社を通すことになっていたから、萬年社名は表には現れなかったのである。[11]

おわりに

以上のように、中島真雄は政府から多額の支援金を受けとりながらも、広告に力を入れていたことがわかる。その理由は、まず、中島自身が日本で新聞記者を務めていた経験があり、広告の重要性を理解していたからであり、次に、中国語新聞に広告を載せるのは、資金獲得という側面だけでなく、新聞の影響力を拡大する手段にもなるからであった。さらに、外務省と満鉄など外部資金に頼るだけでは、健全な経営は難しいと判断したからだと思われる。決定的な証拠はないが、広告に力を入れたのは、政府からの支援金が打ち切られた場合の対策という側面があったと思われる。

（1）『萬年社四十年史要』、一二九頁。
（2）『萬年社創業録』中巻、三九一頁。
（3）中島真雄『不退庵の一生――中島真雄翁自叙伝』（我観社、一九四五年、二頁）。
（4）同前書、三七頁。
（5）「JACAR（アジア歴史資料センター）Ref. B02130262400、支那ニ於ケル新聞及通信ニ関スル調査／大正八年九月

印刷　大正七年末調査（政-35）（外務省外交史料館）」。

（6）「JACAR（アジア歴史資料センター）Ref. B10070264800、関係新聞調査／一九二九年（情_224）（外務省外交史料館）」。

（7）佐藤善雄『新浪人の人生記』（私家版、一九七〇年、七〇頁）。

（8）『朝日新聞』一九〇九年四月一三日付。

（9）『盛京时报』民国一二年（一九二三年）八月一三日付。

（10）北根豊監修『新聞総覧』大正一〇年（大空社、一九九一～九五年、九六〇頁）。

（11）当時の『盛京時報』の広告は満洲国通信社を通すことになっていた。

参考文献

中島真雄『不退庵の一生――中島真雄翁自叙伝』（我観社、一九四五年）

東亜同文会編『対支回顧録』（原書房、一九六八年）

佐藤善雄『新浪人の人生記』（私家版、一九七二年）

北根豊監修『新聞総覧』（大空社、一九九一～九五年）

中下正治『新聞にみる日中関係史――中国の日本人経営紙』（研文出版、一九九六年）

黒竜江新聞社新聞志編集室編『東北新聞史』（黒竜江人民出版、二〇〇〇年）

李相哲『満州における日本人経営新聞の歴史』（凱風社、二〇〇〇年）

周佳栄『近代日人在華報業活動』（香港三聯書店、二〇〇七年）

萬年社関連年表

（作成：木原勝也）

西暦	和暦	〈萬年社略史〉	〈広告業界略史〉
一八五七	安政4	高木貞衛、蜂須賀藩士高木真蔵、多代子の長男として徳島で出生（二・二六）	
一八七九	明治12		『朝日新聞』創刊 『朝日新聞』への広告取扱業者が登場
一八八〇	13		空気堂組（最初の広告専業社か）設立
一八八一	14		
一八八二	15		『時事新報』『自由新聞』創刊
一八八三	16		福沢の勧めで永田作右衛門らが『時事新報』広告を取扱
一八八四	17		江藤直純が広告代理業を開業（弘報堂の前身）
一八八五	18		東京で初の鉄道馬車内広告が登場
一八八六	19		東京で初の広告掲示場が登場 三成社設立（一八八八年説も）
一八八七	20		『国民之友』創刊 名古屋通信社・全国新聞広告取扱所設立
一八八八	21		『めさまし新聞』が「東京朝日新聞」に改題（以下「東京朝日」）

◀萬年社大阪本店

◀萬年社東京支店

◀萬年社京都支店

（『広告界の今昔』より）

一八八八	明治21		『大阪日報』が「大阪毎日新聞」に改題（以下「大阪毎日」） 広益社（一八八七年説も）・広告社・広目屋・時事通信社設立
一八八九	22		『朝日新聞』が「大阪朝日新聞」に改題（以下「大阪朝日」） 金蘭社・豊国通信社・日本通信社設立
一八九〇	23	高木貞衛・林孫七・川口直七が、資本金一五〇円の組合事業として、広告取次所・萬年社を設立（六・一） 「大阪毎日」と広告一手取扱（独占代理業務）を特約（六・三） 開業告知の広告を「大阪朝日」「大阪毎日」に掲載（六・八） 蜂印香竄葡萄酒の広告を地方紙に掲載（六・一〇） 一二月までに林・川口が組合を離れ、高木の個人経営となる	『国民新聞』創刊 電柱広告など屋外広告が活発 弘業社・正路喜社・新聞用達会社・東京通信社・太平洋広告取扱社設立
一八九一	24	営業担当者に歩合給を支給（四月） 広告幻灯会を開催（九・五以降） 業名を広告取次所から広告取扱所に改称（一一・六） この年、高木の斡旋で大阪の広告従業者団体・協一会結成か この年、七五地方紙と取引	風邪薬の新聞広告が活発 広告行列・音楽隊など活発
一八九二	25	社員の貯蓄（のち株式払込金に充当）を開始（一・三一） 取引の特約条件を四四地方紙に提示（五・一〇） 禁酒主義により酒類の広告取扱を中止（六・二九） 『京都日出新聞』（のちに「京都新聞」）と大阪周辺広告主の一手取扱を特約（九・二六） 高木の斡旋で広告従業者懇親会を開催（一一・一三）	『萬朝報』創刊 時事通信社と新聞用達会社が合併し帝国通信社設立
一八九三	26	東京出張店を開設（三・二六）	『二六新報』『自由新聞』『文学界』創刊

一八九四	27	「大阪朝日」と広告取扱を特約（三・二一） 東京出張店を東京支店に改称（一一・一八）	東京新聞広告取扱同盟会結成 『郵便報知新聞』が「報知新聞」に改題 金水堂・勉強社設立
一八九五	28	西京出張店を開設（四・八） 京華社と京都地区の代理店契約を結び西京出張所廃止（七・二三） この年、一〇四地方紙と取引	『太陽』『東洋経済新報』創刊 煙草の広告が活発 四条大橋にイルミネーション 京華社・日本弘業通信社・博報堂設立
一八九六	29	高木の母多代永眠（六・八）	ヤラカス館設立
一八九七	30	大阪基督教会で講話会（一・二六） 『台湾新報』と広告一手取扱を特約（五・二） 勤務綱領、給与・積立金・等級給料規定を制定（五・一八） 「広告取扱の主意」（営業案内）を制作（一二・一）	『ザ・ジャパン・タイムス』『実業之日本』創刊
一八九八	31	京華社との代理店契約を修正し京都市内での広告募集を同社に一任（一・一）	『報知新聞』に案内広告欄
一八九九	32	銀行簿記式（帳簿からカードへ）を採用（七・一） 高木の斡旋で大阪市内の広告業者団体・同盟会を結成（一一・二五） 京都支店を開設（一二・四）	『中央公論』創刊 時刻表など鉄道関連広告が活発 倣蟻社・自由通信社設立
一九〇〇	33	創立一〇周年記念日（六・一）	「大阪朝日」「大阪毎日」が地域版付録（別刷）発行開始
一九〇一	34	社内英語講習会を実施（五・六）	電灯・電飾看板が活発 日本広告・電報通信社設立
一九〇二	35	『報知新聞』と関西広告主の一手取扱を特約（四・二三） 高木の斡旋により東京・関西合同の広告取扱業者大会を名古屋で開催（六・八）	百科事典など書籍広告が活発 東京新聞広告取次同盟会が八日会に改称

一九〇二	明治35	事務室に椅子・テーブルを採用（七・二八） 本店を東区高麗橋に移転（一〇・一六） 執務中の禁煙を実施（一〇・一七）	
一九〇三	36	「大阪朝日」と記事中意匠奨励広告一手取扱を特約（一二・一九）	『平民新聞』創刊 アドバルーンが登場
一九〇四	37	「大阪朝日」に記事中意匠奨励広告を掲載（一・三） 広告意匠係を設置（二・二〇） 女子事務員を採用（三・四） 社員健康診断（四・二〇） 『北京順天時報』と広告一手取扱を特約（四・二二） 『京都新聞』と広告一手取扱を特約（五・一六） 東京・京都支店の支配人を支店長に任命（一〇・一）	煙草専売法公布により民間の煙草広告がなくなる
一九〇五	38	『大阪時事新報』と特約（三・一七） 「仁丹」新発売時に一六二紙への広告を取扱（一〇・一）	「大阪毎日」に写真入り広告が登場 「東京朝日」が第一面を広告面に 『大阪時事新報』『婦人画報』創刊
一九〇六	39	高木が朝鮮・満洲の視察に出発（九・一〇〜約一ヵ月） 『京城日報』と関西広告主の一手取扱を特約（九・二二） 社内で聖書研究会・宗教講演会開始（一一・八〜一九五〇年ごろ）	『報知新聞』夕刊発行 京阪電車の駅構内と車内に広告掲出 『時事新報』見開き広告を掲載 日本電報通信社が名古屋・大阪支局を開設
一九〇七	40	中外広告の設立に関与した京都支店内関係者を解雇（四・二）	帝国ホテルで全国新聞業者及広告業者大会 粕谷三芳社設立 日本電報通信社『新聞名鑑』（のちに「新聞総覧」）創刊
一九〇八	41	大阪市内の広告業者が広告料その他について協定（一・一〇） 第一回広告研究会を開催し海外の新刊広告書籍を紹介（二・六）	三越呉服店が梅田駅（国鉄）に美人絵を掲出

		日本電報通信社大阪支局ほかと協定（四・一〇）	広告業界団体・広告倶楽部結成
一九〇九	42	「東京朝日」記事中広告の一手取扱を特約（二・一） 高木が欧米広告界の外遊視察に出発（五・一〇〜一〇・一二）、英米の広告代理業者・新聞社と特約	新聞紙法公布（五・六）
一九一〇	43	業名を広告取扱業から広告代理業に改称（一・一） 「前進(Reaching forth)」を標語に採用（一・四） 高木が外遊中に蒐集した広告書籍・新聞雑誌・ポスター等の展示会を本店と東京・京都で開催（二・二三以降） 『ロンドン・タイムス』特別日本号の広告一手取扱を特約（三・二五） 中川秀吉が朝鮮の新聞社訪問に出発（一〇・九〜一〇・二二）	国鉄に車内（額面）広告 郵便広告法施行 旭広告設立 日本電報通信社大阪支局が大阪電報通信社に改称 博報堂が内外通信社博報堂に改称
一九一一	44	心斎橋（南久太郎町）に広告掲示場を設置し仁丹の広告看板を掲出（一・二四） 箕面電車（阪急）梅田駅構内に広告掲示場を設置（三・一） 大阪広告研究会創立（三・一一） 『満洲日日新聞』と関西広告主の一手取扱を特約（四・一） 米沢熊之進が中国の新聞社訪問に出発（八・一九〜八・二八）	『東京日日新聞』が大阪毎日新聞社傘下に イルミネーション広告が普及 広告物取締法公布 広告業界団体・大阪広告研究会結成
一九一二	45	東京支店を銀座一丁目に移転（七・一六）	吉川世民社設立
一九一三	大正2	顧問部・屋外広告部を新設（一・四） 高木が朝鮮・満洲の視察に出発（六・五〜六・二九） 広告取扱用語を定め、各新聞社に送る（一一・一一）	『ダイヤモンド』創刊 中山太陽堂などが軽気球広告を出す 新聞協会結成 巴弘告社設立
一九一四	3	日本橋一丁目に広告掲示場を設置（五・四） 堺筋本町二丁目に広告掲示場を設置（七・二三）	『少年倶楽部』創刊 化粧品広告が活発 早稲田大学で広告展

一九一四	大正3		東京雑誌組合結成 広告業者団体・協同会（東京）結成
一九一五	4	湊町駅前に広告掲示場を設置（四・一） 日本橋三丁目に広告掲示場を設置（九・一）	「大阪朝日」「大阪毎日」夕刊発行 映画広告・写真入新聞広告が活発
一九一六	5	大橋富蔵が南洋方面の視察に出発（四・一四〜七・一） 広告業者団体・水曜会を設立（一一・一）	『婦人公論』創刊 株式・社債などの広告が活発 大阪広告研究会が広告講演会を開催
一九一七	6	難波橋北詰に広告掲示場を設置（三・一） 広告取扱用語を改訂（六・一九）	『主婦之友』創刊 主要紙が一〇段制へ 「大阪毎日」が商業美術振興運動を起こす
一九一八	7	京都支店を移転（八・四） 梅田駅（国鉄）待合室に幻灯広告を掲出（九・二六）	早稲田大学に広告研究会設立 大阪府立商品陳列館で商品広告展 岡崎公園第二勧業館で広告意匠博覧会 東京雑誌組合が東京雑誌協会に改称
一九一九	8	官報の広告取扱を申請（四・九） 社内給食開始（八・一）	広告業者団体・十日会（東京）結成
一九二〇	9	元社員が共同広告社を設立（二・八）、水曜会と新聞社が協議し取引しないことを申し合わせ（二・一八） 株式会社萬年社創立総会、高木が代表取締役社長に就任（九・二六）、会社発足（一〇・一） 庶務・外務・会計・考案の各部を新設（一〇・一）、考案部は顧問部を拡充したもの 『京都日日新聞』と京都市内広告主の一手取扱を特約（一一・一）	『婦人倶楽部』創刊 大阪広告協会結成
一九二一	10	高麗橋五丁目に本店社屋用地を購入（三・一一） 諸規定を制定（九・二五）	「東京朝日」夕刊発行 寿屋「赤玉ポートワイン」ポスターが人気

			日本電報通信社光永星郎が欧米視察
一九二二	11	中川静（神戸高等商業学校教授）入社、考案部長に就任（二・一〇） 米沢熊之進・中川静が欧米視察に出発（五・五〜一〇・一九）	東京の市電切符に広告 『サンデー毎日』『週刊朝日』『英文毎日』創刊 北隆館折込広告部設立
一九二三	12	大阪中央公会堂で広告講演会を開催（二・一五） 『広告論叢』発刊（四・三〇） 関東大震災で東京支店全焼（九・一）	『文藝春秋』『アサヒグラフ』『エコノミスト』創刊 広告業者団体・一水会（東京）結成
一九二四	13	定款に損害保険代理業を追記（四・二二） 京都支店を新社屋に移転（八・一） 栗原伸・古谷昭が欧米視察に出発（一〇・二六〜翌年四・一六） 『広告年鑑』発刊（一一・一）	正力松太郎が『読売新聞』を買収し社長に 新聞協会を日本新聞協会に改称 正路喜社広告文化講演会 八紘社設立 広告業者団体・東京新聞広告協会結成（協同会非加盟社） 東京雑誌協会が日本雑誌協会に改称
一九二五	14	「大大阪記念博覧会」会場内配布の『博覧会新聞』広告を一手取扱（三・三〇） 栗原・古谷が外遊中に収集した広告資料の展示会を大阪中央公開堂と東京・京都で開催（六・一以降） 小川隆夫がニューヨーク大学商学部広告科に留学（八・二三〜一年間） 福岡日日新聞社主催の広告資料展覧会の展示資料を提供（一〇・一四）	『キング』『家の光』創刊 ラジオ放送開始 東京で市バス車体広告が登場
一九二六	15	中川静が大阪放送局で「広告の民衆化」を講演放送（二・二六） 「こども博覧会」（岡崎公園）会場内配布の『こども毎日』広告一手取扱（四・二〇）	『アサヒカメラ』『広告界』創刊 広告浄化の動きが活発に

一九二六	大正15	本店新社屋落成（九・八）	京華社竹内篤士・正路喜社郡山幸男が欧米視察 広告主団体・大阪広告倶楽部結成 日本商業美術協会結成
一九二七	昭和2	本店集会室でポスター展覧会（二・二） 新聞広告研究講座（全一二回）開催（三・二四以降） 新聞広告研究講座参加者を中心に、研究団体・木曜倶楽部設立（七・一四） 日本ゼネラルモータースの広告一手取扱を特約（七・三〇） 社内でキリスト教信徒による同信会を組織（九・一四）	「円本」広告が活発 漫画入り広告が活発 正路喜社が大阪で世界ポスター展を開催 東興社・内外広告社設立
一九二八	3	英語会話練習会・商業文講習会・読書会・図書研究会を開始（二・七） 京都支店の取引先を中心に広告業界団体・木曜会設立（四・一九） 英文パンフレット作成（八・一六） 東京支店を改築竣工（一一・二三） 広告論文の懸賞募集広告を各紙に掲載（一二・一）	政治・政党広告が活発 大阪系四新聞が一三段制実施をめぐり広告主と対立 名古屋で広告祭 広告主団体・弥生会結成 広告関連団体・日本広告倶楽部（東京）結成
一九二九	4	広告論文の審査結果発表（四・一） 大阪広告協会創立一〇周年記念大会（一一・二〇） 懸賞募集による新聞広告図案展覧会を開催（一一・二八）	広告業界団体・日本広告聯盟結成 大阪広告協会が広告議会を開催 山元新光社設立
一九三〇	5	懸賞募集による記事中意匠広告展覧会を開催（四・四） 創立四十周年記念『広告界の今昔』発刊（六・一九） 定期広告講座（全一〇回）開催（九・一八以降） 『萬年社四十年史要』発刊（一二・一） 『萬年社創業録（上・中・下）』『萬年社沿革史』完成（一二・三一）	正路喜社が東京で広告祭を開催 広告主団体・淡交会結成 オリオン社・内藤一水社設立
一九三一	6	製版所・印刷工場への外来者立入禁止（四・一）	「大阪朝日」「大阪毎日」朝夕刊一六頁建に

		広告祭に装飾自動車一台参加（一一・一五）	大阪広告協会が広告祭を開催
一九三二	7	中川静・小川隆夫が大阪放送局で「広告戦術」を講演放送（四・一ほか）	台湾でラジオ広告放送 東陽社・満洲国通信社設立
一九三三	8	「販売増進策としての新聞雑誌広告」（営業パンフレット）作成（五・三一）	滋養食品広告が活発 ネオン看板が活発
一九三四	9	高木社長夫人はる子永眠（一・一三） 清交会入会（七・一）	大阪放送局が広告講座を放送（全三〇回） 鉄道広告業組合結成 案内広告共同管理所設立
一九三五	10	中川静永眠（二・二三）、所蔵資料の寄贈を受け図書室に保存 小川隆夫が大阪放送局で「新聞雑誌の広告術」を講演放送（一二・八）	「大阪朝日」「大阪毎日」が北九州・名古屋で印刷開始 『読売新聞』が東京での部数一位に 折込広告が活発 百貨店一頁広告が活発 広告主団体・さつき会（大阪）結成
一九三六	11	中川謙三永眠（一・二五） 伊島正三郎が欧米商業美術の視察に出発（七・一一〜一一・一五）	東京主要紙夕刊八頁建に 満洲でラジオ広告放送 日本電報通信社が広告専業に 大阪で広告文案家協会（大阪）結成 全日本商業美術聯盟結成
一九三七	12	「広告文化博覧会（大阪松坂屋）」に出展（四・一） 兵役応召出征中の従業員留守宅の訪問を開始（一一・一〜毎月一回）	東京・大阪の主要紙が一四段制に 日本広告聯盟が世界広告会議（パリ）に三名派遣 全国看板業聯盟結成
一九三八	13	「大阪朝日」「大阪毎日」広告料値上げにより定価五％引き上げ（八・一）	広告掲載量が終戦までの最大を記録 広告業者団体・日本広告業聯盟（大阪）結成

一九三九	昭和14	新年会で高木が広告浄化を訓示し広告浄化調査研究委員会を設置（一・二〇） 国策順応により外国保険会社の販売代理を停止（七・一九）	広告規制進む 新聞広告料金凍結 不動産広告が活発 日本広告主協会結成 広告業者団体・八日会（東京）結成
一九四〇	15	米沢熊之進永眠（一・二二） 『広告論叢』創業五〇周年記念特集号（五・三〇） 創業五〇周年記念感謝祝会（六・一） 高木貞衛永眠（一〇・二二）、大阪基督教会で社葬（一〇・二六）	「大阪朝日」「東京朝日」が「朝日新聞」に題字統一 「東京朝日」が第一面の全面広告廃止 東京・大阪の主要紙が一五段制に 東京・大阪の主要紙が朝刊八頁・夕刊を四頁建に 献納広告が登場 電力調整令によりネオン広告など制約 日本広告聯盟が広告律令を発表 日本宣伝人倶楽部など国策統合団体結成盛ん 業界団体・新聞広告自粛協議会結成
一九四一	16	日産火災ほか一〇社と代理店契約（四・三〇） 中川秀吉が日本宣伝文化協会理事に就任（一二・一）	東京・大阪の主要紙が朝刊・夕刊を計八頁建に 新聞事業令公布 日本宣伝文化協会結成
一九四二	17	広告税法施行により広告取次業の届出（四・一） 業名を広告代理業から広告取扱業に改称し、保険代理業を廃業（七・三一） 古谷昭永眠（九・二九）	新聞広告が行数制からメートル制に 広告税法公布 国家総動員法等に基づき広告業者が業務報告書を商工大臣に提出 日本新聞会結成

一九四三	18	中川秀吉が日本宣伝文化協会理事に就任（六・三） 中川秀吉に大阪地区の広告取扱業整備の世話役委嘱（九・二二）、整備要綱発表（一〇・九） 新興社・大東広告社を統合（一一・一）、翌年三月までに萬年社への統合を完了	「大阪毎日」「東京日日」が「毎日新聞」に題字統一 出版事業令公布 新聞社統合が最終段階に 広告取扱業整備による広告業者統合方針発表 大阪広告協会など解散
一九四四	19	本店三階を海軍に賃貸（三・一〇） 価格等統制令により停止中の広告料の引き上げ許可（四・一七） 広告取扱業整備により水曜会が四社に（五・一） 東京支店が東京地区の広告取扱業整備により大東広告社に業務移行（一〇・一）、東京支店を同社に賃貸	東京・大阪の主要紙が一六段制に 東京・大阪の主要紙が朝刊二頁建・夕刊休止・地方版休止に 雑誌社統合が最終段階に 広告業者統廃合進む 広告取扱手数料公定化
一九四五	20	大東広告社が空襲により全焼（三・一〇） 大阪大空襲で本店に焼夷弾が落下するも消火（三・一三） 会社存続について役員会で議論、継続することに決定（三・二九）	日本新聞公社が企業整備で残存した広告業者一二社以外との取引禁止

※企業について、「創業」「開業」「創立」は使わず「設立」とした。団体については「結成」とした。

おわりに

難波功士

最後に、本書の母体となった「大阪メディア文化史研究会」についてご紹介させていただきます。以下、個人的な回顧にもとづくものなので、文体や敬称など、ややカジュアルになることをご容赦ください。

ことの発端をどこまでさかのぼるかは難しいところですが、メディア史研究のレジェンドともいうべき津金澤聰廣先生・山本武利先生・有山輝雄先生が関西の大学にそろっておられた時期があります。その成果が、津金澤聰廣・山本武利・有山輝雄・吉田曠二『近代日本の新聞広告と経営——朝日新聞を中心に』（朝日新聞社、一九七九年）です。主として大阪朝日新聞社を題材とした同書は、戦前のメディア界が、東京に大きな比重がおかれていた出版業界のようなケースもあるものの、おおむね関東・関西の二つの中心点をもつ、楕円構造にあったことを示しました。その後、山本先生・有山先生は関東の大学に移られましたが、各先生方が新聞史・広告史、さらにはメディア史全般に大きな足跡を残されたことは、言わずもがなのことかと思います。

こうした関西のメディア界が有していた存在感の大きさは、津金澤聰廣編著『近代日本のメディア・イベント』（同文舘出版、一九九六年）、津金澤聰廣・有山輝雄編著『戦時期日本のメディア・イベント』（世界思想社、一九九八年）、津金澤聰廣編著『戦後日本のメディア・イベント——1945—1960年』（世界思想社、二〇〇二年）の三部作などでもふれられているところです。

以上のようなメディア史（研究）の土壌と、大阪市立大学に土屋礼子さんが着任されていたこととがあいまって、今世紀に入り、関西にもメディア史関係の研究会をとの動きがありました。残念ながら土屋さんは関東に移られましたが、当時はまだサントリー勤務だった竹内幸絵さんを事務局に「戦時期広告史研究会」が立ち上がり、津金澤先生、時には東京から山本先生や土屋さんにお越しいただいての研究会活動がスタートしました。この一連の研究会での報告が、井上祐子『戦時グラフ雑誌の宣伝戦——十五年戦争下の「日本」イメージ』（青弓社、二〇〇九年）、竹内幸絵『近代広告の誕生——ポスターがニューメディアだった頃』（青土社、二〇一一年）、加島卓『「広告制作者」の歴史社会学——近代日本における個人と組織をめぐる揺らぎ』（せりか書房、二〇一四年）、石田あゆう『戦時婦人雑誌の広告メディア論』（青弓社、二〇一五年）、熊倉一紗『明治・大正の広告メディア——「正月用引札」が語るもの』（吉川弘文館、二〇一五年）、田島奈都子『プロパガンダ・ポスターにみる日本の戦争——135枚が映し出す真実』（勉誠出版、二〇一六年）などへとつながっていきます。

そうした動きと、大阪新美術館建設準備室（当時は大阪市立近代美術館準備室）所蔵「萬年社コレクション」の整理作業が大阪市立大学などで進行していることとが連動を始めます。同室の菅谷富夫主任学芸員のご案内で、萬年社が集めた引札のコレクションを目にする機会を得たりもしました。二〇一〇年からは「大阪メディア文化史研究会」として、津金澤先生を中心に『広告論叢』を読み直す研究会などが続けられ、時にはメンバーの多くが香港大学でのワークショップ「東アジアの広告に関する歴史研究」に参加するなどの出来事もありました。また、石田佐恵子さん（大阪市立大学）を中心に進捗している、萬年社コレクション中のラジオＣＭやテレビＣＭなど、映像・音声資料の整理の経過報告会に、研究会メンバーで参加・出席したりもしました。そうした経緯のなかで、本書に執筆している顔ぶれが研究会に揃うようになってきます。

せっかくの萬年社コレクションなのだから、それをもとにした研究成果を世に出したい。とくに、整理の進んでいる戦前の紙資料をベースにした研究から本にまとめたい。そんな機運が高まっていたタイミングで、思文閣出版の大地亜希子さんが、同志社大学の竹内研究室のドアをノックします。本書にあるように同志社大学と萬年社とは深い関係にありました。大地さんが母校同志社大を訪れたことも何かの因縁かもしれません（のちに大地さんと熊倉さんが同じサークルに所属していたことも発覚しました）。

そこからの研究会活動の中心は、本書の各論文やコラムの分担執筆者が構想を発表する場となっていき、萬年社研究に先鞭をつけられた山本先生・津金澤先生からもご寄稿いただくよう編集作業へと入っていきます。その間、よく伴走いただいた大地さんと、研究会の実施をサポートいただいた北廣麻貴さん（同志社大学社会学研究科）には心から感謝いたします。

またもっとも感謝すべきは、倒産した萬年社の資料が大阪から散逸することを恐れた篤志家の方々、ならびに萬年社コレクションの整理に助成いただいたさまざまな組織・団体の皆様です。詳細は萬年社コレクションのホームページ（http://ucrc.lit.osaka-cu.ac.jp/mannensha/index.php）をご参照いただければと存じますが、皆様のお力添えなしに本書は存在しません。そして萬年社コレクションはもちろんのこと、関西には数多くの広告史研究の資源が残されています（山田奨治編『文化としてのテレビ・コマーシャル』（世界思想社、二〇〇七年）、高野光平・難波功士編『テレビ・コマーシャルの考古学――昭和30年代のメディアと文化』（世界思想社、二〇一〇年）など参照）。本書の出版をきっかけに、それらの活用がいっそう進むことを願ってやみません。

さらに言えば、この国のメディアの生態系が、多くの中心をもつ同心円の重なり、もしくは多くの中心の多様なネットワークとなっていくことを願わざるをえません。一極集中の弊害が叫ばれる昨今、戦前の関西メディア史は、たんなる懐古ではなく、未来への知恵となりうるものです。萬年社の挫折から、関西メディア界の栄枯盛衰から、われわれはまだまだ多くを学びうるのではないでしょうか。

この問いかけをもって、本書の結びにかえたいと思います。

執筆者紹介

（論文収録順）

山本武利（やまもと・たけとし）

一橋大学・早稲田大学名誉教授　メディア史、インテリジェンス史

『広告の社会史』（法政大学出版局、1984年）、『日本の広告—人・時代・表現』（津金澤聰廣と共著、日本経済新聞社、1986年）、『現代広告学を学ぶ人のために』（編著、世界思想社、1998年）、『紙芝居—街角のメディア』（吉川弘文館、2000年）、『朝日新聞の中国侵略』（文藝春秋、2011年）、『ＧＨＱの検閲・諜報・宣伝工作』（岩波書店、2013年）、『陸軍中野学校—「秘密工作員」養成機関の実像』（筑摩書房、2017年）

津金澤聰廣（つがねさわ・としひろ）

関西学院大学名誉教授　メディア史、文化社会学

『近代日本の新聞広告と経営—朝日新聞を中心に』（山本武利ほかと共著、朝日新聞社、1979年）、『内閣情報部・情報宣伝研究資料』全８巻（共編・解説、柏書房、1994年）、『近代日本のメディア・イベント』（編著、同文館、1996年）、『現代日本メディア史の研究』（ミネルヴァ書房、1998年）、『戦時期日本のメディア・イベント』（有山輝雄と共編、世界思想社、1998年）、『広報・広告・プロパガンダ』（佐藤卓己と共編、ミネルヴァ書房、2003年）

竹内幸絵（たけうち・ゆきえ）

同志社大学社会学部教授　歴史社会学、広告史、デザイン史

『近代広告の誕生—ポスターがニューメディアだった頃』（青土社、2011年）、「二つの東京オリンピック」（坂上康博・高岡裕之編『幻の東京オリンピックとその時代—戦時期のスポーツ・都市・身体』青弓社、2009年）、「東京オリンピックプレ・イベントとしての赤と白の色彩—エンブレムとブレザーが喚起したナショナリズム」（朴順愛・谷川建司・山田奨治編『大衆文化とナショナリズム』森話社、2016年）

難波功士（なんば・こうじ）

関西学院大学社会学部教授　メディア史、広告論、文化社会学

『「撃ちてし止まむ」—太平洋戦争と広告の技術者たち』（講談社、1998年）、『「広告」への社会学』（世界思想社、2000年）、『広告のクロノロジー—マスメディアの世紀を超えて』（世界思想社、2010年）、『人はなぜ〈上京〉するのか』（日本経済新聞出版、2012年）、『社会学ウシジマくん』（人文書院、2013年）、『「就活」の社会史』（祥伝社、2014年）

菅谷富夫（すがや・とみお）

大阪新美術館建設準備室研究主幹　近代デザイン史

「拡がる街、美術館の外へ／学芸員が描く都市と美術の関係」（鳴海邦碩ほか編『都市環境デザインの仕事』学芸出版社、2001年）、『デザイン史を学ぶクリティカル・ワーズ』（橋本優子・肴倉睦子と共編著、フィルムアート社、2006年）、『デザインから大阪を見直す』（共著、大阪市都市工学情報センター、2011年）

大石真澄（おおいし・ますみ）
総合研究大学院大学文化科学研究科在籍　メディア論
「生理用品のテレビCMをめぐる理解とカテゴリー使用の実践―ハーヴィー・サックスの「成員カテゴリー化装置」を手がかりに」（『ソシオロジ』第60巻2号、2015年）、「多元化するゲーム文化の研究課題―利用と満足・ゲーム実践・メタゲーム」（『愛知淑徳大学論集　創造表現学部篇』第7号、2017年）

熊倉一紗（くまくら・かずさ）
京都造形芸術大学・同志社大学ほか非常勤講師　近代デザイン史、広告史
『明治・大正の広告メディア―〈正月用引札〉が語るもの』（吉川弘文館、2015年）、「観光と地域振興」「博覧会と広告」（高橋千晶・前川志織編『博覧会絵はがきとその時代』青弓社、2016年）、「陶冶としてのポスター――選挙啓発ポスターコンクールのねらい」（『大正イマジュリィ』第10号、2015年）

松井広志（まつい・ひろし）
愛知淑徳大学創造表現学部講師　メディア論、文化社会学
『模型のメディア論』（青弓社、2017年）、「メディアの物質性と媒介性」（『マス・コミュニケーション研究』第87号、2015年）、「戦時下の兵器模型と空想兵器図解」（大塚英志編『動員のメディアミックス』、思文閣出版、2017年）

土屋礼子（つちや・れいこ）
早稲田大学政治経済学術院教授　メディア史、歴史社会学
『大衆紙の源流―明治期小新聞』（世界思想社、2002年）、『対日宣伝ビラが語る太平洋戦争』（吉川弘文館、2011年）、『占領期生活世相誌資料3　メディア新生活』（編著、新曜社、2016年）

木原勝也（きはら・かつや）
広告文化研究所主宰　広告ビジネス史、メディア・コミュニケーション論
「広告代理業黎明期の知られざる記録『萬年社創業録』の「発掘」とその史的価値」（『広告科学』第57集、日本広告学会、2012年）、「正史に残らなかった大阪の広告代理業秘話」（『日経広告研究所報』第271・272号、日経広告研究所、2013年）、「満洲国通信社の広告業進出を阻んだ大阪・日華社のプレゼンス」（『インテリジェンス』第17号、2017年）

村瀬敬子（むらせ・けいこ）
佛教大学社会学部准教授　歴史社会学、生活学
「「きょうの料理」にみる「伝統」の創造―テレビとジェンダーの社会学」（高井昌吏・谷本奈穂編『メディア文化を社会学する―歴史・ジェンダー・ナショナリティ』世界思想社、2009年）、「〈家庭電化〉のディスプレイ―大正から昭和初期における電気の博覧会を中心に」（福間良明ほか編『博覧の世紀』梓出版、2009年）、「郷土料理／郷土食のジェンダー化―婦人雑誌における食関連情報を中心に」（『マス・コミュニケーション研究』第89号、2016年）

樋 口 摩 彌（ひぐち・まや）
日本学術振興会特別研究員（PD）　メディア史
「明治前期の京都新聞史（上）　木版印刷から活版印刷へ」（『メディア史研究』第37号、2015年）、「明治前期の京都新聞史（下）　活版印刷所から新聞社へ」（『メディア史研究』第38号、2015年）、「明治前期の京都における新聞・雑誌の印刷所の実態」（『書物・出版と社会変容』第18号、2015年）

石田あゆう（いしだ・あゆう）
桃山学院大学社会学部准教授　メディア文化論
『図説戦時下の化粧品広告1931-1943』（創元社、2016年）、『戦時婦人雑誌の広告メディア論』（青弓社、2015年）、「「若い女性」のための総合実用雑誌」（佐藤卓己編『青年と雑誌の黄金時代―若者はなぜそれを読んでいたのか』岩波書店、2015年）

中 嶋 晋 平（なかじま・しんぺい）
大阪市立大学大学院文学研究科都市文化研究センター研究員　メディア史、マス・メディア論
「戦間期における地方紙の軍縮論―ワシントン会議前後の『京都日出新聞』の報道を事例に」（『都市文化研究』第12号、2010年）、「日露戦後の海軍と民衆―海軍記念日講話関係資料の分析を中心に」（『市大社会学』第13号、2012年）

華　 京 碩（か・きょうせき）　Hua Jingshuo
龍谷大学社会学研究科在籍　植民地新聞史
「佐原篤介と満鉄子会社時期の『盛京時報』」（『龍谷大学大学院研究紀要』第20号、2012年）、「満洲における初期の新聞―『遠東報』と『盛京時報』の経営を中心に」（『龍谷大学社会学部紀要』第46号、2015年）、「満州国時期の関東軍の新聞関与と中国語新聞」（『21世紀東アジア社会学』第8号、2016年）

索　　引

広告《こうこく》の夜明《よあ》け
――大阪《おおさか》・萬年社《まんねんしゃ》コレクション研究《けんきゅう》――

2017(平成29)年12月27日発行

編　者　竹内幸絵・難波功士
発行者　田中　大
発行所　株式会社　思文閣出版
〒605-0089 京都市東山区元町355
電話 075-533-6860(代表)

装　幀　尾崎閑也 (鷺草デザイン事務所)
印　刷
製　本　亜細亜印刷株式会社

 ISBN978-4-7842-1911-7　C3021